U0084033

古典文獻研究輯刊

二十編

潘美月・杜潔祥 主編

第 11 冊

呂氏家塾讀詩記研究

劉炳瑞 著

國家圖書館出版品預行編目資料

呂氏家塾讀詩記研究／劉炳瑞 著 -- 初版 -- 新北市：花木蘭文
化出版社，2015〔民 104〕
序 4+ 目 2+254 面；19×26 公分
（古典文獻研究輯刊 二十編；第 11 冊）
ISBN 978-986-404-092-6（精裝）
1.（宋）呂祖謙 2. 詩經 3. 研究考訂
011.08   103027402

ISBN-978-986-404-092-6

9 789864 040926

古典文獻研究輯刊
二十編　第十一冊   ISBN：978-986-404-092-6

呂氏家塾讀詩記研究

作　　　者　劉炳瑞
主　　　編　潘美月　杜潔祥
總 編 輯　杜潔祥
副總編輯　楊嘉樂
編　　　輯　許郁翎
企劃出版　北京大學文化資源研究中心
出　　　版　花木蘭文化出版社
社　　　長　高小娟
聯絡地址　235 新北市中和區中安街七二號十三樓
　　　　　　電話：02-2923-1455／傳真：02-2923-1452
網　　　址　http://www.huamulan.tw 信箱 hml810518@gmail.com
印　　　刷　普羅文化出版廣告事業
初　　　版　2015 年 3 月
定　　　價　二十編 24 冊（精裝）台幣 42,000 元
版權所有・請勿翻印

呂氏家塾讀詩記研究

劉炳瑞　著

作者簡介

劉炳瑞，河北衡水人，廣東廣雅中學教師，北京師範大學碩士研究生學歷，主要研究領域爲儒家典籍與文化傳統，曾獲全國高校古籍整理研究工作委員會設立的第十屆「中國古文獻學」獎。

提　要

　　本書是對呂祖謙《呂氏家塾讀詩記》這部家塾《詩》學教育讀本所做的綜合研究。第一章在文獻綜述的基礎上，說明本書的選題意義及研究範圍。第二章論述呂祖謙的身世和學術思想。呂祖謙複雜的成學背景和學術體系，使很多研究者在探驪得珠之前，免不了要花費一些辛苦功夫，所以本章除了概述呂祖謙的家世、傳略和主要著作之外，另對其「中原文獻之傳」和不入《宋史‧道學傳》給出新的解釋。這些努力意在還原呂祖謙的本原面貌，爲論述《呂氏家塾讀詩記》提供一個比較好的基礎。第三章從宏觀角度論述《呂氏家塾讀詩記》的成書、體例及版本等重要內容，並重點考訂明清兩代所刻《呂氏家塾讀詩記》所列的四十四家姓氏和四十一條引用書目。第四章是全書的核心，以《呂氏家塾讀詩記》與呂祖謙學術體系的互動關係爲著眼點，討論呂祖謙對前人的繼承及其創新，論述其《詩》學觀念的演遞及其解《詩》的內在理路。本章共分四節，第一節以《公劉》首章爲限，比較《呂氏家塾讀詩記》前後兩稿的差異；第二節從呂祖謙的主觀方面解釋了呂祖謙尊信小序的原因；第三節重在闡述呂祖謙解《詩》的內在理路，并將呂祖謙的《詩》學觀念同宋代士大夫政治文化聯繫在一起；第四節論述呂祖謙的《詩》學觀念與其理學思想的契合。第五章是本書的總結部分，重在評述《呂氏家塾讀詩記》的特點及其影響。呂祖謙在《呂氏家塾讀詩記》這部家塾教育讀本中，體現了其宏闊風範和廣博學識，這將激勵讀者內之成己，外之成物，並成爲學識和性情的深厚積澱。

序　言

　　我以宋代呂祖謙的《呂氏家塾讀詩記》作爲研究論題，有著諸多的前期因緣與個人喜好因素。我讀高中時，偶及朱子《大學章句》「格物補傳」諸句，心中非常激動，似乎找到了一種眞理，自此，我便堅信此語，以求「豁然貫通」之功。此後，我負笈千里，就讀於四川大學中國語言文學基地班。大學三、四年級，我便在羅國威老師的指導下研讀朱子的《四書章句集注》、《詩集傳》、《楚辭集注》三書，初步積累了朱子學與宋代理學的相關知識。

　　在閱讀朱子的文章時，呂祖謙以朱子好友的身份進入我的視野。後來，我讀《宋史・呂祖謙傳》，上面說他少時性情卞急，後讀《論語》「躬自厚而薄責於人」一語，忽覺平時忿懥渙然冰釋，終生無復慍色。宋儒周敦頤說「聖人之道，入乎耳，存乎心，蘊之爲德行，行之爲事業」，這話用在呂祖謙身上最合適不過，我對呂祖謙的崇敬亦由此而生。

　　陳寅恪先生說「華夏民族之文化，歷數千年之演變，造極於趙宋之世」，對我來說，宋代也是我非常喜歡的一個時代，因爲宋代對士大夫最爲優禮；而於宋代學者中，我最欽慕朱子之學問，最服膺呂祖謙之性情。「高山仰止，景行行止」，讀呂東萊之書，可以想見其溫柔敦厚之風神。我輩讀書志學、處世立身，亦當如呂東萊那樣，多識前言往行以蓄其德，博學篤志，切問近思，成己成物。在孔門高弟中，我最喜子貢，而呂祖謙亦能兼具子貢經世致用之精神，這也是我把呂祖謙的《呂氏家塾讀詩記》作爲畢業論文選題的追求目標和個人情感因素。

　　2008 年 11 日 9 日，這篇書稿完成。此文從選題、開題到撰寫歷時兩年半，儘管其中還有很多需要進一步論證和完善的地方，但此時此刻，我仍然有說

不出的喜悅。此後，我對初稿稍作文字校訂，本文便成爲我碩士畢業論文的定稿，並在 2009 年的碩士論文答辯中被評爲北京師範大學優秀畢業論文。

在本書中，我對呂祖謙《呂氏家塾讀詩記》中的若干重要問題做了一些簡要的論述。至於呂祖謙與朱子在《詩》學上的差異，已有臺灣東海大學洪春音所著《朱熹與呂祖謙詩說異同考》（1995 年碩士學位論文）和四川大學姚永輝《朱熹與呂祖謙關於詩經的四大論辯平議》（2005 年碩士學位論文）兩篇高水平的論文，因而文中就不再重複論述。再者，至於呂祖謙釋《詩》之方法、字句之考訂、對前人詩說之批評，已見於臺灣東吳大學郭麗娟所著《呂祖謙詩經學研究》一文（1994 年碩士學位論文），惜乎我在撰寫這篇論文當中未能見到此文的全稿。正是因爲有了當前學者的深入研究，才使我撰寫這篇論文時頗覺疏朗，如果說這篇論文或多或少還有一些可以採用的地方，那肯定離不開前人所打下的堅實研究基礎。對我來說，要理清呂祖謙《詩》學的內在理路及與此相關的複雜學術體系並非易事，要徹底弄清這個問題並不是三年五載的時間就能完成，所以，我的這些探索也只是一家之言，愿就正於方家。

在北京師範大學讀書的三年中，導師韓格平教授的關懷與指導使我對古典學術研究有了特別的溫情與敬意。天普大學的終身教授徐開彬老師，我的母校四川大學羅國威教授、劉長東教授等恩師，在這幾年來都曾以不同的方式對我的學習和生活給予了極大的關懷。在論文的寫作之中，我與方韜師兄的討論最多，他極大地拓展了我的視野和思路。後來成爲我妻子的李娜同學更是默默地幫我搜集整理了不少資料，讓我能夠以平和的心態讀書志學。因此，這篇論文不論何時，都會是與大家一起快樂學習的紀念，成爲我在北京師範大學的美好回憶。

2009 年從北京師範大學畢業後，我因深深見知於廣東廣雅中學的何冠南校長和何麗萍主任，欣然接受這所百年名校的教職。入職之後，又在葉麗琳校長、何冠南校長等師長濃厚教育情懷的鼓舞之下，深切地體會到「得天下英材而教育之」的快樂。驀然回首，我才驚覺自己已離開古典文學研究前線五年有餘。這五年之中，學界對呂祖謙及《呂氏家塾讀詩記》的研究又有不少進步，令人不得不有「天上七日，人間千年」的感慨。我原打算將這篇書稿做永久的雪藏，未想蒙業師羅國威教授不棄，將其推薦給花木蘭文化出版社的楊嘉樂老師，因而有了這個見正於方家的機會。

　　我生於河北衡水，衡水的歷史上出過董仲舒和孔穎達兩位大儒，這頗令我自豪。回味這些年的讀書經歷，遙想古人風範，眞可謂書劍飄零，一事無成。不過，在將來的日子裏，不論窮通，我都願踵武前賢，在學術研究上盡自己的一分心力。

劉炳瑞　謹識

2014 年 8 月 5 日

附　圖

圖 1　開封伯呂祖謙畫像（臺北故宮博物院藏）

圖片來源：浙江圖書館名人圖像資料庫

圖 2　《呂氏家塾讀詩記》書影（淳熙九年江西漕臺刊本）

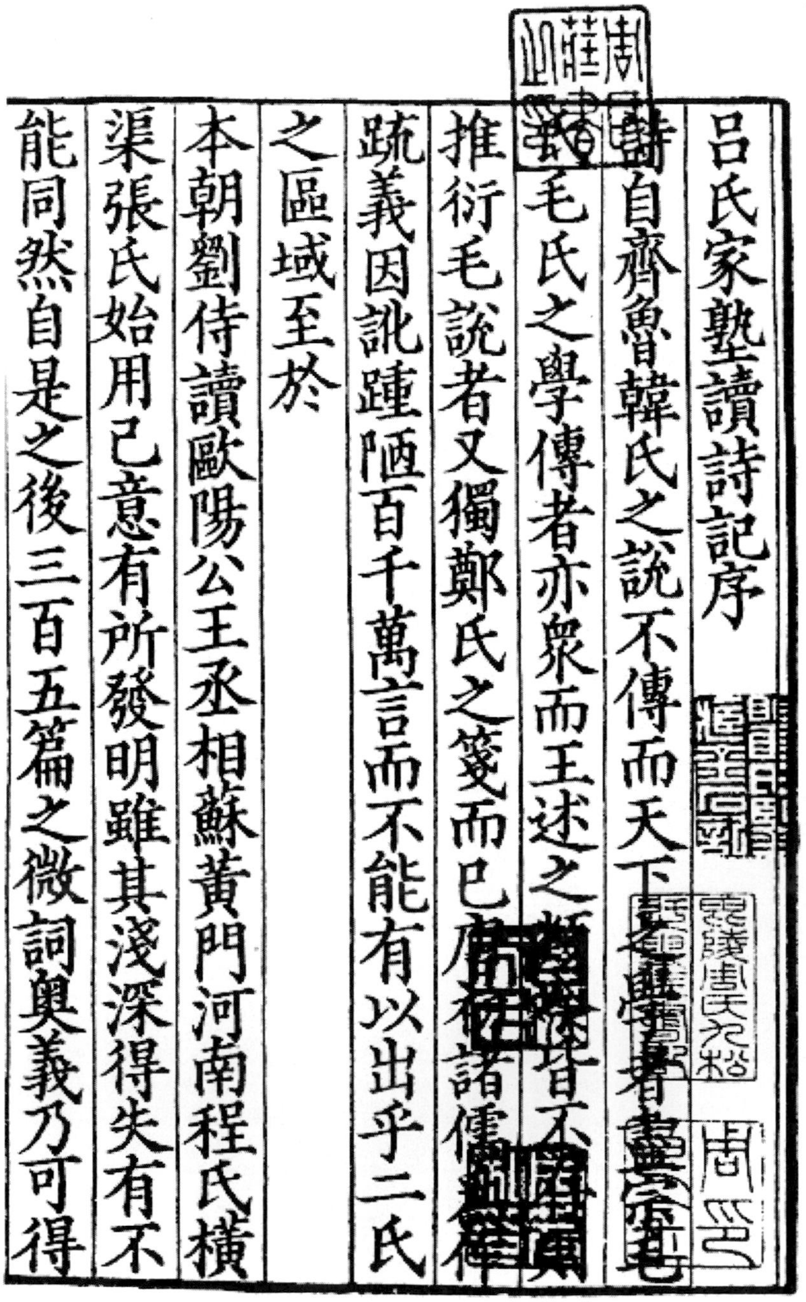
呂氏家塾讀詩記序

詩自齊魯韓氏之説不傳而天下之學者盡宗毛氏毛氏之學傳者亦衆而王述之類今皆不傳推衍毛説者又獨鄭氏之箋而已唐初諸儒爲作疏義因訛踵陋百千萬言而不能有以出乎二氏之區域至於

本朝劉侍讀歐陽公王丞相蘇黄門河南程氏橫渠張氏始用己意有所發明雖其淺深得失有不能同然自是之後三百五篇之微詞奥義乃可得

圖片來源：《四部叢刊續編》

圖3　《呂氏家塾讀詩記》所引諸家姓氏（《墨海金壺》本）

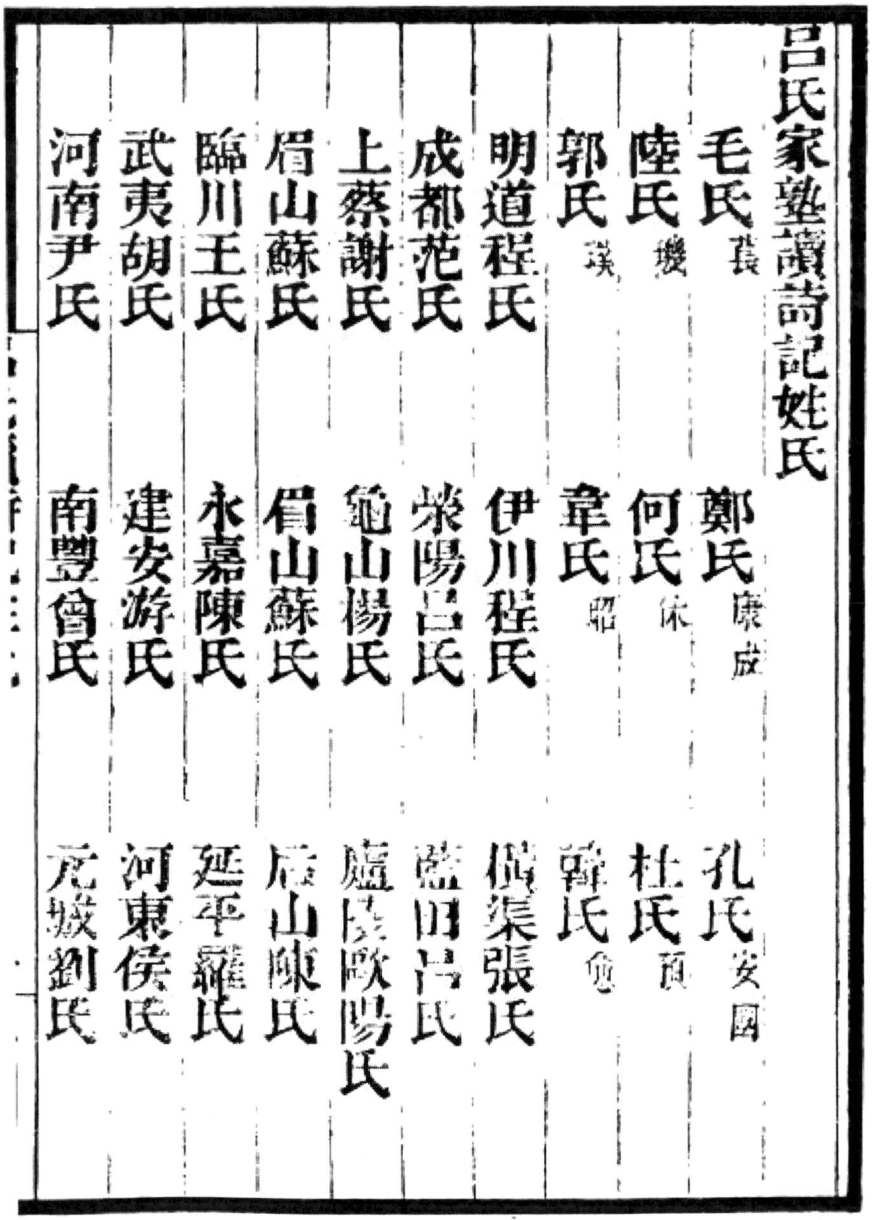

呂氏家塾讀詩記姓氏

毛氏 萇　　鄭氏 康成　　孔氏 安國
陸氏 璣　　何氏 休　　　杜氏 預
郭氏 璞　　章氏 昭　　　韓氏 愈
明道程氏　伊川程氏　　　偃渠張氏
成都范氏　滎陽吕氏　　　藍田吕氏
上蔡謝氏　龜山楊氏　　　廬陵歐陽氏
眉山蘇氏　眉山蘇氏　　　屏山陳氏
臨川王氏　永嘉陳氏　　　延平羅氏
武夷胡氏　建安游氏　　　河東侯氏
河南尹氏　南豐曾氏　　　元城劉氏

圖片來源：高等學校中英文圖書數字化國際合作計劃
（http://www.cadal.zju.edu.cn）

圖 4　《呂氏家塾讀詩記》所列引用書目（《金華叢書》本）

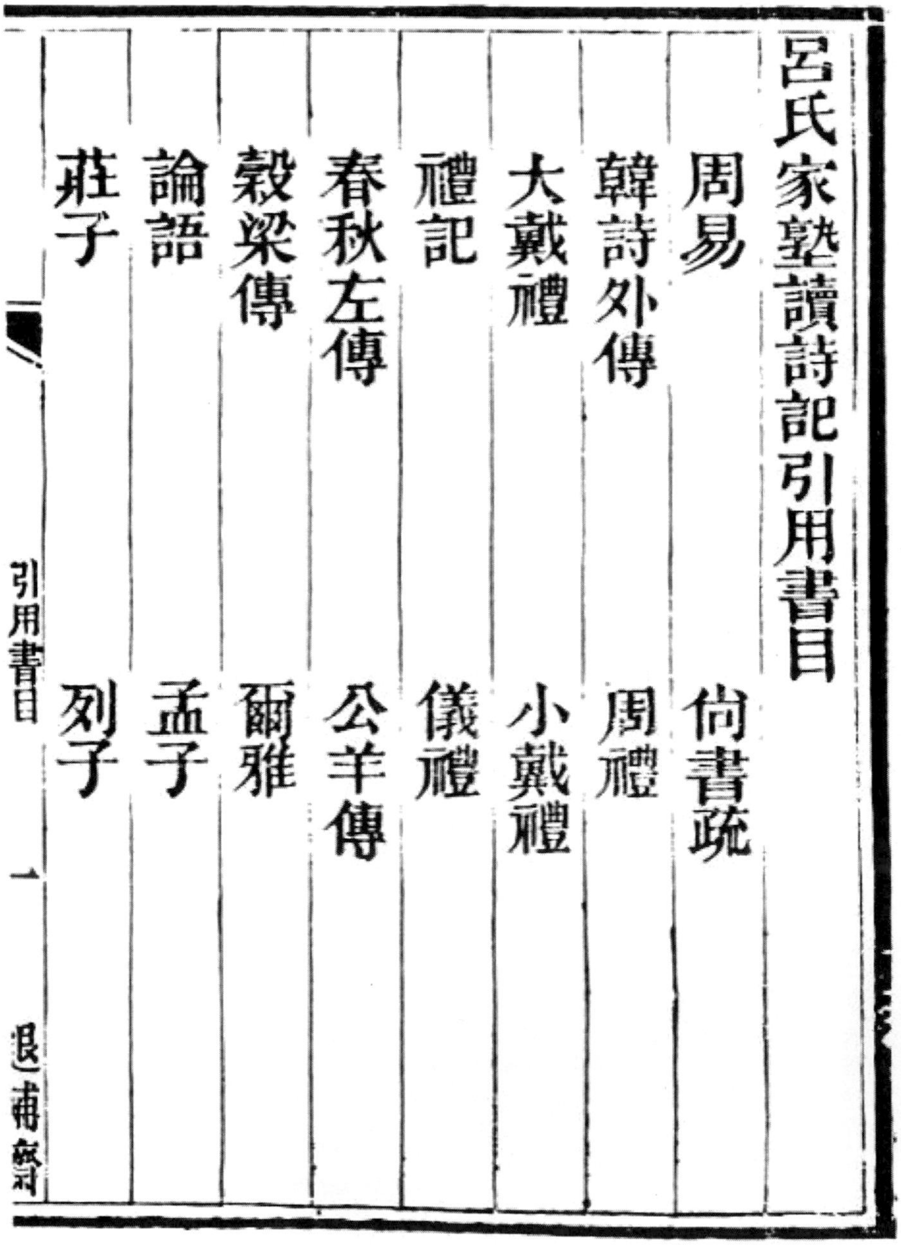

呂氏家塾讀詩記引用書目

周易　尚書疏

韓詩外傳　周禮

大戴禮　小戴禮

禮記　儀禮

春秋左傳　公羊傳

穀梁傳　爾雅

論語　孟子

莊子　列子

引用書目　一　退補齋

圖片來源：高等學校中英文圖書數字化國際合作計劃

（http://www.cadal.zju.edu.cn）

目次

緒　論

　　本章共兩節，講述本書的選題意義及研究範圍。第一節說明選擇呂祖謙的《呂氏家塾讀詩記》作爲研究對象的意義，述評當前學者的研究現狀，在做好文獻綜述的基礎上，梳理好當前學者所密切關注的話題以及本書可待研究的話題，進而確定本文的研究範圍；第二節列出本書需要解決的幾個核心問題，以及研究這些問題所使用的方法，以便在寫作的過程中具有現實的可操作性。

第一節　選題意義和研究現狀

　　我選擇呂祖謙的《呂氏家塾讀詩記》作爲研究論題，主要在於欽敬作者歷久彌新的人格魅力和這部著作對後世所產生的巨大影響，下面就詳細地講述這些問題。

　　呂祖謙，字伯恭，人稱東萊先生，六世祖呂夷簡自壽春（今屬安徽）徙開封（今屬河南），後眞戎猾夏，天下板蕩，其祖呂弸中南渡，定居婺州〔註1〕，遂爲婺州人。呂東萊生於高宗紹興七年（1137），卒於孝宗淳熙八年（1181），享年四十有五，寧宗嘉定九年（1216），賜諡「成」，理宗嘉熙二年（1238）改諡「忠亮」，事詳《宋史・儒林傳》。呂氏家族世代爲朝廷輔弼大臣，注重讀書修行，世載其德。從呂公著至呂祖謙入《宋元學案》者凡六世十七

〔註1〕　婺州本秦會稽郡，三國吳東陽郡地。南朝陳設縉州，隋開皇九年滅陳，設吳
　　　　州，十三年更名爲婺州。古天文說爲婺女星之分野，詩文也常常以「婺女」、
　　　　「婺女星」指代婺州。舊府治在今浙江金華。

人〔註2〕，可謂兼德行、言語、政事、文學四科。《宋元學案》卷五一《東萊學案》謂「呂東萊文學術業，本於天資，習於家庭，稽諸中原文獻之所傳，博諸四方師友之所講，融洽無所偏滯」〔註3〕，《宋史》本傳亦有這樣的說法。全祖望引《同谷三先生書院記》曰：「宋乾（道）、淳（熙）以後，學派分而爲三，朱學也，呂學也，陸學也，三家同時，皆不甚合。朱學以格物致知，陸學以明心，呂學則兼取其長，而復以中原文獻之傳潤色之」〔註4〕。呂祖謙長於經史文章之學，以廣大爲心，以踐履爲實，在宋代諸儒當中具有極爲鮮明的特色。

呂祖謙所著《呂氏家塾讀詩記》在宋代就爲世人所重，陳振孫《直齋書錄解題》謂其「博采諸家，存其名氏，先列訓詁，後陳文義。夐裁貫穿，如出一手。己意有所發明，則別出之。《詩》學之詳正，未有逾於此書者也」〔註5〕，《四庫全書總目》也據魏了翁《後序》推斷出「宋人絕重是書」〔註6〕。在此後的歷史中，朱子《詩集傳》與呂祖謙的《呂氏家塾讀詩記》也隨著學術思想的嬗變與演遞代有浮沉。從此書現存的刻本狀況來看，國家圖書館藏淳熙九年（1182，即呂祖謙去世後一年）江南西路漕臺刻本（《四部叢刊續編》本即據此影印而成），可謂彌足珍貴。另有明嘉靖十年（1531）傅鳳翱覆宋刻本，萬曆四十一年（1613）陳龍光、蘇進等刻本，康熙納蘭性德通志堂抄本，乾隆《四庫全書》本，嘉慶十四年（1809）張海鵬刻《墨海金壺》本，嘉慶十六年（1811）谿上聽彝堂本等，這些都足以說明後世亦對此書頗爲推重。

再就當前的研究狀況來看，從總體質量而言，臺灣學者對呂祖謙及其專著研究成果主要以大學博、碩士學位論文爲代表，水平很高。在呂祖謙的經學、史學、文學、教育、哲學等方面，臺灣都有極高參考價值的論文〔註7〕。

〔註2〕 全祖望於《宋元學案·范呂諸儒學案》中謂爲七世十七人。從呂公著至呂祖謙，歷公、希、問、中、大、祖凡六世，全祖望多計了一世。

〔註3〕 〔明〕黃宗羲撰、〔清〕全祖望補編：《宋元學案》，北京：中華書局，1986，卷五一《東萊學案》，頁1653。

〔註4〕 《宋元學案》卷五一《東萊學案》，頁1653。

〔註5〕 〔宋〕陳振孫：《直齋書錄解題》，上海：上海古籍出版社，1987，頁39。

〔註6〕 〔清〕永瑢等編：《四庫全書總目》卷一五《呂氏家塾讀詩記》條，北京：中華書局，1965，頁124中。

〔註7〕 資料來源：臺灣博碩士論文信息網，查詢日期：2008年4月5日。需要特別說明的是，由於各種因素所限（如作者未同意公佈全文，又如只能在臺灣當地館內閱覽等），我只能得到少數幾篇作者授權全文公佈的論文，其餘則只能

臺灣最早關於呂祖謙的學位論文是吳春山《呂祖謙研究》〔註8〕，分六章討論東萊學之內涵，包括家世與生平、性理之學、經學、文學、呂氏與浙東諸家的關係。此後學界新作紛紛問世，其研究範圍也更趨於專門化。林建勳的《呂東萊的春秋學》從義理學之探究及歷史之範疇〔註9〕，討論呂祖謙的治史方法和《春秋》學研究等方面，採用諸多先進之方法進行論述。郭麗娟的《呂祖謙詩經學研究》論述了呂祖謙的世系及學術淵源、生平與著作、《呂氏家塾讀詩記》之成書經過及版本與體例、釋《詩》之法、字句之考訂、呂祖謙對前人詩說之批評、說《詩》之疏失及其《詩經》學的價值和影響幾個部分〔註10〕。可惜我在論文撰寫期間只能讀到該論文的摘要，未能有幸詳讀全文。洪春音的《朱熹與呂祖謙詩說異同考》從朱子與呂祖謙的成學背景與學術地位、朱子詩《說》先後異同、朱子和呂祖謙說《詩》異同作為研究對象〔註11〕，探討朱子與呂祖謙《詩》學觀之差異，對朱、呂的《詩》學及朱、呂時代《詩》學觀的發展態勢做出了清晰而又深刻的瞭解。李宗翰的《呂祖謙之歷史思想》以呂祖謙最重要的五本史著作為研究資料〔註12〕，綜合系統地闡述呂祖謙的歷史思想。這篇文章是在平心閱讀的基礎之上，依順文理及其內在邏輯進行探討，使其歷史思想建立起一個整體性輪廓。黃淑娟的《呂祖謙成學背景及其教育思想研究》從呂祖謙的家學背景及師承淵源和教育思想的角度進行論述〔註13〕，分為教育思想之背景及其理學基礎，教育思想之具體內容三個主要部分。高焜源的《呂祖謙的史學批評》從理清呂祖謙的著作、史學批評的基本原則、呂祖謙對於朝代與制度、人物、史書的批評及其影響幾個方面出發〔註14〕，認為呂祖謙的史學批評雖有許多主客觀的局限，但是他在理學盛行的南宋，力主學術調合，對理學、文學、史學都有研究，而呂祖謙的史學成就最受忽視，這應值得史學界的重視，並給予適當的評價。許修嘉的《陳亮與呂祖謙學術思想異同——思想合流契機》從南

　　看到摘要及目錄，可謂是個不小的遺憾，未及見全文者，在書後所附參考文獻中均有＊號標出。
〔註8〕　臺灣大學博士學位論文，1978。
〔註9〕　臺灣中央大學碩士學位論文，1990。
〔註10〕　臺灣東吳大學碩士學位論文，1994。
〔註11〕　臺灣東海大學碩士學位論文，1994。
〔註12〕　臺灣清華大學碩士學位論文，1997。
〔註13〕　臺灣東吳大學碩士學位論文，2000。
〔註14〕　臺灣華梵大學碩士學位論文，2000。

宋政治經濟文化、呂祖謙與陳亮的生平事跡、二人學術思想和哲學觀異同幾個方面進行論述〔註 15〕，使陳、呂二人在學術史上的地位和學術合流的跡象得以明朗的呈現。許愛蓮的《呂祖謙及其〈東萊博議〉》以呂祖謙及其《東萊博議》爲研究主題〔註 16〕，對呂祖謙的生平際遇、《東萊博議》的寫作緣由與流佈、思想內容、寫作技巧、行文特色、評價影響幾個方面做出了詳細而又允正的述評。進入二十一世紀之後，林文騰的《呂祖謙〈皇朝文鑑〉研究》考訂了呂祖謙的生平、《皇朝文鑑》的成書經過、流傳情形及版本優劣〔註 17〕，進而深究原典，從呂祖謙著作及其友人子弟的論述找尋《皇朝文鑑》的編選義例，最後在會通評論的基礎上探討《皇朝文鑑》如何呈現北宋文風及呂祖謙的個人思想觀念。官志隆的《呂祖謙麗澤書院講學研究》以呂祖謙主持的麗澤書院爲研究主題〔註 18〕，分爲麗澤書院的教育背景、講學之教育理念、教學之實施幾個主要部分，得出呂祖謙於麗澤書院講學時，秉持經世致用，培育實材的教育理念，強調德育，重視倫常等重要結論。楊宗錫的《呂祖謙學術思想研究》從呂祖謙的理學、史學、文學、治學思想等幾個方面探討呂祖謙豐富且多樣性學術身份及其學術思想的主要特質〔註 19〕，考訂之翔實、文句之古雅令人歎服；林明賢的《〈近思錄〉思想研究》分天人合一論、教學論、修養論、倫理論幾個主要部分整合呈現《近思錄》一書的內涵架構〔註 20〕。此外，專著方面有劉昭仁之《呂東萊之文學與史學》〔註 21〕，從題目即可看出，此書專就呂祖謙之文學與史學思想進行探討。孔東之《宋代東萊呂氏之望族及其貢獻》一書則從呂氏的家族史進行探討〔註 22〕。

　　大陸方面關於呂祖謙及其著作的研究專著並不多，潘富恩、徐餘慶在 1980 年代出版的《呂祖謙思想初探》可謂 1949 年之後大陸研究呂祖謙思想的肇基之作〔註 23〕，是書得張岱年「填補了中國哲學史研究的一個空白」之譽，其立足點是把呂祖謙視作一位哲學家。是書在呂祖謙的生平活動、社會

〔註 15〕 臺灣逢甲大學碩士學位論文，2000。
〔註 16〕 臺灣師範大學碩士學位論文，2000。
〔註 17〕 臺北市立師範學院碩士學位論文，2001。
〔註 18〕 臺灣中正大學碩士學位論文，2003。
〔註 19〕 臺灣高雄師範大學碩士學位論文，2003。
〔註 20〕 臺灣輔仁大學碩士學位論文，2003。
〔註 21〕 劉昭仁：《呂東萊之文學與史學》，臺北：文史哲出版社，1986。
〔註 22〕 孔東：《宋代東萊呂氏之望族及其貢獻》，臺北：商務印書館，1988。
〔註 23〕 潘富恩、徐餘慶：《呂祖謙思想初探》，杭州：浙江人民出版，1984。

政治思想、哲學思想、倫理學說、教育學說及歷史觀等幾個方面展開初步論述。潘、徐二人篳路藍縷之功，固不可沒，而此書的學術話語受特殊時代之影響，尚不能向讀者全面、科學地呈現呂祖謙的學術思想及其精神風貌。1984年，侯外廬、邱漢生、張豈之三位先生主編的《宋明理學史》一書〔註24〕，用一章的篇幅來探討呂祖謙的理學思想。幾年之後，潘富恩、徐餘慶二人又有《呂祖謙評傳》〔註25〕，此書是在《呂祖謙思想初探》的基礎上進一步擴展，基本框架亦相似，只是增加南宋學術思潮概況、經濟思想及人生觀三個部分，此書亦有「填補了中國思想史研究的一個空白」之譽〔註26〕。不過此書對呂祖謙的生平活動及歷史事實失於考訂，錯誤不少，如謂「呂祖謙以祖恩補將仕郎……這年呂祖謙才二十二歲」〔註27〕，而依據《年譜》紹興十八年（1148）條，這年四月，呂祖謙「以祖駕部致仕〔註28〕，恩補將仕郎」〔註29〕，當為十二歲。諸如此類，不在少數。杜海軍的《呂祖謙文學研究》和《呂祖謙年譜》這兩部專著可謂使大陸的呂祖謙研究真正走上正途〔註30〕。《呂祖謙文學研究》涉及呂祖謙的生平、對古文獻的編輯整理、《詩經》學、文學創作以及文學觀念幾個主要部分，內容詳贍。不過，本書限於篇幅，使得其中關於《呂氏家塾讀詩記》的很多問題尚有很多討論的空間。《呂祖謙年譜》則根據呂喬年所編的《呂祖謙年譜》作了更加詳細的補訂，考訂之翔實，令人歡服，由此書即可清晰地瞭解到呂祖謙生平事跡。徐儒宗《婺學之宗——呂祖謙傳》一書以平實的語言對呂祖謙的生平和思想加以概述〔註31〕，較之《呂祖謙評傳》，考辨翔實，通達順暢。浙江武義縣政協文史資料委員會所編的《呂祖謙與浙東明招文化》則結合浙東地域文化的特色〔註32〕，結

〔註24〕 侯外廬等：《宋明理學史》，北京：人民出版社，1984。

〔註25〕 潘富恩、徐餘慶：《呂祖謙評傳》，南京：南京大學出版社，1992

〔註26〕 鞏本棟：《填補了中國思想史研究的一個空白——讀〈呂祖謙評傳〉》，《復旦學報》，1992 年第 6 期，頁 47～50。

〔註27〕 《呂祖謙評傳》，頁 21。

〔註28〕 呂祖謙之祖呂弼中，紹興八年五月以將作監為駕部員外郎，提舉福建茶事。

〔註29〕 〔宋〕呂喬年編，《東萊集》附錄卷一《年譜》，臺北：商務印書館，1983，影印文淵閣《四庫全書》第一一七○冊，頁 441，另，本書所列《四庫全書》均為此版本，下文所引，不再標注「影印文淵閣」字樣。

〔註30〕 杜海軍：《呂祖謙文學研究》，北京：學苑出版社，2002。杜海軍：《呂祖謙年譜》，北京：中華書局，2007。

〔註31〕 徐儒宗：《婺學之宗—呂祖謙傳》，杭州：浙江人民出版社，2005。

〔註32〕 浙江武義縣政協文史資料委員會：《呂祖謙與浙東明招文化》，北京：社會科

合呂祖謙的生平活動及學術思想，從多方面論述呂祖謙對明招文化所產生的深遠影響。同時，書中亦有介紹《呂氏家塾讀詩記》的一個小章節，簡要地介紹呂祖謙的《詩》學成就。近年來，浙江師範大學的黃靈庚、吳戰壘等學者主持編纂了《呂祖謙全集》〔註33〕，如今業已面世。這部全集裒輯了呂祖謙的全部著作，不失為研究呂祖謙學術思想的重要史料。

另外，尚有幾部研究《詩》學史的著作，如徐澄宇《詩經學纂要》〔註34〕、夏傳才《詩經研究史概要》〔註35〕、洪湛侯的《詩經學史》〔註36〕、郝桂敏《宋代〈詩經〉文獻研究》〔註37〕等也涉及呂祖謙的《呂氏家塾讀詩記》，就其中的一些問題有概括性的論述，如呂祖謙對《詩序》的態度、《呂氏家塾讀詩記》的特點等，但亦鑒於篇幅原因，很多問題雖有提及，亦未能充分展開，如呂祖謙的《詩》學思想是怎樣與其理學思想契合的，這一關鍵問題必須深入理學思想及傳統《詩》學才能澄清；又如，幾乎所有著作都說到《呂氏家塾讀詩記》「博採諸家」，但都採哪些學者之說，偏向於漢唐學者，還是偏向於宋代學者？呂祖謙採前人、時人之說多，還是自創之說多？由此可以看出怎樣的學術風向與時代精神來？這些關鍵問題必須經過詳細的分析、細緻地統計之後才能得以公允地呈現。

在大學博、碩士論文方面，大陸的研究成果較之臺灣要遜色不少。專門的研究論文，就當前可見者僅七部〔註38〕：譚鍾琪《呂祖謙文學研究》圍繞呂祖謙的文學創作及其文學批評〔註39〕，從呂祖謙的文學創作、文學思想及其成因、文學評論及理論三個方面展開了論述。姚永輝的《朱熹與呂祖謙關於〈詩經〉的四大辯論平議》是大陸碩士學位論文中研究《呂氏家塾讀詩記》十分少見的一篇高水平力作〔註40〕，該文著力述評了明人顧起元指出的朱子和呂祖謙《詩》學研究所存在的四點差異，論述允當，水平之高，足以使大

學文獻出版社，2006。

〔註33〕黃靈庚等主編：《呂祖謙全集》，杭州：浙江古籍出版社，2006。
〔註34〕徐澄宇：《詩經學纂要》，上海：中華書局，1936。
〔註35〕夏傳才：《詩經研究史概要》，鄭州：中州書畫社，1982。
〔註36〕洪湛侯：《詩經學史》，北京：中華書局，2002。
〔註37〕郝桂敏：《宋代〈詩經〉文獻研究》，北京：中國社會科學出版社，2006。
〔註38〕資料來自中國知識資源庫（http://dlib.edu.cnki.net），查閱日期：2008年4月9日。
〔註39〕揚州大學碩士學位論文，2001。
〔註40〕四川大學碩士學位論文，2005。

陸學者自豪。楊延的《呂祖謙〈呂氏家塾讀詩記〉的宗毛傾向》從《呂氏家塾讀詩記》中尋找例證〔註 41〕，簡要闡明呂祖謙疏《詩》與毛傳之關係，論述了《呂氏家塾讀詩記》以理說《詩》、反對「淫詩說」、主張經史互證的特點，文章樸實，然而意猶未盡。林怡《論「東南三賢」的散傳》以朱子、呂祖謙、張栻所做的「散傳」作爲研究對象〔註 42〕，展現了朱子、呂祖謙、張栻傳記創作的特色以及創作上的異同之處。選題新穎，立論有據，水平很高。程穎穎的《論呂氏家塾讀詩記》從該書的成書背景、特點及其成因、影響與不足幾個方面進行概括性論述〔註 43〕，令人遺憾的是，該文並未超出《呂祖謙評傳》、《呂祖謙文學研究》等專書的研究範疇。楊林的《呂祖謙的經世思想》闡明呂祖謙的經世思想形成之背景、具體內容及其特色〔註 44〕，得出呂祖謙的「經世思想與儒學傳統一脈相承」的結論，並分析了這種觀念對現代社會的借鑒價值與社會意義。黃欽的《呂祖謙的文學觀念與創作研究》著重剖析了呂祖謙的文學思想和文學觀〔註 45〕，並對呂祖謙創作的散文和詩歌進行了分析。

　　另外，陳戰峰博士的《宋代詩經學與理學》一文也就對呂祖謙的理學與《詩》學觀念之契合做出了綜合探討〔註 46〕，可謂對《呂氏家塾讀詩記》中的一個關鍵問題做出了創造性的研究。文中涉及到呂祖謙解《詩》的學術傾向，認爲「呂祖謙《詩經》學調劑朱陸的學術思想特徵體現在對『則』和『心』的雙重肯定上，他主張在閱讀《詩經》詩篇中要『識見得正心』，又主張『準則在人心』，所以他的治學工夫論也集中在『中和爲則』與『復歸本心』上。也許可以說，呂祖謙的《詩經》學在思想上以調劑朱陸的面目出現，但更傾向於陸學」〔註 47〕。理學之思想所涉及的問題眾多，本文將吸收陳戰峰博士的研究成果，嘗試從更爲深入的層面展現其中的理學問題。

　　國外的研究狀況，受資料收集方面的限制，尚不能全面的瞭解，不過從

〔註 41〕　新疆大學碩士學位論文，2006。
〔註 42〕　浙江師範大學碩士學位論文，2006。
〔註 43〕　山東大學碩士學位論文，2007。
〔註 44〕　浙江大學同等學歷碩士學位論文，2007。
〔註 45〕　中國社會科學院研究生院碩士學位論文，2008。這篇論文由馬振奎師兄寄贈，特予致謝。
〔註 46〕　西北大學博士學位論文，2005。
〔註 47〕　西北大學博士學位論文，2005，頁 178。

現有的著錄狀況來看，日本和歐美對呂祖謙與《呂氏家塾讀詩記》的研究尙無專門之著作〔註48〕。陳榮捷先生《朱子新探索》一書有兩節文字，討論朱子和呂祖謙的交遊與學術差異〔註49〕。田浩（Hoyt C. Tillman）著有《功利主義儒家——陳亮對朱熹的挑戰》和《朱熹的思維世界》〔註50〕，兩書都有對呂祖謙的介紹，其重點在於闡述呂祖謙在朱子和陳亮之間所起的調合作用。余英時先生在《朱熹的歷史世界》一書中曾以呂祖謙和張栻爲例論述「得君行道」乃理學家之「群體意識」〔註51〕。

從上面已有的研究成果來看，我個人覺得有必要對呂祖謙及其《呂氏家塾讀詩記》再進行深層次的探討。

第二節　研究目標、內容和方法

本文在對呂祖謙學術體系和宋代《詩》學背景的考察之下，擬詳細考述呂祖謙的《詩》學觀，進一步呈現《呂氏家塾讀詩記》的學術價值。本文將以呂祖謙生平及學術淵源、《呂氏家塾讀詩記》的成書經過、版本源流、前後兩稿對比、呂祖謙解《詩》的內在理路、呂祖謙的《詩》學觀與理學思想之契合、《呂氏家塾讀詩記》的得失及對後世之影響等問題作爲最基本的研究內容。

本文擬將解決以下幾個關鍵問題：

1. 何謂「中原文獻之傳」

　　這個問題是研究呂祖謙學術特點的核心問題之一，儘管研究者經常會提到這個術語，但何爲「中原文獻之傳」仍語焉不詳，茲作詳述。

2. 呂祖謙不入《道學傳》的原由考述

　　呂祖謙爲何沒有入《宋史·道學傳》還亟待商榷，本文嘗試從學理的層面對這個問題加以探討。

〔註48〕參見夏傳才：《詩經講座》之《詩經在世界的傳播與研究》一文，桂林：廣西師範大學出版社，2007，頁188～203。

〔註49〕陳榮捷：《朱子新探索》，上海：華東師範大學出版社，2007，頁369～378。

〔註50〕田浩著，姜長蘇譯：《功利主義儒家——陳亮對朱熹的挑戰》，南京：江蘇人民出版社，1997；田浩著：《朱熹的思維世界》，西安：陝西師範大學出版社，2007。

〔註51〕余英時：《朱熹的歷史世界》，北京：三聯書店，2004，頁445～453。

3、《呂氏家塾讀詩記》引證綜合考述

　　這是全文立論的初步基礎，並由此考證出呂氏於漢、唐學者與宋代學者的親疏關係和繼承關係。

4、《呂氏家塾讀詩記》中的理學與《詩》學思想之契合

　　呂氏作爲理學家，其理學思想必然融匯到其解《詩》之說中，兩者是如何契合的？

5、呂祖謙解釋《詩經》的內在理路

　　在呂祖謙龐大的思想體系之下，呂祖謙是用哪種最爲主要的學理來解《詩》的？會不會是我們觀念之中的理學？這個問題需要我們進一步思索。

本文擬採用多種方法對呂祖謙及其《呂氏家塾讀詩記》進行深層次的研究，包括：

1. 用文獻分析法對《呂氏家塾讀詩記》進行版本源流考訂

　　目前研究《呂氏家塾讀詩記》者較少涉及到文獻版本的考訂，因此，此書的流佈情況以及後代對此書的接受情況並不明朗，本文將解決這一問題。

2. 以傳記研究方法和歷史考訂方法考求呂祖謙的生平活動及其時代背景

　　目前對呂祖謙的研究著作或涉及到呂祖謙的著作不在少數，然而其中尚有很多問題需要通過傳記研究和詳細考訂做進一步解釋。

3. 通過統計之方法進行科學、理性地數字分析與歸納

　　目前對《呂氏家塾讀詩記》的研究並沒有詳細統計過書中引用前人或時人的解《詩》之說，只有將這些情況進行詳細、精審的統計之後才能判定呂祖謙解《詩》的思想傾向。

4. 通過內容比較研究之方法展現《呂氏家塾讀詩記》中的諸多問題

　　通過對比漢唐學者解《詩》之著作、宋代學者解《詩》之著作、以及《呂氏家塾讀詩記》前後兩稿的差異，推斷呂祖謙對前人的繼承和創新，展現出呂祖謙解《詩》的獨特之處，並考證得失。

呂祖謙之學廣博無涯沍，其《詩》學渾厚質樸，並不是以我個人之力在短暫的時間就能窮盡的。這篇論文也不過是巢一枝，飲一瓢而已。因此，對我來說，在寫作之中對古人的敬畏之情，則時刻不能忘。

第一章　呂祖謙的家世、生平及學術淵源

　　呂祖謙出生在一個十代仕宦的世家大族，其政術和學術俱顯於當時。呂祖謙複雜的成學背景和學術體系，使得諸多研究者在探驪得珠之前免不了要做一番全面而深入的瞭解。這一章主要論述呂祖謙的家世、生平傳略和重要著述。其中，第三節是對當前語焉不詳的「中原文獻之傳」做出新的說明，其核心內容在於解釋「中原文獻」的具體內容；第四節是對呂祖謙不入《宋史·道學傳》給出新的解釋，我認爲呂祖謙入《儒林傳》更能體現其學術內容和學術特色。這兩節意在還原並合理定位呂祖謙的本原面貌，理清其學術體系的內在理路，爲論述《呂氏家塾讀詩記》提供一比較好的基礎。

第一節　呂祖謙家世述略

　　在宋代，東萊呂氏是一個世人矚目的世家大族〔註1〕。南宋王明清認爲「本朝一家爲宰執者，呂氏最盛」〔註2〕：

　　　　呂文穆（蒙正）相太宗；猶子文靖（呂夷簡）參眞宗政事，

〔註1〕據孔東先生考證，東萊原爲《禹貢》青州之域，爲古萊夷地，春秋時爲萊子國，齊侯遷萊子於郳，在故國之東，故曰「東萊」。秦屬齊郡，漢始析置東萊郡，屬青州，約有山東半島之地，治在今山東掖縣。參見孔東：《宋代東萊呂氏之族望及其貢獻》，臺灣商務印書館，1988，頁1。

〔註2〕〔宋〕王明清：《揮麈錄》，上海：上海書店，2001，前錄卷二，頁13。

相仁宗；文靖子惠穆（呂公弼）為英宗副樞，為神宗樞使，次子
正獻（呂公著）為神宗知樞，相哲宗；正獻孫舜徒（呂好問）為
太上皇（宋高宗）右丞。相繼執七朝政，真盛事也〔註3〕！

除政治影響外，東萊呂氏極重讀書修行，更是學者輩出。在《宋元學案》
中，呂氏四為學宗，清王梓材校訂《宋元學案‧范呂諸儒學案》所加按語說：

謝山（全祖望）《箚記》：「呂正獻公家登學案者七世十七人。」
考正獻子希哲、希純為安定（胡瑗）門人，而希哲自為《滎陽學
案》。滎陽子切問，亦見《學案》。又和問、廣問及從子稽中、堅
中、弼中，別見《和靖學案》。滎陽孫本中及從子大器、大倫、大
猷、大同為《紫微學案》。紫微之從孫祖謙、祖儉、祖泰又別為《東
萊學案》。共十七人，凡七世〔註4〕。

「七世」之說，是計入呂祖謙之子呂延年，從子呂喬年、呂康年三人
之後的數字。全祖望和王梓材還少計入呂希績、呂好問二人。概言之，呂
氏一族登入學案者凡七世二十二人〔註5〕。呂氏一族蟬聯珪組，世為顯著，
可謂兼德行、言語、政事、文學四科。下就呂氏家族中重要人物的言行出
處略作淺述，闡明呂祖謙成學的家庭背景。為便於觀覽，先將呂氏家族譜
系列於前：

〔註3〕《揮麈錄》，前錄卷二，頁13。
〔註4〕〔清〕黃宗羲原著、全祖望補修：《宋元學案》卷十九《范呂諸儒學案》，北
京：中華書局，1986，頁789。另外，《麗澤諸儒學案》共有七十六人，雖無
呂氏子弟，然皆為呂祖謙門人。呂祖謙的先代異姓弟子少，有名者多為自家
子孫，可謂一家之學。《宋代東萊呂氏之族望及其貢獻》，頁51。
〔註5〕《呂祖謙學術思想研究》，頁64。《呂東萊之文學與史學》，頁2。

表1　呂祖謙世系圖

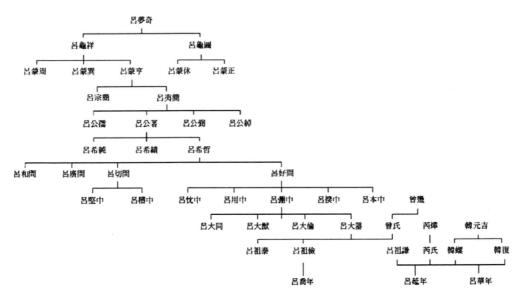

說明：本圖參照《東萊集》卷十四《東萊公家傳》、《宋史》卷二四五《呂蒙正傳》、
　　　卷三一一《呂夷簡傳》、卷三三六《呂公著傳》、《呂希哲傳》、卷三六二《呂
　　　好問傳》、卷四三四《儒林傳四‧呂祖謙傳》，《宋元學案》卷一九《范呂諸
　　　儒學案》、卷二三《滎陽學案》、卷二七《和靖學案》、卷三六《紫微學案》、
　　　卷五一《東萊學案》，孔東《宋代東萊呂氏之族望及其貢獻》之《東萊呂氏
　　　之世系》、劉昭仁《呂祖謙之文學與史學》所附呂氏世系圖，杜海軍《呂祖
　　　謙年譜》附錄五《呂祖謙世系圖》、徐儒宗《婺學之宗──呂祖謙傳》之《呂
　　　祖謙世系表》等資料製作。

　　東萊呂氏遠紹神農，受氏於虞夏之間〔註6〕。呂祖謙的世族譜系有文字可
考者始於五代之際：

　　　五代之際，（呂氏）始號其族爲三院：言河南者，本後唐戶部
　　　侍郎夢奇；言幽州者，本晉兵部侍郎琦；言汲郡者，本周戶部侍郎
　　　咸休。其昭穆疏戚，世遠軼其譜，而河南者祖爲最盛。河南之呂，
　　　入國朝有爲起居郎知泗州者，曰龜圖，生蒙正。正相太宗、眞宗，

─────────

〔註6〕據清人王相《百家姓考略》，呂出自姜姓，神農後伯夷仕堯掌禮，佐禹治水，
　　　封於呂，世主太嶽祀。〔清〕王相：《百家姓考略》，上海：華東師範大學出版
　　　社，2010，頁73～74。

謚文穆。起居之弟曰龜祥，嘗爲殿中丞，知壽州。壽州生蒙亨，終大理寺丞。寺丞生夷簡，三相仁宗……謚文靖，配享仁宗廟廷。文靖公有子五，而二至相輔〔註7〕。

從呂蒙正開始，呂氏一族世代仕宦的盛事就此拉開帷幕。呂蒙正（946～1011），字聖功，其父呂龜圖多寵，母劉氏遭妒被逐。呂蒙正母子淪爲乞丐。呂蒙正焚膏繼晷，刻苦求學，於太宗太平興國二年（978）擢進士第一。呂蒙正仕途順利，分別於太平興國八年（984）、淳化四年（993）、眞宗咸平三年（1000）三次拜相，身居相位凡九年。呂蒙正胸懷雅量，政尚寬靜，敢於直諫，頗能知人。朝士有藏古鏡者，自言能照二百里，欲獻以求知遇。呂蒙正笑曰：「吾面不過楪子大，安用照二百里？」聞者歎服。大中祥符後，眞宗朝永熙陵，封泰山，祠后土，過洛，兩幸其第，賜賚有加。眞宗謂呂蒙正：「卿諸子孰可用？」對曰：「諸子皆不足用，有姪夷簡，任潁州（州治在今安徽阜陽）推官。宰相才也。」呂夷簡由是見知眞宗〔註8〕。

呂夷簡（980～1044），字坦夫，呂蒙正從子，眞宗咸平三年（1000）進士。憑著呂蒙正的推介和眞宗、仁宗的賞識，呂夷簡逐漸步入宋代的政治中樞。自仁宗天聖七年（1029）至康定元年（1040），呂夷簡三居相位，首冠群僚，歷十餘年。呂夷簡深謀遠慮，有大臣之度，所言無不聽，所請無不行。仁宗初，天下晏然，呂夷簡之力爲多，可謂「太平宰相」。元昊反，四方久不用兵，師出數敗，契丹乘機索要關南地。呂夷簡經略籌劃，二邊遂寧。不過呂夷簡秉政日久，不免瑕瑜互見，失當處甚多，如建募萬勝軍，雜市井小人，浮脆不堪戰鬥；呂夷簡對郭后懷忿，力倡廢后之說。孫道輔等伏閣進諫，呂夷簡謂伏閣非天下太平之事，遂逐孫道輔等人。遺害尤爲深遠的是，呂夷簡用宗室補環衛官，驟增奉賜，又增加契丹繒金二十萬，當時不爲之深計，以至費大不可止。同時，呂夷簡與范仲淹政見不和，范仲淹每指陳時弊，呂夷簡則指爲狂肆。呂、范政爭長達十餘年，最後雖以和解告終，但朋黨之論日熾不止，貽害無窮。王夫之曰：「抑考當時之大臣，則耆舊已凋，所僅存者呂夷簡。呂夷簡固以訕之不怒，逐之不恥，爲上下交順之術，而其心之不

〔註7〕 《東萊集》卷十四《東萊公家傳》，《四庫全書》第一一五〇冊，頁122。

〔註8〕 呂蒙正傳略參見脫脫：《宋史》卷二六五《呂蒙正傳》，北京：中華書局，1977，頁9145～9149；朱子《五朝名臣言行錄》卷一之六《丞相許國呂文穆公蒙正》，《朱子全書》，上海：上海古籍出版社，合肥：安徽教育出版社，2002，第一二冊，頁42～45。

可問者多矣。」〔註9〕夷簡卒後，仁宗見群臣泣曰：「安得憂國忘身如夷簡者？」君臣相得，竟至如此〔註10〕。

如果說東萊呂氏進入政治核心始於呂蒙正，那麼東萊呂氏形成其別具特色的家學傳統則始於呂夷簡之子呂公著。一個世家大族如果僅靠政治力量並不能長久地維持其聲譽和地位，尤其是當它在政治決策上屢屢出現失誤的時候。這時，呂氏家族出現了一位十分關鍵的人物，通過道德和學術的力量消除了某些政治失誤給其家族帶來的負面影響。這人便是呂公著。呂公著是東萊呂氏入《宋元學案》的第一人，爲東萊呂氏鎔鑄政事、德行、學術爲一體樹立了極好的典範。

呂公著（1018～1089），字晦叔，呂夷簡之子，仁宗慶曆二年（1042）進士。召試館職，不就，通判潁州，與郡守歐陽修爲講學友。歐陽修出使契丹，契丹國主問中國學行之士，首以呂公著對。熙寧初，呂公著爲御史中丞，每議政事，博取眾善以爲善，至所當守則毅然不回奪。王安石行青苗法，呂公著極言：「自古有爲之君，未有失人心而能圖治，亦未有能脅之以威，勝之以辯而能得人心者也。昔日之所謂賢者，今皆以此舉爲非，而生議者一切詆爲流俗浮論，豈昔皆賢而今皆不肖乎？」王安石怒其深切。神宗使呂公著舉呂惠卿爲御史，呂公著曰：「惠卿固有才，然姦邪不可用。」神宗將呂公著的話轉告王安石，王安石益怒，誣以惡語。呂公著出知潁州。呂公著爲郡，率五鼓起，秉燭視案牘，黎明聽決民訟，退就便坐，宴居如齋賓，郡無留事而下情通，凡典六郡，以爲常，後雖年高貴重，不少替。元豐三年（1080），呂公著爲樞密副使，翌年知樞密院事，奏止肉刑。元祐初年，司馬光已卒，首相文彥博年邁，哲宗幼沖，宣仁太皇太后依賴呂公著正殷，拜爲司空同平章軍國事，別建宅第，許執政往議事。

呂公著自少講學，以治心養性爲本，平居無疾言遽色，於聲利紛華，泊然無所好，暑不揮扇，寒不親火，簡重清靜，其識慮深敏，量閎而學粹，遇事善決，苟便於國，不以私利動其心。呂公著與人交出於至誠，好德樂善，見士大夫以人物爲意者，必問其所知與所聞，參互考實，以向朝廷推薦。呂

〔註9〕　〔清〕王夫之著、徐士彥點校：《宋論》，北京：中華書局，2003，卷四《仁宗》之六，頁87。

〔註10〕　呂夷簡傳略參見《宋史》卷三三一《呂夷簡傳》，頁10206～10210；《五朝名臣言行錄》卷六之《丞相呂文靖公夷簡》，《朱子全書》第一二冊，頁166～180；《呂東萊之文學與史學》，頁4～6。

公著援引諸多文人學士入朝，其中不乏理學的初祖如張載、邵雍、程顥、程頤等人。神宗嘗言呂公著於人材不欺，如權衡之稱物，而尤能避遠聲跡，不以知人自處。呂公著修己爲政之風範，頗令人嚮往，即便是與其政見不合的王安石，也深深歎曰：「晦叔爲相，吾輩可以言仕矣。」〔註11〕《宋史・呂公著傳》論曰：「公著父子俱位至宰相，俱以司空平章軍國事，雖漢之韋、平，唐之蘇、李，榮盛孰加焉。夷簡多智數，公著則一切持正，以應天下之務，嗚呼賢哉……司馬光疾甚，諄諄焉以國事爲託，當時廷臣，莫公著若也審矣。追考其平生事業，蓋守成之良相也。」〔註12〕

呂公著長子呂希哲（1039～1116），字原明，學者稱爲「榮陽先生」。呂公著居家簡重寡默，而呂希哲之母申國夫人性嚴有法度，雖甚愛憐，然必教之事事循規蹈矩。呂希哲甫十歲，祁寒盛暑，侍立終日，不命之坐不敢坐，日必冠帶以見長者，平居雖熱，在父母長者之側亦不得去巾襪縛絝。呂希哲行步出入，不入茶肆酒肆，市井里巷之語，鄭衛之音，不正之書，非禮之色，亦未嘗經耳目。呂公著通判潁州，招延名儒焦千之教授諸子。諸子少有過差，焦千之與之相對端坐終日，竟夕不與語。呂希哲內有父母教訓之嚴，外有焦千之化導之篤，所成德器，大異於人。呂希哲還從孫復、石介、胡瑗問學，與張載、程顥、程頤交遊，由是聞見益廣。黃百家曰：「呂氏家教近石氏，故謹厚性成。又能網羅天下賢豪長者以爲師友，耳濡目染，一洗膏粱之穢濁。」〔註13〕

呂希哲初以恩蔭入官，王安石勸其勿事科舉以僥幸利祿，希哲遂絕意進取。王安石爲政，欲置其子王雱於講官，以呂希哲有賢名，欲先用之。呂希哲辭曰：「辱公相知久，萬一從仕，將不免異同，則疇昔相與之意盡矣。」王安石乃止。呂公著沒，呂希哲爲崇正殿說書。呂希哲勸導哲宗正心誠意，以修身爲本，其言曰：「心正意誠，則身修而天下化。若身不能修，雖左右之人且不能論，況天下乎？」紹聖黨論起，呂希哲出知懷州（州治在今河南沁陽），謫居和州（州治在今安徽和縣），嘗作詩曰：「除卻借書沽酒外，更無一事擾

〔註11〕 呂公著傳略參見《東萊集》卷十四《東萊公家傳》，頁 122；《宋史》卷三三六《呂公著傳》，頁 10771～10777；《宋元學案》卷十九《范呂諸儒學案》，頁 787～790；《三朝名臣言行錄》卷八之一《丞相中國呂正獻公公著》，頁 606～639。
〔註12〕 《宋史》卷三三六，頁 10780。
〔註13〕 《宋元學案》卷二三《榮陽學案》，頁 906。

公私。」呂希哲閒居於此，每日讀《易》一爻，考古今諸儒之說，默坐沉思，隨事解釋，夜與子孫評論古今，商榷得失，久之方罷。呂希哲晚年居於宿州（今屬安徽）、眞州（今江蘇儀徵）、揚州（今屬江蘇）間十餘年，衣食不給，絕糧數日而處之晏然。呂希哲更從高僧往還，盡究其道，別白是非，斟酌深淺而求與儒學通融，以爲佛之道與聖人之道合〔註14〕。

呂希哲長子呂好問（1064～1131），字舜徒，呂祖謙之曾祖。呂好問是南北宋之交趙宋王朝存亡攸繫的關鍵人物。呂好問少時爲范鎭所重，范鎭每見之輒自失，深歎曰：「呂氏有子矣！」稍長，呂好問學益成，行益修，諸公長者皆折輩行與之遊。呂好問以恩蔭入官，職閒無事，遂肆力經術，忘晦明寒暑之變，怡然處貧，閟光韜華，苶焉與世相忘，然譽望日隆，賢臨一時。宣和之際，諸老踵相凋零，唯呂好問與楊時無恙，時有「南有楊中立，北有呂舜徒」之語，天下倚以任道者惟此二人。夷考《宋元學案》，呂好問列於乃父《滎陽學案》之「滎陽家學」中，未單列一門，王梓材以爲不可：「滎陽長子好問，與弟切問歷從當世賢士大夫遊，以啓紫微（呂本中），不能不爲之立傳也。」〔註15〕

靖康中，呂好問賜進士出身，尋爲御史中丞，欽宗甚重其說。金人入寇，掠徽、欽二帝，呂好問實從鑾輿至金營。二帝既不得還，遣呂好問至東京（今河南開封），尉拊都城。金人冊立張邦昌爲楚帝，張邦昌以呂好問爲事務官。時局稍穩，呂好問勸說張邦昌歸政康王趙構，委曲以成中興之業。康王宗趙構即位，勞曰：「宗廟獲全，卿之力也」，除爲尙書右丞。

不久，呂好問與宰相李綱政見不合。李綱以爲呂好問在圍城中不能守節，請治其罪。高宗因鄧肅曾在汴京圍城中目睹群臣之事，遂令奏陳。鄧肅按照眾人的不同情況分三等定罪，以待制而爲僞朝執政者置一等，有王時雍、徐秉哲、呂好問等六人。當時臺官皆爲李綱所厚〔註16〕，侍御史王賓論呂好問嘗污僞命，不可以立新朝〔註17〕。呂好問自懟，力求去，且言：「邦

〔註14〕呂希哲傳略參見《東萊集》卷十四《東萊公家傳》，頁 122～123；《宋史》卷三三六《呂公著傳》，頁 10772～10777；《三朝名臣言行錄》卷八之二《崇正殿說書滎陽呂公》，頁 606～639；《宋元學案》卷二三《滎陽學案》，頁 901～908；《伊洛淵源錄》卷七《呂侍講》，頁 1008～1013。

〔註15〕《宋元學案》卷十九《范呂諸儒學案》，頁 789。

〔註16〕《宋代東萊呂氏之族望及其貢獻》，頁 153。

〔註17〕見於《宋史》卷三七五《鄧肅傳》，頁 11604。〔清〕趙翼著，王樹民校正：《廿

昌僭號之時，臣若閉門潔身，實不爲難。徒以世被國恩，所以受賢者之責，冒圍賷書於陛下。」高宗說：「邦昌僭號之初，好問募人賷白書具道京師內外之事。金人甫退，又遣人勸進。考其心跡，非他人比。」呂好問疏上之後，朝廷接受了他的辭呈，除爲資政殿學士，知宣州（今屬安徽），提舉洞霄宮，封東萊郡侯。呂好問避地，卒於桂州（今屬廣西）。

為辯白這些政治疑點，呂祖謙特在《東萊公家傳》中闡明呂好問的出處行事，並以朝臣公論爲呂氏家族洗去不白之冤：

> 靖康之難，公含垢忍恥，以就大計。晚進後出，不知前輩本末，或以病公。給事中胡公安國，每爲公辯，且錄其語曰：「河間劉長歷，丞相莘老之孫也。來見曰：『諸人事邦昌者，固不足論，獨呂舜徒可惜。』余曰：『舜徒固自不同，在圍城中，遣人以蠟彈致元帥（趙構）。蓋累朝輔相，身爲世臣，同國休戚，必欲復趙氏社稷，故偷生忍死僞楚之朝。幹正大事，誘導邦昌，使之歸宰相班，勸進元帥，皆其力也。微斯人，則邦昌外倚金人爲重，內有范瓊之兵，王時雍、馮澥、李回等已爲之用，京師人不知世間有三綱，但云得邦昌救其死命，莫不德之。占據都城，呼吸羣小，亦大索處置。使舜徒死節，第潔一身耳。以此易彼，故寧受汙辱以救大事。」四方士大夫聞公之薨，以文致奠紀公忠節者甚眾，如御史中丞常公同則曰：「京師之禍，廟社傾隳。公以一身扶顛持危，安劉之業，平、勃難之。」丞相呂公頤浩、丞相秦公檜則曰：「二聖未歸，公不敢死，竭力戴上以爲天子。」胡公世大儒，常公以風節聞，其言皆世所取信。呂、秦二相亦身在兵間，熟當時事者也。紹興八年，公長子舍人（呂本中）以臺劾罷，語猶及公。第四子兵部（呂用中）疏其誣，辨於朝，詔錄送史館，於是公之大節始明於世〔註18〕。

在呂祖謙的時代，呂好問的高風亮節已經大白於天下，但呂好問避地出走也意味著呂氏家族從此淡出政治核心。一個在出處大節上被疑爲有污點的世家大族，一旦退出政治核心就很難在政界重放光彩。因此，呂氏家族的社會影響自此由政治轉向學術〔註19〕。

二史札記校證》，北京：中華書局，1984，卷二三第三一四條有對此事的辯說，頁 501。
〔註18〕《東萊集》卷十四《東萊公家傳》，《四庫全書》第一一五〇冊，頁 131。
〔註19〕呂好問傳略參見《東萊集》卷十四《東萊公家傳》，頁 122～131；《宋史》

　　呂好問有子五人，呂本中乃其冢子。呂本中（1084～1145），字居仁，幼而聰敏，呂公著甚愛之。呂公著卒，宣仁太皇太后和哲宗親奠，諸童稚立庭下，宣仁獨愛呂本中，摩其頭曰：「孝於親，忠於君，兒勉哉！」呂希哲師事程頤，呂本中聞見習熟，少長，從楊時、游酢、尹焞遊，三家或有疑異，未嘗苟同。呂本中以恩蔭入官，授承務郎。紹聖間，黨事起，呂公著追貶，呂本中亦受牽連。紹興六年（1136），呂本中赴詔詣行在，高宗特賜進士出身，擢起居舍人兼權中書舍人。中書省號為紫微省，故以「紫微舍人」稱之。時秦檜與趙鼎居左、右相，政見時有異同。呂本中曾與秦檜同為郎官，相得甚歡，而政見與趙鼎相近，後因忤秦檜，提舉江州（今江西九江）太平觀。呂本中作文與黃庭堅並駕，詩得黃庭堅、陳師道句法，嘗集陳師道、韓駒、曾幾以下二十五家詩，作《江西詩社宗派圖》，為詩立主「活法」，平生因詩以窮。呂本中雖未列名《江西詩社宗派圖》，卻在宗派詩人中不可或缺。呂本中以「活法」理論與實踐自成一家，其成就雖不及陳師道，但也只在陳師道下〔註20〕。

　　呂本中弟弸中（卒於1146年），字仁武，呂祖謙之祖，累官駕部員外郎，嘗從其兄本中遊於尹焞之門〔註21〕。呂祖謙父呂大器乃呂弸中長子。呂大器（卒於1172年），字治先，累官尚書倉部郎，早年與弟同築豹隱堂，共講「前言往行」之旨，皆有得於家學。呂大器出知吉州（州治在今江西吉水北），為曾幾東床佳婿而得其傳。張栻《祭呂郎中》說：「望其容，藹然有慈祥豈弟之氣，知其臨民之不苟也。聽其言，纚然多故家遺俗之事，又知其世守之不忘也。」〔註22〕

　　東萊呂氏至呂祖謙時已是十代仕宦，三朝宰輔的名門世族。在世代綿延的過程中，呂氏家傳的學風與特色也隨之形成〔註23〕。有了這樣深厚的家學

　　　　卷三六二《呂好問傳》，頁11329～11333，卷三七五《鄧肅傳》，頁11604；《宋元學案》卷二三《滎陽學案》，頁909；《呂東萊之文學與史學》，頁11～13。

〔註20〕呂本中傳略參見《宋史》卷三七六《呂本中傳》，頁11634～11637；《宋元學案》卷三六《紫微學案》，P1231～1250；《呂東萊之文學與史學》，頁13；伍曉蔓《江西宗派研究》，成都：巴蜀書社，2005，頁408～445。

〔註21〕呂弸中傳略參見《宋元學案》卷二七《和靖學案》，頁1011。

〔註22〕〔宋〕張栻：《南軒集》卷四三《祭呂郎中》，《四庫全書》第一一六七冊，頁773。呂大器傳略參見《宋元學案》卷三六《紫微學案》，頁1243。

〔註23〕《呂祖謙學術思想研究》，頁39。《宋代東萊呂氏之族望及其貢獻》：「自呂蒙

底蘊和綿遠的家學淵源，呂祖謙也就順其自然地在呂氏家族退出政治核心之後，綜理家學，於乾、淳之際形成其別具特色的「呂學」。

表2　呂氏家族入《宋元學案》詳表〔註24〕

公	呂公著 宗 范呂諸儒學案			
希	呂希哲 宗 滎陽學案	呂希純 范呂諸儒學案	呂希績 范呂諸儒學案	
問	呂廣問 和靖學案	呂和問 和靖學案	呂切問 滎陽學案	呂好問 滎陽學案
中	呂本中 宗 紫微學案	呂堅中 和靖學案	呂弸中 和靖學案	呂稽中 和靖學案
大	呂大器 紫微學案	呂大倫 紫微學案	呂大猷 紫微學案	呂大同 紫微學案
祖	呂祖謙 宗 東萊學案	呂祖儉 東萊學案	呂祖泰 東萊學案	
年	呂喬年 東萊學案	呂康年 東萊學案	呂延年 東萊學案	

第二節　呂祖謙傳略

呂祖謙，字伯恭，其先東萊（今山東掖縣）人，人多以東萊先生稱之。呂祖謙六世祖呂夷簡自壽春（今屬安徽）徙居開封。兩宋之際，天下板蕩，曾祖呂好問隨高宗南渡，定居婺州，遂為婺州人。呂祖謙生於南宋高宗紹興七年（1137），卒於孝宗淳熙八年（1181），享年四十有五。寧宗嘉定九年

正登進士第而位極人臣，繼之者有夷簡父子，躓武前代，皆為當世名相。論其學業，則自公著之開創，其繼之者有希哲、本中、祖謙，皆能承其緒，被稱大儒，學者宗之。其餘如公緯、公弼、希純、好問、祖儉、祖泰等，皆各具建樹，貢獻良多」，頁138。由此可見，呂氏一族的在政治和學術上的成就是此消彼長的關係。

〔註24〕此表主要依據《呂祖謙學術思想研究》（頁65）及《宋元學案》相關部分，宗表示學宗。

（1216），賜諡曰「成」，故世人亦稱之爲「呂成公」，理宗嘉熙二年（1238），改諡曰「忠亮」，景定三年（1261），追封爲「開封伯」，從祀孔廟。明嘉靖九年（1530），改稱「先儒呂子」。

呂祖謙文學術業，本於天資，習於家庭，稽諸中原文獻之所傳，博諸四方師友之所講，融洽無所偏滯〔註25〕，蔚然一代儒宗。夷考其生平，實分爲兩個階段：自少時「奪移於科試」至高宗三十二年（1162），其主要經歷爲熟習家庭教育，從師問學，並由此打下良好的從政和治學基礎；自孝宗隆興元年（1163）中進士、博學宏詞到淳熙八年（1181）去世，呂祖謙步入仕途，從政、講學和著述成爲其主要生活內容〔註26〕。入仕之後，呂祖謙迭遭喪親之痛，其後又中風臥病，備嘗艱辛。即使在病中，呂祖謙任重道遠之意不衰，未嘗一日輟止讀書治學。

下面就參照《宋史》卷四三四《儒林傳四‧呂祖謙傳》、《宋元學案》卷五一《東萊學案》、呂喬年及杜海軍兩人所編的《呂祖謙年譜》、劉昭仁《呂東萊的文學與史學》、孔東《宋代呂氏之族望及其貢獻》、潘富恩和徐餘慶《呂祖謙評傳》、徐儒宗《婺學之宗——呂祖謙傳》以及楊宗錫《呂祖謙學術思想研究》等資料，述其傳略。

呂祖謙於紹興七年（1137）二月十七日生於桂林（今屬廣西）外祖父曾幾家中〔註27〕。紹興十六年（1146），父呂大器轉任江東提舉司幹官，呂祖謙隨至池陽（即池州，今安徽貴池）。不久，祖呂弸中終於婺州，呂祖謙隨父回婺州，居住五年，以恩補將仕郎〔註28〕。呂祖謙十七歲始能詩，有《賦眞覺僧房蘆詩》數首〔註29〕。紹興二十五年（1155），呂大器爲福建提刑司幹官，呂祖謙隨父在福堂。三月，呂祖謙聞三山（今福建福州）林之奇得呂本中中原文獻之傳，遂從林之奇受《論語》、《孟子》和古文〔註30〕。

林之奇是呂本中高弟，深受呂本中賞識。呂本中教其以廣大爲心，以踐履爲實，林之奇感悟頗深，遂得中原文獻之傳。林之奇及門弟子數百人，

〔註25〕參見《宋元學案》卷五一《東萊學案》，頁1653。
〔註26〕參見《呂祖謙評傳》，頁17～18。
〔註27〕杜海軍：《呂祖謙年譜》，北京：中華書局，2007，紹興七年條，頁3。爲避免引用混淆，引用杜譜時則直標爲「《呂祖謙年譜》」，若引用呂喬年所編年譜，則標爲「呂喬年編《呂祖謙年譜》」，下同。
〔註28〕《呂祖謙年譜》紹興十六年至二十一年條，頁8～9。
〔註29〕《呂祖謙年譜》紹興二十三年條，頁10。
〔註30〕《呂祖謙年譜》紹興二十五年條，頁11。

盛極一時，而其弟子多無可考，唯呂祖謙爲出藍者〔註 31〕。隨林之奇讀書期間，呂祖謙改變了自己的性情和氣質。呂祖謙少時性情卞急，後於病中讀《論語》「躬自厚而薄責於人」一語，終身無暴怒，即便對僮僕亦未嘗厲聲疾呼〔註 32〕。

紹興二十六年（1156），呂祖謙應福建轉運司進士舉，爲首選。呂祖謙作《許由》、《清曉出郊》、《城樓》、《夏日》諸詩〔註 33〕。《許由》詩曰：

> 許由不耐事，逃堯獨參寥。行至箕山下，盈耳康衢謠。
>
> 謂此汙我耳，臨流洗塵囂。水中見日馭，勞苦如堯朝。
>
> 堯天接山際，堯雲抹山椒。誰云能避世，處處悉逢堯。

此詩反用許由洗耳的典故，以爲溥天之下，無非堯山堯水，並無眞正的避世之處。詩中雖微諷許由避世之非，實爲委婉地表露自己的用世情懷〔註 34〕。

明年春，呂祖謙應禮部試，不中。赴銓試〔註 35〕，列下等第三人，授迪功郎，監潭州（州治在今湖南長沙）南嶽廟。十月，呂大器福州任滿，呂祖謙隨之歸婺州。十二月二十九日，呂祖謙娶韓元吉長女韓復〔註 36〕。韓氏爲大家望族，以學行見重於世，家風儒雅。韓、呂聯姻，爲士林佳話。

紹興三十年（1160），呂祖謙監潭州南嶽廟期滿，赴臨安銓試，得上等第二人，次年授嚴州桐廬縣（今屬浙江）尉。這一年呂祖謙師事汪應辰、胡憲，德行與學問益進〔註 37〕。紹興三十二年（1162），韓復卒於臨安，子亦夭折，呂祖謙悲悼不能舒懷。冬，呂祖謙赴紹興省視外祖父母，與陳亮同試漕臺，發兩浙轉運司試解第二人。呂祖謙與陳亮結下深厚友誼，成爲至交〔註 38〕。

宋孝宗隆興元年（1163），呂祖謙春試禮部，奏名第六，賜進士及第，改左迪功郎。不久，呂祖謙又中博學宏詞科〔註 39〕，特授左從政郎，改差南外

〔註 31〕《宋元學案》卷三六《紫微學案》，頁 1243～1244。

〔註 32〕這段軼事始見於宋人記載者爲朱子《晦庵集》卷五四《答路德章》。

〔註 33〕《呂祖謙年譜》紹興二十六年條，頁 14。

〔註 34〕參見《呂東萊之文學與史學》，頁 18。

〔註 35〕宋制，蔭補入仕者，文官要經過銓試，武官要經過呈試，合格者方能出任職事官。

〔註 36〕《呂祖謙年譜》紹興二十七年條，頁 11。

〔註 37〕《呂祖謙年譜》紹興三十年條，頁 18～19。

〔註 38〕《呂祖謙年譜》紹興三十年條，頁 22～24。

〔註 39〕宋人李心傳曰：「博學宏詞科，紹興三年七月始置。紹聖間，既廢制科不用，

敦宗院宗學教授。錢周材所做製詞曰：

> 唐之科目，雖多而輕，故有食餌小魚之譏，然連中者亦寡矣。此青銅錢所縣取譽於當世也。爾兩科皆憂選，宜有以旌其能，資敘超升，是亦常典〔註40〕。

製詞用「青錢萬選」的掌故贊譽呂祖謙，實恰如其分。自來禮部會試，兩科連中者極少，呂祖謙的聲譽震於臨安〔註41〕。與呂祖謙同年登進士第的樓鑰，就記載了當時士人對他的崇敬之情：

> （呂祖謙）年二十有七，禮闈既擢前列，又中博學宏詞科，聲名震于都城。鑰既忝同登，復媿齊年，意其為豪俊之士。一日相遇，則頹然似不能言者，殊不稱其名，與之坐而敬焉，不惟使人意消，欽嘆擊服〔註42〕。

朱子與呂祖謙自紹興二十五年（1155）相識〔註43〕，三山別後，數年不相問訊。至此，朱子致書呂祖謙〔註44〕，心欲一見，面論肺腑。十二月，朱

乃創宏詞科。大觀中，改為詞學兼茂。至是，用工部侍郎李擢奏，別立此科，以制、誥、詔、書、表、露布、檄、箴、銘、記、贊、頌十二件為題，古今雜出六題，分三場，每場一古一今。遇科場年，應命官除歸明、流外、進納及嘗犯贓人外，許徑赴禮部自陳。先投所業三卷，朝廷降付學士院，考其能者召試。禮部貢院知舉官，分三等考校，以合格真卷納中書省看詳，宰執將上。上等遷一官，選人改京官，無出身人賜進士及第，並免召試，除館職。中等減三年磨勘，與堂除，無出身人仍賜進士出身，並擇其尤者召試館職。下等減二年磨勘，與堂除一次，無出身人同進士出身，遇館職有闕，亦許審察召試。初，詞科惟有出身許應此科，上即位，以用武權停，比擢請復此科，而其子益能麤有文墨，於是有司看詳，兼許任子就試，亦非舊典，蓋為益能計也。然益能卒不與選。自立科後，入中等者，惟汪叔詹、洪景嚴、湯進之三人，其六十九人皆下等，蓋靳之也。舊例，每舉合格不得過五人，若人材有餘，臨時取旨。紹興後，所取未嘗過三人。淳熙八年以後，又止取一人。慶元五年，應宏詞者三十有一人，無合格者也。」以上見於〔宋〕李心傳《建炎以來朝野雜記》甲集卷十三第三三六條《博學宏詞科》，北京：中華書局，2000，頁 259～260。博學宏詞科之難，由此可見。

〔註40〕《東萊集》附錄卷一呂喬年所編《呂祖謙年譜》隆興元年條，《四庫全書》第一一五○冊，頁 442。

〔註41〕《呂祖謙年譜》隆興元年條，頁 24～28。

〔註42〕〔宋〕樓鑰：《攻媿集》卷五五《東萊呂太史祠堂記》，《四庫全書》第一一五三冊，頁 16～17。

〔註43〕《呂祖謙年譜》紹興二十五年條，頁 13。

〔註44〕書在《晦庵先生朱文公文集》卷三三《答呂伯恭》（三山之別，闊焉累年），《朱

熹除武學博士，因與湯思退、周葵政見不合，南歸過婺州，訪呂祖謙。朱、呂遊歷諸山。從此，朱、呂二人開始了長達二十餘年的學術講論〔註45〕。

乾道二年（1166），呂大器自池州召歸爲郎，先往臨安。呂祖謙奉母曾氏還鄉，詎料曾氏病逝於歸途舟中，呂祖謙改道護喪歸婺州〔註46〕。乾道三年（1167），呂祖謙葬母於武義縣（今屬浙江）明招山。廬墓守制期間，潘景憲、彭仲剛、葉適、鞏豐等三百餘人慕名來學〔註47〕。乾道四年（1168）秋，呂祖謙制定《乾道四年九月規約》，以孝悌忠信爲本，並從日常行爲中規範諸生，如會講之容端而肅，羣居之容和而莊，毋得品藻長上優劣及訾毀外人文字。是年冬，呂祖謙居東陽武川（在今浙江金華），在曹家巷授業。爲佐助諸生做課試之文，呂祖謙取《左傳》中關乎治亂得失者，條疏其下，旬儲月積，遂成編帙，是爲《東萊博議》〔註48〕。《東萊博議》是呂祖謙的早期著作，也是歷代舉子的程文典範，於此可大致窺得其早年學問心得和辭章造詣〔註49〕。

翌年二月，呂祖謙除母服，居宣城（今屬安徽）岳父韓元吉家。五月，呂祖謙至德清（今屬浙江）講學，作《己丑規約》，主張「凡與此學者，以講求經旨，明理躬行爲本」〔註50〕。同月，呂祖謙親迎原配韓復之妹韓螺爲繼室。六月，呂祖謙除太學博士，八月補外，添差嚴州（今浙江建德）州學教授，十月赴官，整頓學政〔註51〕，革除舊弊。四方士子慕名來學，呂祖謙爲之講《易》、《詩》、《春秋》等。十二月，張栻知嚴州，張、呂第一次會晤，聲同氣和，開始共爲夜課〔註52〕，建立起深厚的友誼〔註53〕。

子全書》第二一冊，頁1423。
〔註45〕《呂祖謙年譜》隆興元年條，頁29。
〔註46〕《呂祖謙年譜》乾道二年條，頁33～34。
〔註47〕《呂祖謙年譜》乾道三年條，頁34～38。
〔註48〕坊間傳說，呂祖謙新婚後終日不出門，被人笑爲耽於女色。一月後，呂祖謙持《東萊博議》出，眾人方知其在房中讀《左傳》。
〔註49〕參見《呂祖謙學術思想研究》，頁45。
〔註50〕《東萊別集》卷五有《乾道五年規約》。參見《四庫全書》第一一五〇冊，頁205。
〔註51〕呂祖謙有《乾道五年十月關諸州在籍人》七條，見《東萊別集》卷五，《四庫全書》第一一五〇冊，頁205。
〔註52〕《答潘叔度》二十九：「如《知言》中所疑往往適同，朝夕相與講論，甚可樂。」見於《東萊別集》卷十，《四庫全書》第一一五〇冊，頁294。
〔註53〕《呂祖謙年譜》乾道五年條，頁41～58。

　　乾道六年（1170）是呂祖謙政治生涯中具有特殊意義的一年。呂祖謙任職的嚴州，地瘠人貧，而丁鹽錢捐數額繁重，民不聊生。張栻爲民請命，準備向孝宗奏陳這些狀況。呂祖謙爲他撰寫了《爲張嚴州作乞免丁錢奏狀》。在這篇奏狀中，呂祖謙用十分詳盡的數字分析了嚴州民眾所承受的巨大生存壓力，以爲「以民則莫如本州之困，以害則莫如本州之重」，望孝宗「以不忍人之心，行不忍人之政」，解除州民倒懸之困〔註54〕。令人欣慰的是，孝宗下詔免除嚴州百姓半數賦稅。這篇奏狀雖以張栻的名義上奏，但更多地則反應了呂祖謙以「仁政」爲核心的政治理念。

　　是年五月，呂祖謙除太學博士，赴任前自嚴州返金華，與諸生會於麗澤書院，訂立《規矩七事》，強調諸生要和睦親族，積累德行。次月，呂祖謙以太學博士入對，孝宗反覆垂問，酬酢領略既詳且款，皆能盡其所言。七月，呂祖謙輪對，有《乾道六年輪對箚子》兩篇，言及兩事，其一勉勵孝宗恢明聖道，求眞儒，求實學，興聖學；其二認爲恢復大事「規模當定，方略當審，其始終本末當具舉，緩急難易當豫謀」，當「如句踐、種、蠡，如高祖、良、平，相與共圖大計，反覆籌畫」〔註55〕。

　　不過，在這兩篇輪對箚子中，呂祖謙並未對「規模當定，方略當審，其始終本末當具舉，緩急難易當豫謀」深加闡釋。夷考呂祖謙文集，其《漢興地圖序》則對此有較爲詳細的闡發：

　　　　光武皇帝之徇河北，鄧禹杖策而從之，說以大策，有「天下不足定」之語。其後，帝登城樓，披輿地圖，指示禹曰：「天下郡國如是，今始乃得其一。子前言天下不足定，何也？」禹復申其說〔註56〕。蓋光武志在天下，當神州赤縣未入經略之際，其君臣更相激屬如此，故能兼制六合。司空之所掌，無寸地尺天不歸於封域。按圖分封，並建諸子以爲藩屏。嗚呼，盛哉！用敢紬繹其意而爲之序曰：

　　　　　　自古合天下於一者，必以撥亂之志爲主。志之所向，可以排

〔註54〕見於《東萊集》卷三《爲張嚴州作乞免丁錢奏狀》，《四庫全書》第一一五〇冊，頁24～27。

〔註55〕《東萊集》卷三《乾道六年輪對箚子》，《四庫全書》第一一五〇冊，頁27～29。

〔註56〕鄧禹曰：「方今海內淆亂，人思明君，猶赤子之慕慈母。古之興者，在德薄厚，不以大小。」光武悦。〔南朝宋〕范曄：《後漢書》卷十六《鄧禹傳》，北京：中華書局，1965，頁600。

山嶽，倒江海，開金石。一念之烈，無能禦之者。光武之在河北，崎嶇於封豕長蛇之間，瞋目裂眥，更相長雄，積甲成山，積血成川，積氣成雲，積聲成雷。九流渾淆，三綱反易。雖十家之市，無寧居者，則光武果何所恃哉？亦恃其撥亂之志而已。光武之志，以皇天全付所覆於我有漢，今乃瓜分幅裂，淪於盜賊，此子孫之責也。責之所在，雖有登天之難不敢辭，雖有暴虎之厄不敢避，雖有蹈水火之危不敢回。奮然直前，以償吾祖宗之所負，必使吾祖宗之舊物咸復其初，然後吾責始塞焉。此志一立，故雖處一郡之地，而視天下之廣皆吾囊中物。蚤夜以謀之，反復以思之，其披輿地圖之際，慷慨憤悱，氣干雲霄。撥亂之志，蓋肇於此矣。方其志之未立，則一郡至小，而羣賊之地奚翅十倍！吾眾至少，而羣賊之兵奚翅十倍！恢復之功，猶捕風繫影，若不可期者。及既有其志，則規模先定，機謀先立，兆之於前而必之於後，若青若齊，若隴若蜀，若楚若越，皆吾志中之一物也。若盆子，若王昌，若囂若述，若步若豐，皆吾志中之臣僕也。彼方繕塞置戍，而不知吾已破之於堂上；彼方韍冠被袞，而不知吾已縛之於胸中。是以論光武克復郡縣之蹟，則有難易焉，有先後焉。若夫光武恢復之志，則一披輿地圖，而三萬里之幅員皆入於靈府，豈嘗得一邑而始思得一州，得一州而始思得一部哉！大矣，光武之志也！斯其所以祀漢配天，不失舊物歟？厥後建武二十二年，匈奴右奧鞬日逐王比遣使奉匈奴地圖。二十四年，比款五原塞，願爲藩蔽，乃立之爲南單于，俾預藩臣之列。是知光武有一天下之志，非特輿地圖之所紀皆爲臣妾，而匈奴地圖之所紀亦爲臣妾焉。則志也者，其撥亂濟世之樞極歟？故述之以告來者〔註57〕。

這篇序可以見出呂祖謙實是強調孝宗要積德修行，樹立平治天下的遠大志向，胸懷大略，審明機謀，其緩急先後，當如光武帝先恢復祖宗舊地，償祖宗之所負，然後及至金人，使其像匈奴效圖那樣使「事中國」。

是年八月，張栻回臨安，與呂祖謙同巷居住，時時議論，彼此皆有進步。十二月，呂祖謙以太學博士召試爲國史院編修官、實錄院檢討官〔註58〕。

〔註57〕《東萊集》外集卷四《漢輿地圖序》，《四庫全書》第一一五○冊，頁 405～406。
〔註58〕《呂祖謙年譜》乾道六年條，頁 59～90。

　　乾道七年（1171），韓螺因產女而卒，呂祖謙歸婺州爲韓氏治喪。呂祖謙與韓氏伉儷情重，傷悼難堪。在寫給友人的信中，呂祖謙深寓喪妻之痛：

　　　　某自五月間，亡婦之喪，冒暑治喪，悲愴疲薾，殊無聊賴〔註59〕。

　　朱子致書呂祖謙，願其約情就禮，爲君親德業，千萬自重。呂祖謙意氣消沉，無心用事。恰在這時，呂大器奉祠歸婺州，呂祖謙遂以侍親爲名致書丞相虞允文、參政梁克家，願歸婺州一意爲學。朝廷不許，以呂祖謙通歷任四考，改左宣教郎，召試館職。先是，召試者大都預先從學士院求問目，唯呂祖謙不然，而其文特以典美勝出〔註60〕。

　　乾道八年（1172）春，呂祖謙爲省試考官。陸九淵赴臨安（今浙江杭州）應試，深慕呂祖謙道德文章。呂祖謙亦嘗讀陸九淵文而喜之，只是未識其人。閱卷時，呂祖謙得一卷，讀至「狎海上之鷗，遊呂梁之水，可以謂之無心，不可以謂之道心。以是而洗心退藏，吾見其過焉而溺矣。濟溱洧之車，移河東之粟，可以謂之仁術，不可以謂之仁道。以是而同乎民，交乎物，吾見其淺焉而膠矣」，擊節歎賞不已。其後，呂祖謙聞父親病重，倉皇告歸。去前，呂祖謙特意囑託尤袤和趙汝愚兩位考官：「此卷超絕有學問者，必是江西陸子靜（九淵），此人斷不可失。」尤、趙亦嘉其文，此卷遂中選。揭示，果陸九淵，眾人遂服其精鑒〔註61〕。

　　呂祖謙歸婺，尋遭父憂。翌年，諸生重集門下，戶外之履恒滿，朱子亦遣子朱塾前來就學。呂祖謙訂《乾道九年值日須知》，爲諸生講論《尚書》〔註62〕。

　　孝宗淳熙元年（1174），呂祖謙專意讀書，遣散諸生，開始編纂《讀詩記》，閱讀胡安國所注《春秋》。六月，呂祖謙與陸九淵會於婺州宅中，相聚數日，頗爲相得。此後，呂祖謙致書汪應辰，以爲陸九淵「淳篤敬直，輩流中少見其比」，望其向朝廷推薦。七月，呂祖謙免父喪，主管台州崇道觀〔註63〕。八

〔註59〕《東萊集》別集卷十《與邢邦用》（某自五月間），《四庫全書》，第一一五○冊，頁296。
〔註60〕參見《宋史》卷四三四《儒林四·呂祖謙傳》，頁12873。
〔註61〕參見〔宋〕陸九淵《象山先生全集》卷三六《象山年譜》乾道八年條，《四部叢刊初編》影印明嘉靖刊本，頁9a～10b；《宋史》卷四三四《儒林四·呂祖謙傳》，頁12873。
〔註62〕《呂祖謙年譜》乾道八、九年條，頁104～127。
〔註63〕宋制，設祠祿之官以佚老優賢。先時，員數絕少，熙寧以後增置。在京宮觀，舊制以宰相執政充使，或丞、郎、學士以上充副使，兩省或五品以上爲判官，

月二十八日，呂祖謙與潘景憲自金華作會稽之遊，有日記《入越錄》。歸來後，朱子致書來，邀請呂祖謙來年春赴雁蕩山（在今浙江）遊。

明年四月，朱子因事未能赴雁蕩之約，於是呂祖謙從婺州出發，入閩訪朱子，相聚二十餘日。朱、呂二人共讀周敦頤、二程和張載之書，因其學說「廣大宏博，若無津涯」，恐學者不知入道津門，遂擇其關於大體而切於日用者，編成《近思錄》一書。五月中旬，呂祖謙歸婺州，朱子沿途相送。至信州（今江西上饒）鵝湖寺，呂祖謙慮及朱子與陸九淵學說猶有異同，欲將兩者會歸於一。於是，陸九淵、陸九齡兄弟應呂祖謙之邀，俱到鵝湖寺與朱子論學，呂祖謙深有虛心傾聽之意。事情的最後並沒有出現呂祖謙所期待的局面，朱、陸二人的學說不但沒有會歸於一，反因這場爭辯開啓了朱、陸益加深入的學術論爭，而且朱、陸的分歧與論爭影響了此後的理學發展方向〔註 64〕。儘管呂祖謙調合朱、陸未成，然這次盛會講論之益或本在於成人而終歸成己，是呂祖謙恢弘氣度的具體實踐〔註 65〕。在這次集會上，朱學主於格物致知，陸學主於明心，呂祖謙兼取其長，而以中原文獻之統潤色之〔註 66〕，故能終成其大。

淳熙三年（1176），宋孝宗欲重修《徽宗實錄》，呂祖謙因李燾之薦，除秘書省秘書郎，兼國史院編修官和實錄院檢討官。十一月五日，呂祖謙供職，與修《徽宗實錄》〔註 67〕。明年三月，實錄院成《徽宗皇帝實錄》二百卷，呂祖謙審訂刪削數百條，書遂進。呂祖謙以修《徽宗實錄》有勞〔註 68〕，減

內侍官或諸司使、副爲都監，又有提舉、提點、主管。紹興以來，士大夫多流離困厄之餘，未有闕以處之，於是許以承務郎以上權差宮觀一次，續又有選人在部無闕可入與破格嶽廟者，亦有以宰執恩例陳乞而與之者，月破供給。京官以上二年，選人三年。凡待庶僚者，皆於憂厚之中寓閒制之意。參見《宋史》卷一七○《職官志》十《雜制‧宮觀》，頁 4080～4082。

〔註 64〕 《宋明理學》，頁 147。參見《象山先生全集》卷三六陸九淵年譜淳熙二年條，頁 15a～16b。

〔註 65〕 參見《呂祖謙學術思想研究》，頁 51。

〔註 66〕 《宋元學案》卷五一《東萊學案》，頁 1653。

〔註 67〕 《呂祖謙年譜》淳熙二年條，頁 193～197。

〔註 68〕 劉孝韙製詞曰：「昔唐《開元實錄》厄於興慶，殆無存者，其後搜得一二，雖相繼有以家藏來上，亦豈無遺事邪？惟我徽祖臨御寓內二十有六載，禮樂庶事，固不備具，記注所載，中更散逸，故紹興間裒集成書，尚多闕畧。朕下明詔，復加纂修，爾等皆以奧學良才，博聞強識，續業其間，豈特文直事核，而比舊增百卷，斯亦勤矣。恭閱奏篇，爲之歎嘉，咸進文階，以示褒勸。」《東萊集》附錄呂喬年所編《呂祖謙年譜》淳熙四年條，《四庫全書》第一一五○

一年磨勘，轉承議郎，罷檢討，仍兼史職。八月下旬，呂祖謙入對，以爲朝廷舉偏救弊，維持至於今日者，實由孝宗聖明獨運而鮮得群臣之力，微諷孝宗把持權柄過於專任，願孝宗不要獨運萬機，虛心屈己以來天下之善，居尊執要以總萬事之成，毋以圖任或誤而謂人多可疑，勿以聰明獨高而謂智足徧察，勿詳於小而遺遠大之計，勿忽於近而忘壅蔽之萌。在第二篇《輪對箚子》中，呂祖謙指出宋代文治可觀而武績未振，名勝相望而幹略未憂。就治體而言，其視前代未備者當激厲而振起，其遠過前代者尤當愛護而扶持，不可只欲建立事功而忘根本之損。因此，朝廷應當留意實功，增益治體之所未備，維護寬大忠厚、遜禮節義的根本大計〔註 69〕。十一月，呂祖謙娶芮燁之女爲繼室，頗覺勉強。是月，孝宗觀《聖宋文海》而喜之，令臨安府官員校正刊行以廣其傳。禮部尚書周必大以爲《文海》編類殊無倫理，書坊刊行尚可，若降旨以朝廷的名義校正刻板，事體則重，恐難傳於後世，不如委派館閣官員銓次本朝文章，成一代之書。孝宗大以爲然〔註 70〕。兩天後，呂祖謙輪對，孝宗遂令其「校正（是書），本府開雕」〔註 71〕。呂祖謙奏陳：「《文海》元係書坊一時刻行，名賢高文大冊，尚多遺落，乞一就增損，仍斷自中興以前，銓次庶幾可以行遠。」十五日，孝宗許之，又命知臨安府趙磻老和本府的兩名教官一同校正。二十日，趙磻老言：「臣府事繁委，若往來秘書同共校正，慮有妨礙本職，兼策府書籍亦難令教官攜出，乞專令祖謙校正。」孝宗從之，此事就專由呂祖謙負責。呂祖謙取秘府及士大夫所藏本朝諸家文集，旁採傳記他書，悉行編類，凡六十一門，一百五十卷〔註 72〕。

　　不過，呂祖謙重新編類《聖宋文海》，比孝宗所要求的「校讎誤差」更進

冊，頁 445。

〔註 69〕參見《宋史》卷四三四《儒林四・呂祖謙傳》，頁 12873～12874。輪對箚子在《東萊集》卷三《淳熙四年輪對箚子》，《四庫全書》第一一五〇冊，頁 29～32。

〔註 70〕〔宋〕周必大：《文忠集》卷一七五《淳熙玉堂雜記中》，《四庫全書》第一一四九冊，頁 14。

〔註 71〕《建炎以來朝野雜記》乙集卷五《文鑑》條，頁 596。

〔註 72〕呂祖謙被定爲《聖宋文海》主要刪訂人的經歷，另有一說，未知孰是。呂祖謙從子呂喬年《太史成公編皇朝文鑑始末》一文中說：「一日，參知政事王公淮、李公彥穎奏事。上顧兩參，道周公前語，俾舉其人。李公首以著作佐郎鄭鑑爲對，上默然。顧王公曰：『如何？』淮對：『以臣愚見，非秘書郎呂祖謙不可。』上以首肯之，曰：『卿可即宣諭朕意，且令專取有益治道者。』王公退如上旨召太史（呂祖謙）宣諭，太史承命不辭。」《皇朝文鑑》卷前，《四部叢刊初編》影印鐵琴銅劍樓所藏宋刊本。

了一大步。就從目前所見到的資料來看〔註 73〕，研究者多把注意力放在諸人推薦呂祖謙刪訂江鈿《聖宋文海》和書成後孝宗盛贊此書兩事上，並未言及纂修此書的艱辛。這一點，在李心傳的《建炎以來朝野雜記》中有非常詳細的記載：

> 今《孝宗實錄》書此事頗詳，未知何人當筆。其詞云：「初，祖謙得旨校正，蓋上意令校讎差誤而已。祖謙乃奏以為去取未當，欲乞一就增損。三省取旨，許之。甫數日，上仍命磻老與臨安教官二員同校正，則上意猶如初也。時祖謙已誦言皆當大去取，其實欲自為一書，非復如上命。議者不以為可。磻老及教官畏之，不敢與共事，固辭不肯預，而祖謙方自謂得計。及書成，前輩名人之文，蒐羅殆盡，有通經而不能文詞者，亦以表奏厠其間，以自矜黨同伐異之功，薦紳公論皆疾之。及推恩除直秘閣，中書舍人陳騤繳還。比再下，騤雖奉命，然頗詆薄之，祖謙不敢辨也。故祖謙之書上，不復降出云。」史臣所謂通經不能文詞，蓋指伊川也。時侂冑方以道學為禁，故詆伯恭如此，而牽聯及於伊川。余謂伯恭既為詞臣醜詆，自當力遜職名，今受之非矣。黃直卿亦以余言為然〔註 74〕。

《孝宗實錄》始修於寧宗慶元元年（1195）〔註 75〕，期間黨禁之論漸興，李心傳所引的這段文字雖寓貶義，但呂祖謙欲自為一書的說法則恰如其分。夷考今日可見的《聖宋文海》六卷殘卷〔註 76〕，其書確如周必大所言「殊無倫理」。舉例言之，卷五「賦」類中有一篇黃庭堅名下的《太玄賦》。但是，黃庭堅的文集中並無此篇，讀其文字，則知此篇實為漢人揚雄所作而江鈿誤收其中。而且此書的體例極為混亂，以姓名言之，作者或用名，或用字，或用號，頗不能畫一。因此，呂祖謙欲自為一書，當確有必要。

淳熙五年（1178）六月，呂祖謙兼權禮部郎官，與修《中興館閣書目》，又逐日編次北宋文章，十分勞累。是年十二月十四日中夜，呂祖謙忽因風而染末疾，請假半月回家休養。呂祖謙在寫給周必大的信中描述病況說：

> 某病體入冬來差覺勝前，手足腰髀，時有堅強處，故未自如耳。

〔註 73〕 陳廣勝：《呂祖謙與〈宋文鑑〉》，《史學史研究》，1996 年第 4 期，頁 54～59。
〔註 74〕 《建炎以來朝野雜記》乙集卷五《文鑑》條，頁 597。
〔註 75〕 《宋史》卷一六四《職官志四・秘書省》，頁 3879。
〔註 76〕 國家圖書館所藏《新雕聖宋文海》殘卷僅存卷四至卷九。

藥物日進三四服，未嘗廢炙艾。醫者或云血本少，用火則益燥涸，

以此猶未決也〔註77〕。

　　翌年正月，樞密使王淮宣旨問《文海》的編纂情況，呂祖謙將其書一百五十四冊繳進。二月，呂祖謙因編類《文海》得旨除直秘閣，并賜銀絹三百匹兩。孝宗以爲呂祖謙所編類的《文海》用意甚深，採摭精詳，有益於治道，賜名《皇朝文鑑》，命周必大作序，下令國子監鏤版刊行。令人意想不到的是，有人密奏孝宗曰：「《文鑑》所取之詩多言田里疾苦之事，是乃借舊作以刺今。又所載章疏皆指祖宗過舉，尤非所宜。」孝宗也以爲鄒浩《諫立劉后疏》語訐，遂別命他官另行修定，而鏤板之議不果行。《皇朝文鑑》能流傳至今者，則賴於當時士大夫廣爲傳播〔註78〕。四月，呂祖謙病體稍愈，遂買棹歸婺，與唐仲友鄰舍而居，朱子再次遣子朱塾來學。六月，呂祖謙主管武夷山沖祐觀。四方學子再次來集。呂祖謙則爲諸生講《詩》、《書》〔註79〕。是年冬季之前，呂祖謙完成了《呂氏家塾讀詩記》的初稿，與朱子進行《詩》學探討。

　　從淳熙七年（1180）正月一日到去世，呂祖謙過得非常平淡，雖已成沉痼，而目力心力反勝往時。從他自作的日記中，我們可以知道呂祖謙於疾病呻吟之餘，課諸弟，辨蟲魚，讀箋注，這一年半的時間主要用於編纂《大事記》和《讀詩記》，而且基本上是兩者隔天輪流進行。朱子曾經對呂祖謙於病中益加肆力治學深表欽佩：

　　　　觀伯恭病中日記，其繙閱論著，固不以一日懈。至於氣候之暄

涼，草木之榮悴，亦必謹焉，則其察物之勤，蓋有非血氣所能移者

矣。比來不得復見伯恭，固爲深恨，然於此得竊窺其學力之所至，

以自警省，則吾伯恭之不亡者，其誨我亦諄諄矣〔註80〕。

　　讀書、講學，正是呂祖謙所一直期待的淡定生活。但天不遂人願，他的生命在淳熙八年七月二十九日就戛然終止了，享年四十五歲。呂祖謙的生命是短暫的，於古於今，都算不上得其天年。

〔註77〕《東萊集》別集卷九《與周丞相子充》（近辱教況，下情不勝），《四庫全書》
　　　　第一一五〇冊，頁261～262。
〔註78〕《文忠集》卷一七五《淳熙玉堂雜記》淳熙四年條，《四庫全書》第一一四九
　　　　冊，頁14。
〔註79〕參見《呂祖謙年譜》淳熙六年條，頁215～256。
〔註80〕《東萊集》卷十五《庚子辛丑日記》朱子語，《四庫全書》第一一五〇冊，頁
　　　　160。

　　呂祖謙自二十七歲連中兩科之後，爲官、講學、著書，經緯半生，居家講學之日實多於爲官之時。縱使爲官，呂祖謙的官銜和職事或限於館職，或居於學官，與其官位顯赫的先祖相比，他在政治上實難有所作爲〔註81〕。但是，這並不妨害他成爲一位令人欽佩的人物，因爲呂氏家族在社會上的影響在他這一代人已經由政術轉向道德、學術和文章，而這種影響更爲綿長，更爲久遠，使其在歷史上能夠與朱子、陸九淵這樣耀眼的人物並列。

　　當然，呂祖謙並不需要藉重別人的地位來提高其影響和聲譽。單就呂祖謙少時讀《論語》而變化氣質，從而篤信一生，我們就會知道他對聖學的信仰是多麼堅定。尤爲可貴的是，他還將這種信仰付諸實踐，成爲一位寬厚的人。呂祖謙在病中所編纂的《讀詩記》和《大事記》兩部大書，也都以其宏博和精詳嘉惠學林。這種從容平和而又執著追求的精神，讓我輩慚愧之餘，也使我們尚友古人，從中汲取前行的動力。

第三節　呂祖謙「中原文獻之傳」新探

　　《宋史‧儒林傳》說呂祖謙之學「本之家庭，有中原文獻之傳」，這種說法源自宋人：

> 　　公之問學術業，本於天資，習於家庭，稽諸中原文獻之所傳，博諸四方師友之所講，參貫融液，無所偏滯〔註82〕。

> 　　先生之學，蓋審其是。泝而求之，有源有委。天資純明，又生德門。中原文獻，生長見聞〔註83〕。

　　呂祖謙成學的家庭環境和所與交遊的師友都是他人難以企及的。這一點，全祖望在《宋元學案》中表述得很清楚：

> 　　先生（呂本中）歷從楊（時）、游（酢）、尹（焞）之門，而在尹氏爲最久，故梨洲先生（黃宗羲）歸之尹氏《學案》。愚以爲先生之家學，在多識前言往行以畜德，蓋自正獻（呂公著）以來所傳如此。原明（呂希哲）再傳而爲先生，雖歷登楊、游、尹之門，而所

〔註81〕　參見《呂祖謙學術思想研究》頁 56～57。
〔註82〕　《東萊集》附錄卷一，呂祖儉所作《壙記》，《四庫全書》第一一五〇冊，頁448。
〔註83〕　《東萊集》附錄卷二戴在伯爲呂仲平等撰《祭呂伯恭文》，《四庫全書》第一一五〇冊，頁 469。

守者世傳也。先生再傳而爲伯恭，其所守者亦世傳也。故中原文獻
之傳獨歸呂氏，其餘大儒弗及也〔註84〕。

那麼，宋人是怎樣解釋「中原文獻」呢，其具體內容又若何呢？下面詳
言之。

一、「中原文獻」名義詳釋

眾所周知，在古代中國，「中原」爲地域名，若狹言之，謂今河南一帶；
若廣言之，則謂中華文化的發源地黃河中下游地區或全黃河流域〔註85〕，見
於詩文者，比較著名的有諸葛亮《前出師表》「今南方已定，甲兵已足，當獎
率三軍，北定中原」。當今研究者對此多有提及，並無差異。

不過，需要注意的是，對南宋來說，「中原」的意義則更傾向於指南渡後
宋朝淪喪的故地〔註86〕，這一點可從《宋史》中得到印證：

癸亥，詔中原、淮南流寓士人，聽所在州郡附試〔註87〕。

壬午，詔內外侍從、監司、守臣各舉中原流寓士大夫三二人，
以備任使〔註88〕。

（張栻）間以軍事入奏，因進言曰：「陛下上念宗社之讎恥，
下閔中原之塗炭，惕然於中，而思有以振之……」〔註89〕

夫欲復中原之地，先有以得中原之心，欲得中原之心，先有以
得吾民之心〔註90〕。

〔註84〕《宋元學案》卷三六《紫微學案》，頁1234。
〔註85〕《呂東萊之文學與史學》，頁78～79。
〔註86〕兩晉之交的政治情況與兩宋之交的情況有諸多相似之處，其「中原」觀念所
　　　　涵納的範圍也大致相同，如《晉書》卷一五《地理志下・揚州》：「自中原亂
　　　　離，遺黎南渡，並僑置牧司在廣陵，丹徒南城，非舊土也」，頁463；卷五五
　　　　《夏侯淳傳》：「遭中原傾覆，子姪多沒胡寇，唯息承渡江」，頁1499；卷八六
　　　　《靈伯父張祚傳》「今中原喪亂，華裔無主，羣后僉以九州之望無所依歸，神
　　　　祇嶽瀆罔所憑繫，逼孤攝行大統，以一四海之心」，頁2246；卷一〇四《石勒
　　　　載記上》：「今晉祚淪夷，遠播吳會，中原無主，蒼生無繫」，頁2721。諸如此
　　　　類，不勝枚舉。杜海軍《論呂祖謙中原文獻之傳》一文中，認爲「中原文獻
　　　　之傳的提出，似乎與異族入主中原有關係」，見於《呂祖謙年譜》前言，頁2。
〔註87〕《宋史》卷二六《高宗紀三》，頁478。
〔註88〕《宋史》卷二七《高宗紀四》，頁497。
〔註89〕《宋史》卷四二九《道學傳三・張栻傳》，頁12770。
〔註90〕《宋史》卷四二九《道學傳三・張栻傳》，頁12771。

中原士民，沒身塗炭，無所赴愬也……敵國外橫，盜賊內訌，
王師傷敗，中原陷沒，二聖遠栖於沙漠，皇輿僻寄於東吳，囂囂萬
姓，未知攸底，禍至酷也〔註91〕。

諸如此類的說法甚多。同時，這種理念也反應在南宋的詩歌創作中，如
陸游「王師北定中原日，家祭無忘告乃翁」〔註92〕，范成大「割鮮大嚼飽何
求，荐食中原天震怒」〔註93〕。因此，這裡「中原文獻」中的「中原」二字，
主要是指宋室淪喪為金人統治的舊地。

「文獻」一詞，則始見於《論語‧八佾》：

子曰：「夏禮，吾能言之，杞不足徵也；殷禮，吾能言之，宋
不足徵也。文獻不足故也。足，則吾能徵之矣。」

何晏《論語集解》引鄭玄注曰：「獻，猶賢也。我不以禮成之者，以此二
國之君文章、賢才不足故也」〔註94〕，「文獻」意指杞、宋兩國的遺文和耆賢。
朱子《論語集注》中也將「文」、「獻」二字分開做解：

文，典籍也。獻，賢也。言二代之禮，我能言之，而二國不足
取以為證，以其文獻不足故也。文獻若足，則我能取之，以證吾言
矣〔註95〕。

在《四書或問》中，朱子解釋這樣釋義的原因：

（程頤）以法度釋獻字之義〔註96〕，蓋以獻通為憲也，其或有
所考歟？今不能知，則姑存舊說焉可也……范氏專以無人為言，則
似并以文獻皆為指賢人者，恐亦未安〔註97〕。

由此可見，宋人或以「文獻」為法度，或以「文獻」為賢人，朱子則延
續鄭玄之說將二者綜理於一處。因此，宋人說呂祖謙之學「有中原文獻之傳」
當包括故家典籍和賢者傳授兩個方面。

〔註91〕《宋史》卷四三五《儒林傳五‧胡宏傳》，頁 12924。
〔註92〕陸游《示兒》詩。
〔註93〕范成大《題張戡蕃馬射獵圖》詩。
〔註94〕《論語注疏》卷三《八佾》，《十三經注疏》，北京：中華書局，1980，頁 2466。
〔註95〕〔宋〕朱熹：《四書章句集注》，北京：中華書局，1983，頁 63～64。
〔註96〕程頤曰：「夏、商之禮未盡亡也，而杞、宋之文籍法度不足考證矣，故夫子
不能成之。」見於〔宋〕程顥、程頤著，王孝魚點校：《二程集》所錄《河
南程氏經說》卷六程頤《論語解‧八佾》，北京：中華書局，1981，頁 1136。
〔註97〕《四書或問》所錄，《論語或問》卷三《八佾》，《朱子全書》第六冊，頁 664。

二、當前對「中原文獻之傳」的研究狀況

當代研究者對呂氏家族傳承的「中原文獻」多有不同的見解。先是有劉昭仁先生提出的兩部分內容：

> 呂學「習典故」，「多識前言往行」，其範圍甚廣，大致可分為二，一為關洛之學，一為元祐之政。關洛之學，為呂氏義理所宗；慶曆元祐之政，為其考究「國朝治體」之本。前者記言，後者著重在制度，而其問學之法，「不私一門」、「不主一說」，並致意於立身處世之辭受進退，與義理之是非邪正。徵諸東萊之著述，則知昔人稱其有中原文獻之統，其意含此二者無疑也〔註98〕。

這種說法頗有見地，將呂氏家族的「中原文獻」釋為「關洛之學」和「元祐之政」兩個主要部分，給人啟發之處甚多。但是，若全面考察呂祖謙的成學經歷和學術著作，我們會發現，「關洛之學」只是呂祖謙學術思想中的一部分，似不能涵蓋其全部學術思想。楊宗錫《呂祖謙學術思想研究》論及呂祖謙「中原文獻之傳」時也主劉昭仁之說〔註99〕，兩者差別不大。

其後，潘富恩、徐餘慶《呂祖謙評傳》論呂祖謙「中原文獻之傳」時說：

> 值得說明的是呂氏家族一貫提倡讀書，注意對歷史的研究，隨著歲月之流逝，而積累了很多鮮為人知的歷史資料，而「有中原文獻之傳」美稱。金兵滅宋之際，使得中原地區不少著名的詩禮之家，書香門第家破人亡，這些被毀滅的家族所藏有的典籍也隨之散佚殆盡。而呂氏家族則不然。由於呂好問先在金兵卵翼下的張邦昌政權中任職，而保全了呂氏一門的身家性命。後呂好問攜家南下時，宋高宗已經即位，南方趨向安定，所以呂門所有的歷史文獻得到了很好的保存。這就為其後人進一步學習和研究提供了得天獨厚的條件，而為其他學者所不及〔註100〕。

《呂祖謙評傳》中的這個說法，將「中原文獻」指為「很多鮮為人知的歷史資料」和「呂門所有的歷史文獻」，則失之於片面。

近年，杜海軍所作《呂祖謙年譜》即以《論呂祖謙中原文獻之傳》作為前言，以為「中原文獻之傳是呂祖謙得以與張栻、朱熹、陸九淵並被時人稱

〔註98〕　《呂東萊之文學與史學》，頁79。
〔註99〕　參見《呂祖謙學術思想研究》，頁70～72。
〔註100〕　《呂祖謙評傳》，頁16～17。

譽，立足南宋，昂首儒林，巋然自爲一家的根本。」〔註101〕同時，杜先生還
批評了潘富恩、徐餘慶的說法，以爲潘、徐之說「顯然是缺乏根據的，是膚
淺的、以偏代全、以現象代本質的解釋。這種解釋，忽略了呂學的本質。呂
學也因之被遮去了光彩，研究者於是便失去了方向。」〔註102〕最後，杜先生
又從呂祖謙爲林之奇寫的祭文尋找線索，認爲「呂祖謙的中原文獻之傳，有
兩個主要特點：一是以廣大爲心，二是以踐履爲實。這是呂本中、林之奇的
學術淵源，也是呂祖謙的學術根底」〔註104〕，於是便分「以廣大爲心」和「以
踐履爲實」兩個部分來論述其「特點」。杜先生的分析，注意到了中原文獻的
傳授淵源，彌補了劉昭仁、潘富恩等人不足。這一研究可以說已經進入到對
呂祖謙「中原文獻之傳」這一問題的核心區域。但遺憾的是，我們通讀這篇
文章之後，除瞭解呂氏家族自呂公著至呂祖謙交遊廣泛，師友眾多，其學說
具有現實的可行性之外，仍然不知「中原文獻之傳」所繫何物，也不知師承
交遊之際，其授受重點及影響又若何。因爲這篇文章的核心是在論述「中原
文獻之傳」的兩個具體「特點」，而非其「核心內容」。「特點」和「內容」是
兩個完全不同的概念。此外，杜先生對潘富恩、徐餘慶之說的批評，也失之
於輕易，因爲圖文典籍也是呂氏家族世代傳襲的一部分。在《祭林宗丞文》
中，呂祖謙寫到：

　　　昔我伯祖西垣公（呂本中）躬受中原文獻之傳，載而之南
　〔註104〕……

　　所可「載而之南」者，當然包括圖文典籍。因此，杜先生在這篇文章中，
雖然揭示了一個非常核心的問題，即「中原文獻之傳」的淵藪和特點，但是
其具體授受內容仍需進一步探討。

三、「中原文獻」的授受淵源、路徑和內容

　　「中原文獻之傳」是宋室南渡之後，針對呂本中、林之奇、呂祖謙最初
的成學經歷而言的。對呂祖謙來說，呂本中是中原文獻的淵藪〔註105〕，其受
學津梁是林之奇，呂祖謙學術的組成部分都在這種淵源授受中得以體現。文

〔註101〕《呂祖謙年譜》前言，頁1。
〔註102〕《呂祖謙年譜》前言，頁2。
〔註104〕《呂祖謙年譜》前言，頁3。
〔註104〕《東萊集》卷八《祭林宗丞文》，《四庫全書》第一一五〇冊，頁72。
〔註105〕《江西宗派研究》，頁408。

章下面的部分將集中探討由呂本中到呂祖謙的傳授路徑，以及「中原文獻」
的具體內容。

　　呂氏家族的家學淵源要遠溯到宋代新學形成的慶曆、元祐時期，這些已經
在《呂祖謙家世述略》一節中有所論述。在兩宋之交，呂本中是整合元祐學術、
傳承斯文的重要人物〔註106〕。因此，我們還是先看一下呂本中的成學背景。

　　呂公著雖是呂氏家族入學案的第一人，但其學術影響比其政治影響要小
得多，因此呂氏家族形成其別具特色的家學實始於呂希哲，全祖望對其學術
淵源做了一個總結：

　　　榮陽（呂希哲）少年，不名一師。初學于焦千之〔註107〕，廬
　　陵（歐陽修）之再傳也。已而學于安定（胡瑗），學于泰山（孫復），
　　學于康節（邵雍），亦嘗學于王介甫（安石），而歸宿于程氏（二程）。
　　集益之功，至廣且大。然晚年又學佛，則申公（呂公著）家學未醇
　　之害也。要之，榮陽之可以為後世師者，終得力于儒〔註108〕。

　　呂本中幼而聰敏，受到曾祖呂公著的奇愛，眾人對他的期許甚高〔註109〕。
呂公著去世之後，呂本中在祖父呂希哲的教導下成長。元祐期間，呂希哲在
汴京為侍講，程頤亦在汴京，他們的交遊，呂本中聞見習熟。紹聖時，呂氏
家族坐黨事遭貶，呂希哲先後貶知懷州（今河南沁陽），權知太平州（今安徽
當塗），分司南京（今河南商丘）、和州（今安徽和縣）居住，呂好問、呂本
中父子也隨侍在側。呂希哲在和州時，閉戶卻掃，不交人物，專門教導子弟。
呂本中每夜與祖父呂希哲極論學問及出處之法，至二更方罷，因此學問日進，
在治心功夫上也多受祖父的濡染。建中靖國元年（1101），呂公著、呂希哲入
元祐黨籍碑，十九歲的呂本中便隨父祖寓居宿州。這時，呂本中的仕進之門
因黨禁而關閉，但廣闊的師友淵源也正向他打開〔註110〕。全祖望說：

〔註106〕《江西宗派研究》，頁408。
〔註107〕《東萊集》卷七《書焦伯強殿丞帖後》說：「（焦千之）去文忠（歐陽修）而
　　　　依正獻（呂公著），又得我榮陽公兄弟為學徒，一時賓主師生之際盛矣。其在
　　　　家塾，師道甚嚴，律諸生事事皆如節度。榮陽公既壯，偏遊諸公長者之門，
　　　　多聞天下之義理。晚歲學成行尊，顧獨惓惓於伯強曰：『吾所以不辱先訓，蓋
　　　　焦公力也。』」見於《四庫全書》第一一五〇冊，頁63。
〔註108〕《宋元學案》卷二三《榮陽學案序錄》，頁902。據王梓材按語，黃宗羲原將
　　　　《呂侍講傳》及《呂氏雜誌》、《附錄》附在《安定學案》，至全祖望補修時才
　　　　別立為《榮陽學案》。
〔註109〕宣仁太皇太后曾勉勵他說：「孝於親，忠於君，兒勉哉！」
〔註110〕《江西宗派研究》頁409～410。

　　　　大東萊先生（呂本中）爲滎陽冢嫡，其不名一師，亦家風也。
　　　自元祐後諸名宿，如元城（劉安世）、龜山（楊時）、鷹山（游酢）、
　　　了翁（陳瓘）、和靖（尹焞）以及王信伯（王蘋）之徒，皆嘗從遊，
　　　多識前言往行以畜其德。而溺于禪，則又家門之流弊乎〔註111〕！

　　崇寧初，在「親故日夜疏」的歲月中，呂本中與「臨川四友」謝逸、汪
革、饒節、謝邁相識，成爲生平最相投契的朋友。南渡之後，宋高宗愛好元
祐學術，喜愛黃庭堅的詩歌和書法，山谷詩風大行於世。然與時風不同的是，
呂本中帶著中原文獻之傳承，爲後學所開示的，並非某種文字風格，而是文
字之後「修身屬行」的內在精神，這纔是江西宗派詩學的命脈〔註112〕。黃庭
堅乃蘇門四學士之一，呂本中自言其詩傳江西衣缽，得黃庭堅、陳師道句法，
強調「活法」和「悟入」〔註113〕。呂本中認爲作詩既要重法，又要活用其法，
所謂「有定法而無定法，無定法而有定法」。王運熙、顧易生先生認爲呂本中
的這種說法淵源於黃庭堅，而又融合了蘇軾的理論〔註114〕。呂本中的文學成
就甚高，因此，文學是「中原文獻」十分重要的一個部分。

　　紹興四年秋，呂本中來到福州，福州士子林之奇、李栴、李樗拜在門
下。呂祖謙在《祭林宗丞文》中，描述了呂本中與林之奇一見相得的情形：
　　　昔我伯祖西垣公躬受中原文獻之傳，載而之南。裴回顧瞻，未
　　得所付。踰嶺入閩，而先生與二李伯仲寔來，一見意合，遂定師生
　　之分。於是嵩洛關輔諸儒之源流靡不講，慶曆元祐羣叟之本末靡不
　　咨。以廣大爲心，而陋專門之暖姝；以踐履爲實，而刊繁茂之枝葉。
　　致嚴乎辭受出處，而欲其明白無玷；致察乎邪正是非，而欲其毫髮
　　不差。昕夕函丈，聞無不信，信無不行〔註115〕。

〔註111〕《宋元學案》卷三六《紫微序錄》，頁1233。
〔註112〕參見《江西宗派研究》，頁410～415。
〔註113〕王運熙、顧易生所作《中國文學批評史》曰：「所謂活法，是指作詩的一種方
　　　　法，悟入爲理解和掌握這種方法的門徑；而其範圍，都是屬於形式技巧方面。」
　　　　《中國文學批評史》中冊，上海：上海古籍出版社，1981，頁83。
〔註114〕王運熙、顧易生認爲：「蘇軾論文，貴在『隨物賦形』，所謂『大略如行雲流水，
　　　　初無定質，但常行於所當行，常止於不可不止』。（《答謝民師說》）其義甚高，
　　　　近於無定法。黃庭堅則矜言法度，強調準繩，又偏於有法度。呂本中後出，融
　　　　合二說，成爲他的活法的論點。」見於《中國文學批評史》中冊，頁83。
〔註115〕《東萊集》卷八《祭林宗丞文》，《四庫全書》第一一五〇冊，頁72。又，林
　　　　之奇《拙齋文集》附錄中有《行實》一篇，在敘述林之奇從呂本中問學的經

由此可見，呂本中與林之奇的授受內容爲「嵩洛關輔諸儒之源流」和「慶曆元祐羣叟之本末」。「嵩洛關輔諸儒」即以二程和張載爲核心，而「慶曆元祐羣叟」所包容者甚多〔註116〕。當前，很多研究者對呂祖謙的論述常常不自覺地將其往關洛一脈上靠，而對「中原文獻」的其他部分缺乏關注，以至給人造成的錯覺就是「中原文獻」與道學相等。不過，「慶曆元祐羣叟」所可用來涵納的學者數量實在太多，那麼，究竟是哪些學者對林之奇、呂祖謙的影響最大呢？欲詳究於此，當從「元祐三黨」說起〔註117〕。

蒙文通先生認爲，宋興百年之間，仁宗之際，舊派之學始廢〔註118〕，而新派遂盛〔註119〕。於是新派中又各分道揚鑣，而王安石、三蘇父子、二程爲學術之魁。熙豐變法，王學獨行，遂專新學之名。程爲洛學，蘇爲蜀學，與新學鼎立以相抗。元祐更化，王安石失勢，而洛黨、蜀黨、朔黨之爭起。朔黨之徒，守新派之學，既無所創樹，又不入於洛、蜀。所以，論北宋之學，必以洛學、蜀學和新學爲巨擘，雖不能盡括一代，而其餘則爲其枝孽〔註120〕。所以，「慶曆元祐羣叟」除了呂氏先祖如呂公著、呂希哲父子和關洛諸儒之外，其尤爲顯著者當是王安石和三蘇。

明白了慶曆、元祐學術的核心，我們就會順其自然地將「中原文獻」的內容，歸結爲即性理之學、史學、文學、制度之學和北宋故家典故五個主要部分，下就詳述之。

　　　歷時亦有此說，而且文字大同小異，基本上沒有什麼差別。

〔註116〕杜海軍認爲「慶曆元祐羣叟」除二程和張載之外，應當包括范仲淹、韓琦、司馬光、文彥博、三蘇、王安石、范祖禹、黃庭堅等人，其間呂祖謙受蘇軾的影響最深。見於《呂祖謙年譜》前言，頁10。

〔註117〕〔宋〕王應麟《小學紺珠》卷六《名臣》「元祐三黨」條曰：「洛黨程頤爲領袖，朱光庭、賈易等爲羽翼。蜀黨蘇軾爲領袖，呂陶等爲羽翼。朔黨劉摯爲領袖。」〔日〕長澤規矩也編：《和刻本類書集成》第二輯，上海：上海古籍出版社，1990，頁368～369。

〔註118〕蒙文通先生曰：「若孔維、邢昺、杜鎬、舒雅之校撰群經正義，劉昫、薛居正之撰《唐書》、《五代史》，文則四六，詩則西崑，《太平御覽》、《冊府元龜》、《文苑英華》之集，皆舊派也。」《中國史學史》，上海：上海世紀出版集團，2006，頁72。

〔註119〕蒙文通先生曰：「种放、穆修、柳開、孫復既皆肥遯，而隱居以經術文章教授者尤多，研幾則以《易》，經世則以《春秋》，此固源於唐之新學者也。」《中國史學史》，頁72～73。

〔註120〕參見蒙文通《中國史學史》，頁79。

四、「中原文獻」在呂祖謙學術體系中的具體表現

呂祖謙於呂本中之學未曾親炙〔註121〕，其「中原文獻之傳」實得之於林之奇。紹興二十五年（1155）三月，呂祖謙聽說林之奇得呂本中「中原文獻之傳」，遂從林之奇受《論語》、《孟子》和古文。這即是呂祖謙得中原文獻之傳的第一步。呂祖謙求學於林之奇的經歷，有兩段重要的文字記載，其一是姚同為林之奇所作的《行實》：

> 呂紫微（本中）猶子倉部公（呂大器，呂祖謙之父）涖憲幕時，呂成公（祖謙）未冠，以子職侍行。聞先生（林之奇）得西垣（呂本中）之傳，乃從先生遊。先生嘗語諸生，以為若年寖長矣，宜以古文洗濯胸次，掃其煤塵，則晶明日生。成公受教作文，主以古意而潤色之。先生每讀必擊節賞嘆，知其遠且大〔註122〕。

其二是呂祖謙所作《祭林宗丞文》，在這篇祭文中呂祖謙追憶跟隨林之奇受學時所受到的呵護與關愛：

> 某未冠，綴弟子之末行，（林之奇）期待之厚，獨出於千百人之右。顧謭薄安所取，此實惟我西垣公之故，施及其後人。培植漸被，閔閔焉如農夫之望歲也。〔註123〕。

呂本中善於為文，與黃庭堅並駕齊驅，又傳衣江西，詩歌造詣又極高，曾幾說「東萊呂公居仁以詩名一世，使山谷老人在，其推稱宜不在陳無已下。」〔註124〕所以，「中原文獻」的授受之際，當包括古文在內。呂祖謙隨林之奇學

〔註121〕當前比較通行的說法是，呂祖謙從小便受呂本中親炙，如《呂祖謙評傳》頁15，《婺學之宗——呂祖謙傳》頁26，劉玉敏《呂祖謙學術淵源略考》（見於《中國哲學史》，2007年3期，頁128）。杜海軍從兩個方面提出反駁：一是，呂祖謙在淳熙二年（1175）年所作《酬上饒徐季益學正》中「嗟予生苦晚，名在諸孫列。拊頭雖逮事，提耳未親接」幾句尋找線索，認為這正是呂祖謙對沒能親承伯祖呂本中的教誨而表現出來的遺憾，即便能夠耳提面命，一個八、九歲的孩子也不會得到多少影響；二是從兩人的居住地來看，呂本中家居壽州，呂祖謙家居婺州，相隔甚遠。呂祖謙出生在桂林，八歲以前常常隨外祖父曾幾、父呂大器在廣西、福建、浙江等地四處奔走，在婺州之時亦不多。呂本中紹興六年（1136）特賜進士後，也多在朝為官。紹興八年（1137），呂本中提舉太平觀致仕，直至紹興十五年（1145）去世皆在壽州，且葬在壽州。所以，呂祖謙或許偶然見過呂本中的面，但長期在一起生活的可能性不大。見於杜海軍《呂祖謙受學呂本中嗎》（《中國哲學史》，2008年第1期，頁124～125）。

〔註122〕林之奇《拙齋文集》附錄姚同《行實》，《四庫全書》，第一一四〇冊，頁536。

〔註123〕《東萊集》卷八《祭林宗丞文》，《四庫全書》第一一五〇冊，頁73。

〔註124〕〔宋〕曾幾：《東萊詩集後序》，見於呂本中《東萊詩集》，《四庫全書》第一

習古文，後來呂祖謙的詩文以「典美」著稱於世〔註125〕。呂祖謙少時喜愛三蘇文字，曾編次《三蘇文選》〔註126〕，而蘇軾的文章對其影響尤深。這種影響在朱子寫給呂祖謙的信中，實有言及者：

> （伯恭）示喻蘇氏於吾道不能爲楊、墨，乃唐、景之流耳，向見汪丈亦有此說。熹竊以爲此最不察夫理者。夫文與道，果同耶異耶？若道外有物，則爲文者可以肆意妄言而無害於道。惟夫道外無物，則言而一有不合於道者，則於道爲有害，但其害有緩急深淺耳。屈、宋、唐、景之文，熹舊亦嘗好之矣。既而思之，其言雖侈，然其實不過悲愁、放曠二端而已。日誦此言，與之俱化，豈不大爲心害？於是屏絕不敢復觀。今因左右之言，又竊意其一時作於荊楚之間，亦未必聞於孟子之耳也。若使流傳四方，學者家傳而人誦之，如今蘇氏之說，則爲孟子者亦豈得而已哉？況今蘇氏之學上談性命、下述政理，其所言者非特屈、宋、唐、景而已，學者始則以其文而悅之，以苟一朝之利，及其既久，則漸涵入骨髓，不復能自解免。其壞人材、敗風俗，蓋不少矣。伯恭尚欲左右之，豈其未之思邪？其貶而置之唐、景之列，殆欲陽擠而陰予之耳。向見正獻公（呂公著）家傳，語及蘇氏，直以浮薄談目之，而舍人丈（呂本中）所著《童蒙訓》則極論詩文必以蘇、黃爲法，嘗竊歎息，以爲若正獻、滎陽（呂希哲），可謂能惡人者，而獨恨於舍人丈之微旨有所未喻也。然則老兄今日之論，未論其它，至於家學，亦可謂蔽於近而違於遠矣。更願思之，以求至當之歸，不可自誤而復誤人也〔註127〕。

因此，呂祖謙對文學，尤其是對蘇氏文章的喜好，實受呂本中的影響。

隨著呂祖謙學業的不斷進步，其視野亦隨之擴大到性理之學、制度之學

　　一三六冊，頁831。

〔註125〕《宋史》卷四三四《儒林傳四‧呂祖謙傳》，頁12873。

〔註126〕據劉昭仁先生考證，是書五十九卷，《宋史‧藝文志補》、《宋史‧藝文志廣編》、《天祿琳瑯書目》、《光緒金華縣志》均有著錄，乃呂祖謙選文而建安蔡文子行之增注。三蘇人各爲編，凡蘇洵十一卷，蘇軾二十六卷，蘇轍二十二卷，每編各分體加以標抹，於題下標注本意。《呂東萊之文學與史學》，頁63～64。

〔註127〕《晦庵先生朱文公文集》卷三三《答呂伯恭》（示喻曲折），《朱子全書》第二一冊，頁1428～1429。

和史學上來。先就義理之學言之，呂祖謙之學以關、洛為宗，不過其得之於林之奇者實止於洛學一脈，而關學一脈則受鄭伯熊兄弟影響〔註128〕，這一點當前的研究比較透徹，這裡不再重複其說，僅示其關洛之淵源如下：

表3　呂祖謙所受洛學傳授表〔註129〕

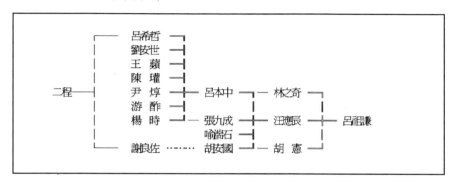

表4　呂祖謙所受關學傳授表〔註130〕

次就制度之學而言之。《宋史》林之奇本傳說：

> 會朝廷欲令學者參用王安石《三經義》之說，之奇上言：「王氏三經，率為新法地。晉人以王（弼）、何（晏）清談之罪，深於桀、紂。本朝靖康禍亂，考其端倪，王氏實負王、何之責。在孔、孟書，正所謂邪說、詖行、淫辭之不可訓者〔註132〕。

但是，如果我們進行一番詳細的考察就會發現林之奇並未全廢王氏經說。林之奇有《周禮全解》一書，其說主於王氏新學。陳振孫《直齋書錄解題》於王昭禹《周禮詳解》條曰：「近世為舉子業者多用之，其學皆宗王氏（安石）新說。」〔註132〕宋人王與之《周禮訂義》之《序目》於「三山林氏」目

〔註128〕《呂祖謙學術思想研究》，頁75～78。
〔註129〕此表取自《呂祖謙學術思想研究》，頁74。
〔註130〕此表取自《呂祖謙學術思想研究》，頁78。
〔註132〕《宋史》卷四三三《儒林傳·林之奇傳》，頁12861。
〔註132〕《直齋書錄解題》卷二《周禮詳解》條，頁45。

下曰：「（林）之奇，字少穎，有《全解》，祖荆公、昭禹所說。」〔註133〕《四庫全書總目》卷十九王安石《周官新義》條說：「王昭禹、林之奇、王與之、陳友仁等注《周禮》，頗據其說。」〔註134〕

　　林之奇之學出自呂本中，呂祖謙又從林之奇問學，則知「中原文獻」之中實包括王氏新學。那麼，從林之奇對王氏新學兩種截然不同的態度中，若詳究其本末，則知林、呂對王氏新學的接受主要在於制度之學。蒙文通先生認為，王安石期君為堯舜之君，民為堯舜之民，遂陋漢唐而追踪三代，師法《周禮》重建新秩序。王安石之徒陸佃、方慤、馬晞孟、陳祥道繼之，為王門說《禮》四家，至此而制度之學稍起，至於林、呂二人而女婺經制之學以興〔註135〕。龔原少從王安石遊，篤志經學，凡永嘉先輩之學，淵源皆出於龔原。林、呂皆出於是，此女婺之學有源出於王氏者〔註136〕。

　　再就史學言之，朱子說呂祖謙於史分外仔細，其無恙時愛說史學。呂祖謙以性理、制度之學治史，其《十七史詳節》雖考論甚少，其中表、志、雜傳之屬，足以橫觀一代之全面者，司馬光恒削之，呂祖謙必存之，其視史學之範圍，一狹一廣，乃大不同，由此亦可見北宋、南宋史學之差異〔註137〕。呂祖謙又取法司馬遷所作年表，作《大事記》及其《通釋》、《解題》三書，辯駁司馬遷、司馬光之疏失，《大事記解題》恒引蘇轍《古史》之說，或用以是正歧說，或用其褒貶是非，如：

　　秦莊襄王三年

　　　　解題曰：《秦紀》莊襄王有四年。潁濱蘇氏（蘇轍）曰：「《秦紀》多矣（「矣」當作「以」）先王之末年為後王之元年，當以《年

〔註133〕〔宋〕王與之：《周禮訂義》之《序目》，《四庫全書》第九十三冊，頁17。
〔註134〕《四庫全書總目》卷十九《周官新義》條，頁150中。又同卷王昭禹《周禮詳解》條曰：「宋人釋《周禮》者，如王與之《訂義》、林之奇《講義》多引其說，固不得以遵用新說而盡廢之也」，頁150中、下。又無名氏《周禮集說》條曰：「蓋安石《三經新義》雖為宋人所攻，而《周官新義》則王昭禹述之於前，林之奇述之於後（案之奇學出呂本中，本元祐一派，而作《周禮全解》亦用安石之說，見王與之《周禮訂義》），故此書亦相承援引，不廢其文也」，頁155上、中。
〔註135〕女婺，亦即「婺女」。《呂氏春秋·孟夏》「婺女中」，高誘注曰：「婺女，北方宿，越之分野。」
〔註136〕參見蒙文通《中國史學史》，頁82。
〔註137〕蒙文通《中國史學史》，頁85。

表》為定。」今從之〔註138〕。

李斯具五刑，夷三族

　　解題曰：潁濱蘇氏曰：「始皇以詐力兼天下，志得意滿，諱聞過失。李斯燔《詩》《書》，頌功德，以成其氣，至其晚節，不可告語。君老，太子在外，履危亂之機，而莫敢以一言合其父子之親者，雖始皇之暴，非斯養之不至此也。及其事二世，知趙高之奸，復媮合取容，使高勢以成。天下已亂，乃欲力諫，不亦晚乎？至於國破家滅，非不幸也。」〔註139〕

　　因此，呂祖謙史學有本之於蘇氏（尤其蘇轍）者。蒙文通先生認為慶曆而後，程、王二派皆卑視漢唐，輕史學，北宋史學一髮之傳則繫於蘇氏，故宋室南渡，女婺之學偏於史，可謂遠接蘇氏之風。呂祖謙、葉適、陳傅良、陳亮皆以文名，固亦規模蘇氏，故朱子有「伯恭愛說史學」，「護蘇氏尤力」之說。女婺學者，萃洛、蜀、新學三家於一途，只不過呂祖謙尚性理本於程者多〔註140〕。

　　此外，「中原文獻」還應當包括宋代的從政經驗和世家典故。呂氏家族世代仕宦，習聞出處之道，又屢次參修國史，對宋代的政治掌故十分熟悉。因此，這些內容就在呂氏家族中世代傳襲。呂希哲的《呂氏雜記》和呂本中的《童蒙訓》、《紫微雜記》除以窮究學術、待人接物教授子孫之外，還將朝中掌故筆之於書，使呂氏子弟諳熟於心，以待將來從政之用。呂本中和呂祖謙都有《官箴》傳世，兩者均以簡練的語言總結出仕為官之道，若非呂氏家族傳襲久遠的政治傳統，則很難寫出這樣既能忠君保國，又能成事功、全己身的出處準則。

　　呂氏家族自呂公著便有好佛的傳統，呂希哲晚年學佛，以為佛與聖人合，此說遭到朱子嚴屬的批評。呂希哲以後，呂氏家族雖亦主於儒家之說，然並未放棄佛學修養。四庫館臣說：「之奇之學得於呂本中」，「呂氏之學頗雜佛理，故之奇持論，亦在儒釋之閒。呂氏雖談經義，而不薄文章。」〔註141〕又，朱子曾說：「伯恭亦嘗看藏經來，然甚深，不見於言語文字間。」〔註142〕因此，「中原

〔註138〕《金華叢書》本《大事記解題》卷六「秦莊襄王三年」條，頁 12a。
〔註139〕《金華叢書》本《大事記解題》卷八「秦二世皇帝二年」條，頁 11b-12a。
〔註140〕參見蒙文通《中國史學史》，頁 82～83。
〔註141〕《四庫全書總目》卷一五九，《拙齋文集》條，頁 1365 下～1366 上。
〔註142〕《朱子語類》卷一二二，《朱子全書》第十八冊，頁 3857。

文獻」的傳統，似亦當包括佛學這一隱形的學術部分。

五、結　語

概言之，呂祖謙所受「中原文獻之傳」，最主要的部分是性理之學（關洛）、史學（蘇氏）、文學、制度之學（王氏）和北宋的故家典故。「中原文獻」是呂祖謙成學的根底所在，此後，呂祖謙的學術範圍也不外乎此，因此，欲明瞭呂祖謙的學術地位，須幾者並言始能得之。當然，這幾個方面，是互相參融，密不可分的，捨其一而不足以言東萊之學，這一點可從其《呂氏家塾讀詩記》、《春秋左傳說、續說》、《大事記》、《皇朝文鑑》、《古文關鍵》、《歷代制度詳說》諸書中得到很好的呈現。

第四節　呂祖謙不入《宋史・道學傳》新探

呂祖謙的傳記在《宋史・儒林傳》，而不在《道學傳》，四庫館臣對此頗有微辭，常於呂祖謙著作的提要中申述此意，如：

> 當時講學之家，惟祖謙博通史傳，不專言性命。《宋史》以此黜之，降置《儒林傳》中〔註143〕。

> （朱子）抵隙攻瑕，不遺餘力。托克托等修《宋史》，因置祖謙《儒林傳》中，使不得列於《道學》〔註144〕。

> 祖謙雖與朱子爲友，而朱子嘗病其學太雜。其文詞閎肆辨博，凌屬無前，朱子亦病其不能守約，又嘗謂「伯恭是寬厚底人，不知如何做得文字卻似輕儇底人。如省試義，大段鬧裝，館職策亦說得漫不分曉，後面全無緊要」；又謂「伯恭《祭南軒文》都就小狹處說來」，其文散見於黃𩾌、滕璘所記《饒錄》。後托克托修《宋史》，遂列祖謙於《儒林傳》中，微示分別〔註145〕。

呂祖謙不入《道學傳》本與其道德、學問無傷，後之學者，或爲之抱憾，或爲之憤慨，不平之意每每不能釋懷。然平心觀之，夷考呂祖謙學術思想及《宋史》爲道學家立傳之意，則知呂祖謙不入《道學傳》甚當。本文從爲道

〔註143〕《四庫全書總目》卷四七，《大事記》條，頁425下。
〔註144〕《四庫全書總目》卷九二，《麗澤論說集錄》條，頁783中。
〔註145〕《四庫全書總目》卷一九五，《東萊集》條，頁1370中。

學家立傳的原由、道統、呂祖謙學術特色及朱子與呂祖謙的關係四個方面探索呂祖謙不入《道學傳》而入《儒林傳》的深層原因。

一、爲道學家立傳乃宋人之意，本非元人始創

　　元順帝時，脫脫等修遼、宋、金三史，自至正三年（1343）三月開局，至正五年（1345）十月告成。以如許卷帙，成之不及三年，其時日較明初修《元史》更爲迫促。這樣神奇的速度是因爲三史實皆有舊本，非至脫脫始修。大概金朝宣宗以前之史，南宋度宗以前之史，皆爲金、宋之舊史。金、宋末年，正當國亡時，其史實當是元朝命史官採掇。史官以耳目所接，睹記較親，故金、宋亡國時的歷史，紀傳更覺詳悉。宋代史策，國亡時皆入於元。元人修宋史，大概只就宋舊本稍爲排次，今其跡有可推見者甚多〔註146〕。

　　《宋史・道學傳序》就有這樣一條線索，其文曰：

　　　　舊史以邵雍列於《隱逸》，未當，今置於《張載傳》後〔註147〕。

　　由此，我們可以推測出《宋史》爲道學家立傳，似非出自脫脫等人之意，也不是受朱子的影響，其觀念當源自宋代史官，因此四庫館臣的這些說法不能成立。這則序中雖未說《張載傳》原屬何類，而其門類必與道學相關，並且這一門類中的人物之次第又當是周敦頤、二程兄弟和張載等道學初祖。

二、呂祖謙不在道統之內，故不當入《道學傳》。

　　既然要立《道學傳》，那麼什麼樣的人才能入《道學傳》，立傳之時又當秉承怎樣的立傳理念，是後世學者經常關注的話題。一個有代表性的看法見於任繼愈主編的《中國哲學史》的一個附注：

　　　　《宋史》的負責總編者是蒙古丞相脫脫，他本是個只懂得挽十石弓的文盲。那批編者從維護封建正統的立場，對宋代的思想家進行歷史評價。他們認爲宋朝的一批學者，如周、程、張、邵，南宋的朱熹講的都是些道、器、性、命、格物致知之類問題。這些問題過去哲學家們不講或講得不多。這些人既不像「循吏」，又不屬於「文苑」，於是《宋史》列傳中新闢了一項，叫做「道學」，把這些哲學

〔註146〕以上參見王樹民：《廿二史箚記校證》卷二三第三一〇至三一三條，北京：中華書局，1984，頁494～506。

〔註147〕《宋史》卷四二七《道學傳序》，頁12710。

家列入《道學傳》。《宋史》這種分類方法是十分不科學的。如果把講「道」的都包在內，那末，像陸九淵、呂祖謙、陳亮、葉適、蔡元定等人沒有理由放在《儒林傳》而不列入《道學傳》；如果目的在於把唯心主義哲學家列入道學，張載就不應屬在中間；如果以對後來影響大的哲學家算作「道學」家，如劉絢、李吁、謝良佐、游酢、張繹、蘇昞、尹焞等人不過是販賣二程等人的語錄過活的不足輕重的人物，也不應當把他們也列入《道學傳》。總之，《宋史》的《道學傳》毫無道理〔註148〕。

在下面的分析中，本文僅以這段引文中提到的第一和第三個「如果」為核心，進行論述。這兩個「如果」認為，宋代講「道」而且對後世影響大的哲學家應當列入《道學傳》，而劉絢、謝良佐等人因「販賣二程語錄過活」，對後世來說「無足輕重」，就不應當列入《道學傳》。這樣說，看似有理，卻忽略了一個重要的觀念，即道統和因此而涉及到的道學所繫之人。《宋史》立《道學傳》的核心理念是道統觀念，如果撤開道統而論談誰該入《道學傳》，則會南轅北轍。

關於「道統」，陳榮捷先生有一段非常簡要明白的論述：

> 道統觀念溯自孟子。孟子謂聖人之道由堯、舜、禹、湯、文武至於孔子。千年以後，韓愈重申其緒，並于文武之外增列周公，且謂其道統之傳，軻之死，不得其傳焉。並刪除荀子與揚雄，以此二子或「擇焉而不精」，或「語焉而不明」，不足以繼道統之任……數百年後，程頤謂程顥于聖人之傳，中絕于千四百年之後，得不傳之學于遺經。又謂孟子沒，而聖學不傳，其兄顥以興起斯文為己任。朱子踵武前賢，有謂道統之傳，溯自伏羲、黃帝而孟子，而周敦頤，以至二程兄弟。朱子已一再確定此道統之傳承。
>
> 朱子亦如孟子、韓愈，其以直承道統自任，殆無疑義。朱子曾隱然自謂幸能私淑於兩程夫子而與聞聖學之傳。且明謂及其晚歲（一一九四，年六十五），親逢有道。姑無論朱子有無自覺身肩斯任，以後朱子學侶、門人及新儒家固皆視自孔孟而周敦頤而二程子以至朱子之一系列，乃為正統之學脈。

〔註148〕任繼愈主編：《中國哲學史》，北京：人民出版社，1996年第2版，第三冊，頁164～165。

此正統傳授圖除微有變化外，有如下表：

伏羲……神農……黃帝……堯……舜……禹……湯……文、武……周公……孔子……曾子、子思……孟子……周子……二程子……朱子〔註149〕

陳榮捷先生在上面的文字中明確地闡明了正統的道學傳人譜系，《宋史‧道學傳》正是按宋代新儒學的道統譜系編纂的。陳來先生認為，「道學」之名雖早出於理學，但道學的範圍比理學要相對小得多。北宋的理學當時即被稱為「道學」，而南宋理學的分化，使得「道學」之稱僅適用於其中的一派。朱子所接續的「道學」即是以洛學為核心，強調程氏之學真正地繼承孔孟之道。這在無形之中就具有十分強烈的排他性。因此，《宋史‧道學傳》的著眼點也在於程朱學派，「道學」之名也專指伊洛傳統，而並不包括心學及其他學派〔註150〕。張栻被列入《道學傳》，也正是因為其學「亦出程氏」〔註151〕。

元人修《宋史》，對《邵雍傳》的移易卻違背了《道學傳》以道統為核心的原則。這種移易似受坊刻朱子《伊洛淵源錄》的影響。《伊洛淵源錄》首列周敦頤之後，次之以二程、邵雍和張載兄弟。然而需要注意的是，將邵雍列於道學初祖之中，並非朱子本意。《朱子語類》載：

問：《淵源錄》中何故有《康節傳》？曰：書坊自增耳〔註152〕。

儘管《宋史‧道學傳序》稱「邵雍高明英悟，程氏實推重之」〔註153〕，但二程並不重其象數之學。邵雍嘗欲以平生之學傳之二程，二程不受。因此，序中所說的「推重」，當如程顥為邵雍所撰墓誌銘中對其人品道德所稱許的那樣〔註154〕，這與認同其學術理念實屬兩事。元人修《宋史》將《邵雍傳》

〔註149〕陳榮捷：《朱學論集》，臺北：臺灣學生書局，1982，頁13。

〔註150〕參見陳來：《宋明理學》，上海：華東師範大學出版社，2004，頁6～9。

〔註151〕《宋史》卷四二七《道學傳序》，頁12710。《宋元學案》卷五○《南軒學案》中，全祖望序錄曰：「南軒（張栻）似明道（程顥），晦翁（朱子）似伊川（程頤）」，頁1609。

〔註152〕《朱子語類》卷六○《孟子十‧盡心上‧楊子取為我章》，《朱子全書》第一六冊，頁1962。

〔註153〕《宋史》卷四二七《道學傳序》，頁12710。

〔註154〕程顥《邵堯夫先生墓誌銘》曰：「先生德氣粹然，望之可知其賢，然不事表暴，不設防畛，正而不諒，通而不汙，清明坦夷，洞徹中外，接人無貴賤親疏之間，群居燕飲，笑語終日，不取甚異於人，顧吾所樂何如耳。病畏寒暑，常

移入《道學傳》中，頗乖朱子本意。

　　再看第三個「如果」，劉絢、謝良佐、游酢等人的影響固不如周敦頤、二程、張載和朱子，後世聲名亦不如呂祖謙、陸九淵、陳亮等人，然從道統的角度來看，程門弟子固是道學傳人中的重要一環，必不可少，自不應以其對後世的影響大小來評定他們是否能入《道學傳》。試想，當周、張、二程沒世，朱子未成學的數十年間，如果不是程門弟子紹繼其學，為之廣為傳播，則朱子不能集理學之大成而使其真正地「無復遺蘊」。考諸史傳，程門弟子在當時的影響是巨大的，他們受人矚目和推崇，絕非僅僅是「靠販賣二程語錄過活」的人，他們推動了理學的發展。孔子說「人能弘道，非道弘人」〔註155〕，如果不考察程門弟子在黨禁的環境之中堅持信仰，並做出艱苦卓絕的努力，則黯於「人能弘道」之旨，乏理解之同情。由此看來，程門弟子可以當之無愧地躋身於《道學傳》中。同樣的道理，把朱氏弟子列入《道學傳》中，亦合於道統理念。

　　以道統的觀念來看，洛、閩學者如正嫡宗子，而其他學者像呂祖謙、陸九淵、陳亮等人或因所關注的學術焦點不同，或因其學不專主程氏，對伊洛學者而言，他們的地位則如旁支庶孽。這也是他們雖都在講「性命之學」，而未被列入《道學傳》的真正原因。

三、呂祖謙不專言性理，其學術視域涵蓋經、史、文章之學

　　對於呂祖謙學術的定位，我們常常看到這樣的評述：「祖謙學以關、洛為宗，而旁稽載籍，不立涯涘」〔註156〕，又說「祖謙之學本之家庭，有中原文獻之傳」〔註157〕，「先生文學術業，本於天資，習於家庭，稽諸中原文獻之所傳，博諸四方師友之所講，融洽無所偏滯」〔註158〕。這些評語的確能概括呂祖謙為學含納經、史、文章之學的特色。以「關、洛為宗」也只是

以春秋時行遊城中，士大夫家聽其車音，倒屣迎致，雖兒童奴隸，皆知懽喜尊奉。其與人言，必依於孝弟忠信，樂道人之善，而未嘗及其惡，故賢者悅其德，不賢者服其化，所以厚風俗、成人材者，先生之功多矣。」《二程集》，頁502～503。
〔註155〕語出《論語・衛靈公》。
〔註156〕《宋史》卷四三四《儒林傳・呂祖謙傳》，頁12874。
〔註157〕《宋史》卷四三四《儒林傳・呂祖謙傳》，頁12872。
〔註158〕《宋元學案》卷五一《東萊學案》，頁1653。

其性理之學的部分，其他則另有淵源，並不專主程氏之學。美國學者田浩認爲「也許正是呂氏家學使呂祖謙未能列入《宋史・道學傳》，因爲家學引出了呂祖謙是否純屬道學之問題。」〔註159〕這些都已在上一節《呂祖謙「中原文獻之傳」新探》中有所論述，不再贅言。蒙文通先生說：「後人必以女婺之學係之伊洛一派，然其爲學本末，判然與伊洛不侔，彰彰可知。以女婺之學亦有本之伊洛者則可，謂純出於伊洛則不可。」〔註160〕蒙先生定論如此，可謂能洞見呂祖謙爲學之根柢。

四、朱子與呂祖謙的關係親密，未因學術分歧而交惡

《朱子語類》批評呂祖謙治學的地方很多，清人曾對此做了一個總結：

> 祖謙初與朱子相得，後以爭論《毛詩》不合，遂深相排斥。黎靖德所編《語類》，以論祖謙兄弟者別爲一卷（第一百二十二卷），其中論祖謙者凡三十一條，惟病中讀《論語》一條稍稱其善。答項平甫書與曹立之書一條，稱編其集者誤收他文。其餘三十條，於其著作，詆《繫辭精義》者二，詆《讀詩記》者二，詆《大事記》者五，詆《少儀外傳》者一，詆《宋文鑑》者五，詆《東萊文集》者三。其餘十一條，則皆詆其學問，如云「東萊博學多識則有之矣，守約恐未也」，又云「伯恭之弊，盡在於巧」，又云「伯恭說義理太多傷巧，未免杜撰」，又云「伯恭教人看文字也粗」，又云「東萊聰明，看文理卻不仔細……緣他先讀史多，所以多粗著眼」，又云「伯恭於史分外仔細，於經卻不甚理會」，又云「伯恭要無不包羅，只是撲過多不精」，可謂抵隙攻瑕，不遺餘力〔註161〕。

四庫館臣認爲朱、呂交惡的關節在於「爭論《毛詩》不合」，但是如果考察朱子全集中的書信，則會發現朱子寫給呂祖謙的書信非常多，甚至要遠遠地超過與其學說更爲相近的張栻。在這些書信中，朱、呂二人除共同探討學術、事業之外，更於日常瑣事屢屢致意，寄情深邃，非他人所能比。唯朱子與呂祖謙深相知，則能深中呂祖謙爲學之弊，明指其與伊洛正宗之學不侔之處，並非一言不合即反目成仇。朱、呂二人《詩》說雖有不同，而其互相認

〔註159〕《功利主義儒家──陳亮對朱熹的挑戰》，頁45。
〔註160〕蒙文通：《中國史學史》，頁83。
〔註161〕《四庫全書總目》卷九二，《麗澤論說集錄》條，頁783中。

同之處甚多，《呂氏家塾讀詩記》在朱子晚年所做的《詩集傳》中更是被廣泛引用。朱子於諸家之說多有化用而沒其名，然於呂祖謙之說則必標之以「東萊呂氏」。二人果由此而交惡，則《詩集傳》中不會出現這樣的情況。陸鈇為嘉靖十年傅鳳翱刻本《呂氏家塾讀詩記》作序說「朱說《記》採之，呂說《傳》亦採之。二子蓋同志友也，非若夫立異說以求勝也」〔註162〕，可謂深得朱、呂二人之心。

朱子為《呂氏家塾讀詩記》所作的序中說：

> 今觀呂氏家塾之書，兼總眾說，巨細不遺，挈領持綱，首尾該貫，既足以息夫同異之爭，而其述作之體，則雖融會通徹，渾然若出於一家之言，而一字之訓，一事之義，亦未嘗不謹其說之所自。及其斷以己意，雖或超然出於前人意慮之表，而謙讓退託，未嘗敢有輕議前人之心也。

> 嗚呼！如伯恭父者，真可謂有意乎溫柔敦厚之教矣。學者以是讀之，則於可羣可怨之旨，其庶幾乎。雖然，此書所謂「朱氏」者，實熹少時淺陋之說，而伯恭父誤有取焉。其後歷時既久，自知其說有所未安，如雅鄭邪正之云者，或不免有所更定，則伯恭父反不能不置疑於其間，熹竊惑之。方將相與反復其說，以求真是之歸，而伯恭父已下世矣。嗚呼，伯恭父已矣！若熹之衰頹汨沒，其勢又安能復有所進，以獨決此論之是非乎〔註163〕！

《四庫全書總目》曰：「（是序）雖應其弟祖儉之請，而凤見深有所不平。」〔註164〕但是在這段序文中，朱子實無「不平之意」，而深寓「郢人逝矣，誰可盡言」之情〔註165〕，並不是敷衍浮誇以諛媚逝者。這種感情，恰如惠施死而莊子為之動情。朱、呂之爭不過是學術見地不同而各抒己見，兩人之情感，未因說《詩》不同而稍有減損。郢人逝而匠石哀，呂祖謙之死，朱子亦

〔註162〕陸鈇《呂氏家塾讀詩記序》，《叢書集成》初編本，卷首。

〔註163〕《呂氏家塾讀詩記序》，頁 1b～2a。又見於《晦庵先生朱文公文集》卷七十六，《朱子全書》第二十四冊，頁 3654～3656。

〔註164〕《四庫全書總目》卷一五，《呂氏家塾讀詩記》條，頁 124 上、中。又，「祖儉」原作「祖約」，據《四庫提要訂誤》考證：「朱熹之序稱『伯恭父之弟子約……以書屬熹序之』。《宋史》卷四五五：『祖儉字子約，祖謙之弟也。』則祖謙之弟名祖儉，字子約，提要以為名祖約，大誤。」見於李裕民：《四庫提要訂誤》，北京：中華書局，2005，頁 11。

〔註165〕語出嵇康《兄秀才公穆入軍贈詩十九首》之第十五。

何嘗不然？呂祖謙沒後，爲之作祭文者甚多，而朋友之中唯朱子、陸九淵和陳亮於文中最寓深情，如春蠶作繭，愈縛愈緊。朱子之文曰：

> 嗚呼衰哉！天降割于斯文，何其酷耶！往歲已奪吾敬夫（張栻），今者伯恭胡爲又至於不淑耶！道學將誰使之振？君德將誰使之復？後生將誰使之誨？斯民將誰使之福耶！經說將誰使之繼？事記將誰使之續耶！若我之愚，則病將孰爲之箴？而過將誰爲之督耶！然則伯恭之亡，曷爲而不使我失聲而驚呼，號天而慟哭耶！嗚呼！
>
> 伯恭有蓍龜之智，而處之若愚；有河漢之辯，而守之若訥。胸有雲夢之富，而不以自多；詞有黼黻之華，而不易其出。此固今之所難，而未足以議兄之仿佛也。若乃孝友絕人，而勉勵如弗及；恬淡寡欲，而持守不少懈。盡言以納忠而羞爲訐，秉義以飭躬而恥爲介。是則古之君子，尚或難之，而吾伯恭，猶欿然而未肯以自大也。蓋其德宇寬洪，識量閎廓。既海納而川停，豈澄清而撓濁？夙涵濡於先訓，紹文獻於厥家。又隆師而親友，極探討之幽遐。所以稟之既厚而養之深，取之既博而成之粹。宜所立之甚高，亦無求而不備。故其講道於家，則時雨之化；進位於朝，則鴻羽之儀。造辟陳謨，則宣公獨御之對；承詔奏篇，則右尹《祈招》之詩。上方虛心而聽納，眾亦注目其勇施。何遭時之不遂，遽縈疾而言歸。慨一臥以三年，尚左圖而右書。聞逍遙以曳杖，恍沂上之風雩。眾咸喜其有瘳，冀卒攄其素蘊。不惟傳道以著書，抑亦後來之程準。何此望之難必，奄一夕而長終。增有邦之殄瘁，極吾黨之哀恫。嗚呼哀哉〔註166〕！

朱子爲呂祖謙作《畫像贊》曰：

> 以一身而備四氣之和，以一心而涵千古之秘。推其有，足以尊主而庇民；出其餘，足以範俗而垂世。然而狀貌不踰於中人，衣冠不詭於流俗。迎之而不見其來，隨之而莫睹其蹠。矧是丹青，孰形心曲？惟嘗見之者於此而復見之焉，則不但遺編之可續而已也〔註167〕。

〔註166〕《晦庵先生朱文公文集》卷八十七，《朱子全書》第二十四冊，頁 4080～4081。

〔註167〕《晦庵先生朱文公文集》卷八十七，《朱子全書》第二十四冊，頁 4004。

　　兩文深寄哀辭，由此可見，朱、呂交契之深與探討之密，殆少有人能與之比。值得我們注意的是，呂祖謙死後，朱子對他的評價也發生過一些改變，這主要源於呂祖謙生前努力促進包括朱子在內的道學領袖接受他和浙東學者所共有的功利思想和經世情懷。呂祖謙死後沒多久，朱子和陳亮就展開了極為激烈的論爭，朱子批評陳亮的觀念時，難免會對與陳亮關係親密、持論相近的呂祖謙帶有微詞〔註168〕。

五、結　語

　　也許朱子在呂祖謙去世之後對他的評價確實影響了元人編纂《宋史》思路，然而平心觀之，呂祖謙不入《道學傳》不因朱子的評論，而是其自身的學術特色使然。朱彝尊說：

> 元修《宋史》，始以儒林、道學析而爲兩，言經術者入之《儒林》，言性理者別之爲《道學》；又以同乎洛、閩者進之《道學》，異者置之《儒林》。其意若以經術爲麁，而性理爲密；朱子爲正學，而楊、陸爲岐塗。默寓軒輊，進退予奪之權，比於《春秋》之義。然六經者，治世之大法，致君堯舜之術，不外是焉。學者從而修明之，傳心之要，會極之理，範圍曲成之道，未嘗不備，故《儒林》足以包《道學》，《道學》不可以統《儒林》。夫多文之謂儒，特立之謂儒，以道得民之謂儒，區別古今之謂儒，通天地人之謂儒，儒之爲義大矣，非有遜讓於道學也〔註169〕。

　　呂祖謙之傳立於《儒林》，也正體現著其爲學不立涯涘，不主一家的特色，可謂甚當。其後明人應廷育作《金華先民傳》，將呂祖謙列於《道學傳》中，則失於中正遠矣。

第五節　呂祖謙主要著作簡錄

　　呂祖謙享年不永，而著述頗豐。據劉昭仁《呂東萊之文學與史學》之考論，呂祖謙名下的著述有五十八種之多，可謂熔經鑄史，蔚爲大觀。文以人

〔註168〕《功利主義儒家──陳亮對朱熹的挑戰》，頁47。
〔註169〕〔清〕朱彝尊：《史館上總裁第五書》，《曝書亭集》卷三二，《四庫全書》第一三一八冊，頁16。

傳，人以文傳，歲久彌光，兩者皆可傳之不朽。茲舉《呂氏家塾讀詩記》之外，呂祖謙影響較大的著述，參考《四庫全書總目》、《直齋書錄解題》、《鄭堂讀書記》、《呂東萊之文學與史學》、《呂祖謙全集》等書及相關序跋，略述其要。然欲窺呂祖謙道德、文章之富，不考見其行事，不研讀其著述，則不能知也。

一、《古周易》一卷

《周易》傳本主要有兩個系統，即王弼、韓康伯注本和朱熹注本。朱熹嘗爲呂祖謙《古周易》作跋，其後作《易本義》，即用呂氏《古周易》。《古易》上、下經及《十翼》原有十二篇，自費直、鄭玄以至王弼，遞有移掇，孔穎達因王弼注本作正義行於唐代，《古易》遂不復存。宋呂大防始考驗舊文，作《周易古經》二卷，晁說之作《錄古周易》八卷，薛季宣作《古文周易》十二卷，程迥作《古周易考》一卷，李燾作《周易古經》八篇，吳仁傑作《古周易》十二卷，大致互相出入。呂祖謙考訂《古周易》在淳熙八年（1181）五月，與吳仁傑書最晚出，而較仁傑書爲有據。此書分《上經》、《下經》、《彖上傳》、《彖下傳》、《象上傳》、《象下傳》、《繫辭上傳》、《繫辭下傳》、《文言傳》、《說卦傳》、《序卦傳》、《雜卦傳》爲十二篇，而《古周易》遂還其故〔註170〕。

二、《東萊書說》十卷〔註171〕

乾道八年（1172），呂大器卒，呂祖謙葬父於武義明招山。明年，諸生復集，呂祖謙爲之講《尚書》〔註172〕。諸生將呂祖謙《書》說輯錄成書，因原書未經編次，傳鈔者隨意分卷，故各家書目記載此書之卷帙常互有異同〔註173〕。呂祖謙原書始於《周書》之末篇《秦誓》，上逆至《洛誥》而終。呂祖儉於《書說書後》闡述了呂祖謙作此書的宗旨：「先之《秦誓》、《費誓》者，欲自其流而上泝於唐、虞之際也。辭旨所發，不能不敷暢詳至者，欲學者易於覽習而有以捨其舊也。訖於《洛誥》而遂以絕筆者，以夫精義無窮，

〔註170〕參見《四庫全書總目》卷三《古周易》條，頁14下。
〔註171〕此從《直齋書錄解題》，《宋史‧藝文志》作三十五卷。
〔註172〕《呂祖謙年譜》，頁307。
〔註173〕《呂東萊之文學與史學》，頁37。

今姑欲以是而廢夫世之筆錄，蓋非所以言夫經也。」〔註174〕。朱彝尊曰：「按呂成公爲林少穎門人，少穎著《書集解》，朱子謂《洛誥》以後非其所解，蓋出於他人手。成公意未安，故其《書說》始《洛誥》而終《秦誓》，以補師說之未及爾。門人不知微意，乃增修之，失成公之本懷矣。」〔註175〕

三、《東萊左氏博議》二十五卷

據呂喬年所編《呂祖謙年譜》，乾道三年（1167），呂祖謙持母喪居明招山，學子有來講習者。明年多，始有《規約》及《左氏博議》〔註176〕。呂祖謙自序曰：「《左氏博議》者，爲諸生課試之作也。始予屏處東陽之武川，仰林俯壑，出戶而望，目盡無來人。居半歲，里中稍稍披蓬藋，從予遊。談餘語隙，波及課試之文。予思有以佐其筆端，乃取《左氏》書理亂得失之蹟，疏其說於下，旬儲月積，浸就編帙……凡《春秋》經旨，概不敢僭論，而枝辭贅喻，則舉子所以資課試者也。」〔註177〕本書「隨文立義，以評其得失」〔註178〕，如老史斷獄，視天下無非罪人。筆法雄奇，氣勢磅礴，論議之精警透徹，文詞之推陳出新，往往令人擊節拍案。在科舉時代，士人莫不視爲寶箴〔註179〕。元、明坊刻，層出不窮，或書名小異，或卷數有別，莫不標新立異以擴大銷路〔註180〕。是書有足本和節本兩種，足本一百八十六篇，常見選本有八十六篇，居足本之半〔註181〕。

四、《春秋左氏傳說》二十卷

《四庫全書總目》曰：「是編持論與《博議》略同，而推闡更爲詳盡。陳振孫《書錄解題》稱其於《左氏》一書多所發明，而不爲文，似一時講說，

〔註174〕《東萊書說二種附錄》，《呂祖謙全集》，第三冊，頁 619。
〔註175〕朱彝尊著，林慶章等編審：《校點補正經義考》卷八一《呂氏詩說》，臺北：中研院文哲所籌備處，1997，頁 328～329。
〔註176〕《東萊集》附錄卷一，呂喬年所編《呂祖謙年譜》乾道四年條，《四庫全書》第一一五○冊，頁 304～305。
〔註177〕《東萊博議自序》，《四庫全書》第一五二冊，頁 296～297。
〔註178〕《四庫全書總目》卷二七《春秋左氏傳說》條，頁 220 下。
〔註179〕參見《呂東萊之文學與史學》，頁 43。
〔註180〕參見崔富章：《四庫提要補正》，杭州：杭州大學出版社，1990，頁 164。
〔註181〕如宋晶如、章榮注本《東萊博議》（世界書局，1936 年），中國書店 1986 年曾影印出版，比較常見。

門人所抄錄者，其說良是。」〔註182〕周中孚稱此書「較《博議》尤推闡詳盡，無懈可擊」〔註183〕。

五、《春秋左氏續說》十二卷

《四庫全書總目》曰：「是編繼《左氏傳說》而作，以補所未及，故謂之《續說》。久無傳本，今見於《永樂大典》者，惟自僖公十四年秋八月至三十三年，襄公十六年夏至三十一年，舊本闕佚，無從採錄。其餘則首尾完具，以傳文次第排比之，仍可成帙……是書當成於晚年矣。其體例主於隨文解義，故議論稍不如前說之闊大。然於傳文所載，闡發其蘊，並抉摘其疵……實頗中其失。至於朝祭、軍旅、官制、賦役諸大典，及晉楚興衰、列國向背之事機，詮釋尤爲明暢。」〔註184〕楊宗錫先生認爲，《東萊博議》主於議論，《左氏傳說》承其緒，但已轉向注重制度實學，讀者應當注意先王之流風遺制，典章文物，但僅點到爲止，直到在《春秋左氏續說》中才詳加考解，詮釋尤爲明暢。由《博議》闡發義理，發展成爲《春秋左氏續說》的探討經制，由抽象理論蛻化成爲實學面目，這些轉變亦可見出呂氏學問的發展軌跡〔註185〕。

六、《左傳類編》六卷

《四部叢刊續編》收入此書，係影印鐵琴銅劍樓藏舊鈔本。胡文楷跋曰：「東萊呂氏研究《左傳》最爲精詳，凡著三書，一曰《春秋傳說》，一曰《春秋博議》，一即是編。《傳說》、《博議》，世多有其書，獨是編久無傳本，四庫亦未著錄，惟散見於《永樂大典》中。是本爲常熟鐵琴銅劍樓瞿氏所藏舊寫本。瞿目云：『幸而僅存，覆之《直齋書錄》、《中興館閣書目》，猶爲完帙，洵可珍也。』全書取《左氏傳》文，類而析之，分周、齊、晉、楚、吳越、夷狄、附庸、諸侯制度、風俗、禮、氏族、官制、財用、刑、兵制、地理、春秋前事、春秋始末、論議，凡十九目。而本目中缺春秋始末，蓋傳寫偶脫

〔註182〕《四庫全書總目》卷二七《春秋左氏傳說》條，頁220下。
〔註183〕〔清〕周中孚：《鄭堂讀書記》卷十《左氏傳說》條，北京：商務印書館，1959，頁196。
〔註184〕《四庫全書總目》卷二七《春秋左氏續說》條，頁221上。
〔註185〕《呂祖謙學術思想研究》，頁59。

爾。」〔註186〕《鄭堂讀書記》曰：「是書類分事實、制度、論議而成，雖頭緒楚楚，而頗不適于用，不及《傳說》、《續說》、《博議》三書遠甚，所以四庫全書館不爲之裒輯著錄也。然合《傳說》、《續說》、《博議》及此書觀之，亦可見東萊研究《左傳》之功至深切已。」〔註187〕

七、《歷代制度詳說》十五卷

《四庫全書總目》曰：「考祖謙年譜不載此書，蓋採輯事類以備答策，本家塾私課之本。其後轉相傳錄，遂以付梓。原非特著一編欲以立教。」〔註188〕此書《金華叢書》刻本分爲十五門，曰科目、學校、賦役、漕運、鹽法、酒禁、錢幣、荒政、田制、屯田、兵制、馬政、考績、宗室和祀事，文淵閣《四庫全書》本少「宗室」、「祀事」兩門，「考績」在「學校」之後，凡十二卷〔註189〕。每門之下又分「制度」和「詳說」，「制度」頗爲簡要，「詳說」則推原古代制度廢立之原委與沿革，極爲精到。馬端臨作《文獻通考》，多引此書。

八、《大事記》十二卷、《通釋》三卷、《解題》十二卷

《四庫全書總目》曰：「是書取司馬遷年表所書，編年繫月，以紀春秋後事，復採輯諸書以廣之。始周敬王三十九年，迄漢武帝征和三年。書法皆祖太史公，所錄不盡用策書凡例……其書作於淳熙七年，每以一日排比一年之事。本欲起春秋後，迄於五代，會疾作而罷，故所成僅此，然亦足見其大凡矣。」〔註190〕《大事記》十二卷，以事繫年，於每年之下略記該年大事，多則十餘條，少則二、三條，條下皆注出處，取材甚廣，有《左傳》、《稽古錄》、《資治通鑑綱目舉要》、杜預《左傳釋例》、《皇極經世》、《水經注》、《戰國策》、《國語》、《列子》等，猶如《春秋》之經而無所褒貶抑揚。《解題》十二卷，擇《大事記》中要事以釋之，猶如《春秋》之《傳》，略具本末，或考事實，或敘沿革，或發己意，或引時論，舉凡《史記》、《漢書》之異同，

〔註186〕《左傳類編跋》，《四部叢刊續編》影印鐵琴銅劍樓藏《左傳類編》，頁　1a　～1b。
〔註187〕《鄭堂讀書記》卷十《春秋左傳類編》條，頁195。
〔註188〕《四庫全書總目》卷一三五《歷代制度詳說》條，頁1148上。
〔註189〕此書《四庫全書》本第三門言考課之事，而因缺頁佚其標題，故列於「學校」一門之末。
〔註190〕《四庫全書總目》卷四七《大事記》條，頁425下。

《通鑑》之得失，靡不參以己意而明辨之。又於名物象數，旁見側出者，推闡貫通，夾注句下，皆爲學者職分之所當知，而非務於博雜新奇。《通釋》三卷爲全書之統紀，如經說家之有綱領，其文多舉《尙書》、《詩經》、《論語》、《孟子》、《史記》等書的要義格言，以及歷代名儒之大議論，擇精而語詳，非漫無根據者比〔註191〕。朱子每每譏刺東萊之學有博雜之弊，而獨稱《大事記》甚精詳，古今蓋無此書〔註192〕。因此，此書雖未成書，其門人不敢贊一詞，其續作者，則有明人王禕《大事記續編》七十七卷。

九、《十七史詳節》二百七十三卷

《四庫全書總目》曰：「此蓋其讀史時刪節備檢之本，而建陽書坊爲刻而傳之者。凡《史記》二十卷，《西漢書》三十卷，《東漢書》三十卷，《三國志》二十卷，《晉書》三十卷，《南史》二十五卷，《北史》二十八卷，《隋書》二十卷，《唐書》六十卷，《五代史》十卷，前冠以疆理、世系、紀年之圖，所錄大抵隨時節鈔，不必盡出精要……前人讀書必貫徹首尾，即所刪節之本，而用功之深至可以概見。則此二百七十三卷者，雖不能盡諸史之全，而以爲宋儒不廢史學之明證也。」〔註193〕

十、《近思錄》十四卷

淳熙二年（1175年），朱子爲母親盧墓，居建陽蘆山寒泉精舍。是年夏，呂祖謙自東陽來此盤桓數日，與朱子共讀周敦頤、二程、張載之書，感歎其廣大閎博，若無津涯，而使學者不知入道津門，遂掇取其關於大體而切於日用者十四門六百六十二條，取「博學而篤志，切問而近思」之意〔註194〕，名之曰《近思錄》〔註195〕。呂祖謙序此書曰：「《近思錄》既成，或疑首卷陰陽變化性命之說……列之篇端，特使之知其名義，有所嚮望而已。至於餘卷所載講學之方、日用躬行之實，具有科級。循是而進，自卑升高，自近及遠，庶幾不失纂集之指。若乃厭卑近而鶩高遠，躐等陵節，流於空虛，迄無

〔註191〕參見《呂東萊之文學與史學》，頁49。
〔註192〕《朱子語類》卷一二二，《朱子全書》第一八冊，頁3854～3855。
〔註193〕《四庫全書總目》卷六五《十七史詳節》條，頁579上。
〔註194〕語出《論語・子張》。
〔註195〕朱子《近思錄序》，《朱子全書》第十三冊，頁163。

所依據，則豈所謂『近思』者耶？」〔註196〕朱子對此書極為重視，以為「四子，六經之階梯；《近思錄》，四子之階梯」〔註197〕，所以兩人對周、張、二程四人語錄的選擇並非一拍即定，一議而成，而是經過多年的反覆推敲。據四庫館臣考訂，《晦庵集》中有《乙未八月與祖謙》、《丙申與祖謙》、《戊戌與祖謙》等書，這些書信都涉及到《近思錄》的商榷和改定，可見此書至少在淳熙五年（戊戌，1178）還未曾定稿〔註198〕。

十一、《少儀外傳》二卷

呂祖謙之弟祖儉於《少儀外傳》之末跋曰：「先兄太史暇日，手自次輯者也，首命其名曰《帥初》，次更其名曰《辨志》，而其終則定以是名焉。祖儉嘗獲侍坐，與聞所以為此編之意。蓋以始學之士，徒玩乎見聞，泊乎思慮，輕自大而卒無據，故指其前言往行所當知而易見者，登之於策，使之不待考索而自有得於日用之間……苟讀是編而無所厭忽，各因其所得而有自立之地，則先兄之心庶乎其不泯矣！」〔註199〕本書為訓課幼學而設，故取《禮記・少儀》為名，採擷經史紀傳所載前哲之嘉言懿行，兼及於立身行己，應世居官之道，所該繁富，皆博學切問之事，而大要以謹厚為本〔註200〕，不專於灑掃應對之末節，故名之曰「外傳」〔註201〕。

十二、《麗澤論說集錄》十卷

此書為呂祖謙從子呂喬年編次，其跋此書曰：「伯父太史說經，唯《讀詩記》為成書，後再刊定，迄於《公劉》之首章。《尚書》自《秦誓》上至《洛誥》，口授為講義。其他則皆講說所及，而門人記錄之者也。伯父無恙時，固嘗以其多舛，戒勿傳習，而終不能止。伯父歿，流散益廣，無所是正。然其大義奧指，蓋猶賴是以存。而此編則先君子（呂祖儉）嘗所裒輯，不可以不傳也，故今仍據舊錄，頗附益次比之，不敢輕為刪改。若夫聽者之淺深，

〔註196〕呂祖謙《近思錄序》，《朱子全書》第十三冊，頁165。
〔註197〕四子，即四子書，亦即四書。
〔註198〕王澔：《〈近思錄〉校點說明》，《朱子全書》第十三冊，頁151。
〔註199〕〔宋〕呂祖謙：《少儀外傳》，上海：商務印書館，1936，頁56。
〔註200〕參見《直齋書錄解題》卷九《少儀外傳》條，頁283。
〔註201〕參見《呂東萊之文學與史學》，頁57。

記者之工拙，則覽者當自得之。」〔註202〕此書收《易說》二卷、《詩說拾遺》一卷、《周禮說》一卷、《禮記說》一卷、《論語說》一卷、《孟子說》一卷、《史說》一卷和《雜說》二卷，凡十卷，各卷目前均冠以「門人集錄」字，明非呂祖謙親著之書〔註203〕。

十三、《宋文鑑》一百五十卷

此書為著名的北宋文學總集。據《年譜》知，呂祖謙自淳熙四年（1177）十一月被旨校正《聖宋文海》，取秘府及士大夫家藏諸家文集，旁採傳記他書，裒輯編次，止於南渡之前。淳熙六年（1179），書成進呈，以其「甚有益治道」，孝宗親賜名曰「皇朝文鑑」。此書一百五十卷，凡六十一門，曰賦、律賦、四言古詩、樂府歌行附雜言、五言古詩、七言古詩、五言律詩、七言律詩、五言絕句、六言絕句、七言絕句、雜體、騷如騷者亦附、詔、勅、赦文、冊、御禮、批答、制、誥、奏疏、表、牋、箴、銘、頌、贊、碑文、記、序、論、義、策、議、說、戒、制策、說書、經義、書、啓、策問、雜著、對問、移文、連珠、琴操、上梁文、書判、題跋、樂語、哀辭誄附、祭文、謚議、行狀、墓誌、墓表、神道碑銘、傳、露布。葉適曰：「此書二千五百餘篇，綱條大者十數，義類百數，其因文示義，不徒以文。余所謂必約而歸於正道者千餘數，蓋一代之統紀略具焉，後有欲明呂氏之學者，宜於此求之矣。」〔註204〕足見宋人甚重其書。

十四、《古文關鍵》十四卷

是編取韓愈、柳宗元、歐陽修、曾鞏、蘇洵、蘇軾、張耒之文凡六十餘篇，各標舉其命意布局之處，示學者以門徑，故謂之「關鍵」。卷首冠以《總論看文作文之法》，實為論文而作〔註205〕。

〔註202〕呂喬年《麗澤論說集錄跋》，《四庫全書》第七〇三冊，頁455。

〔註203〕參見《四庫全書總目》卷九二《麗澤論說集錄》條，頁783中。

〔註204〕〔宋〕葉適：《習學記言序目》卷五〇《呂氏文鑑四》，上海：上海古籍出版社，1992，頁471。劉咸炘說：「非觀葉適所論，罕能知其用心」，黃曙輝《劉咸炘學術論集·史學編》，桂林：廣西師範大學出版社，2007，下冊，頁514。

〔註205〕參見《四庫全書總目》卷一八七《古文關鍵》條，頁1698。

十五、《東萊集》十五卷、《別集》十六卷、《外集》五卷、《附錄》三卷

　　呂祖謙平生詩文係其沒後，其弟呂祖儉、從子呂喬年裒輯而成。《東萊集》凡詩一卷、奏狀箚子一卷、啓一卷、策問一卷、記序銘贊辭一卷、祭文祝文一卷、行狀一卷、墓誌銘四卷、傳一卷和紀事一卷。《別集》凡《家範》六卷、尺牘五卷、讀書雜記四卷、師友問答一卷。《外集》凡策問二卷、宏詞進卷試卷二卷、詩文拾遺一卷。《附錄》凡《年譜》、《壙記》一卷，祭文、像贊、哀詩二卷〔註206〕。《四庫全書總目》曰：「祖謙於《詩》、《書》、《春秋》皆多究古義，於十七史皆有詳節，故詞多根柢，不涉遊談。所撰《文章關鍵》，於體格源流，具有心解。故諸體雖豪邁駿發，而不失作者典型，亦無語錄爲文之習，在南宋諸儒之中，可謂銜華佩實。」〔註207〕

　　此外，呂祖謙還有《古易音訓》、《繫辭精義》、《西漢精華》、《東漢精華》、《音注唐鑒》、《觀史類編》、《臥遊錄》、《詩律武庫》等書，且尚有不少託名之作。

〔註206〕瞿鏞編纂，瞿果行標點，瞿鳳起覆校：《鐵琴銅劍樓藏書目》，上海：上海古籍出版社，2000，頁584～585。

〔註207〕《四庫全書總目》卷一五九《東萊集》條，頁1370下。

第二章 《呂氏家塾讀詩記》的成書、體例、引用考訂及版本源流

　　這一章共三節，是從宏觀上論述《呂氏家塾讀詩記》的體例、引注及版本。第一節論述《呂氏家塾讀詩記》的成書時間、注釋體例和注釋讀音的形式等情況。第二節考訂明、清本《呂氏家塾讀詩記》書前所列的四十四家姓氏和四十一條引用書目，通過分析，辨清了四十四家姓氏存在遺漏和錯誤。其中，四十一條引用書目因為與四十四家姓氏存在著很多實質性的重合，而且未能分清直接引用和間接引用，因此，當前所流傳的「呂祖謙曾引用八十多家之說」的說法不能成立；第三節梳理《呂氏家塾讀詩記》的版本及其源流，根據實際考察，並翻閱百餘部書目，考訂《呂氏家塾讀詩記》在歷史上的刊刻情況及其版本源流。

第一節　《呂氏家塾讀詩記》的成書與體例

一、編纂時間

　　宋孝宗乾道九年（1173），呂祖謙退居金華，諸生來集於麗澤書院〔註1〕，呂祖謙於此教授弟子，口授《毛詩》諸家之義〔註2〕。淳熙元年（1174）正月〔註3〕，呂祖謙開始編纂《詩經》講稿〔註4〕，即《呂氏家塾讀詩記》（以

〔註1〕呂祖儉所編《呂祖謙年譜》孝宗乾道九年條，《四庫全書》第一一五〇冊，頁444。
〔註2〕《呂祖謙麗澤書院講學研究》，頁65～67。
〔註3〕呂祖儉所編《呂祖謙年譜》孝宗淳熙元年條，《四庫全書》第一一五〇冊，頁444。

下正文行文中簡稱爲《讀詩記》，腳注標明引文出處時則概用全稱）。淳熙三年（1176）七月，呂祖謙將家塾遷於右司宅，於此復編《讀詩記》〔註5〕。《讀詩記》主要在家塾中教育子弟，故書名冠以「呂氏家塾」四字〔註6〕。在寫給朱子的信中，呂祖謙說：

> 《詩說》止爲諸弟輩看，編得詁訓甚詳，其它多以集傳爲據，
>
> 只是寫出諸家姓名，令後生知出處〔註7〕。

淳熙六年（1179）冬季之前，呂祖謙完成了《讀詩記》的初稿〔註8〕，並開始著手修訂〔註9〕，以期更爲完善。呂祖儉於《讀詩記·公劉》首章之下所作識語曰「先兄己亥（淳熙六年，1179）之秋復脩是書（《讀詩記》）」〔註10〕，則知《唐風·無衣》之前諸詩的修訂工作始於淳熙六年（1179）秋。從淳熙七年（1180）正月一日開始，呂祖謙有《庚子辛丑日記》，逐日記載了當天的著書活動和生活狀況。從日記中我們會發現，呂祖謙修訂《讀詩記》

〔註4〕 將《呂氏家塾讀詩記》定爲《詩經》「講稿」，參見《呂東萊之文學與史學》，頁40。

〔註5〕 呂祖儉所編《呂祖謙年譜》孝宗淳熙三年條，《四庫全書》第一一五〇冊，頁445。

〔註6〕 參見《呂東萊之文學與史學》，頁39。

〔註7〕 《東萊集》別集卷八《與朱侍講元晦》（受之日來），《四庫全書》第一一五〇冊，頁255。

〔註8〕 《朱熹與呂祖謙關於〈詩經〉的四大論辯平議》，頁5。杜海軍對《呂氏家塾讀詩記》的成書時間有先後不同的兩種說法，先是在《呂祖謙文學研究》中，杜先生認爲呂祖謙於淳熙元年正月始作第一稿，淳熙三年七月十日復編第二稿，直到去世，參見《呂祖謙文學研究》，頁184。《呂氏家塾讀詩記》初稿之成，恐不如此倉促。其後，杜先生作《呂祖謙年譜》，似覺前說未安，便將《呂氏家塾讀詩記》初稿的成書時間定在淳熙六年十月。杜先生的依據是，在這一年的十一月七日，朱子寫給呂祖謙的信中提到「聞所著已有定本，恨未得見」數語，遂將其成書時間推定爲淳熙六年十月，參見杜海軍《呂祖謙年譜》淳熙六年條，頁252。不過，杜先生的新說仍然在月份上存在差誤。呂祖儉於《公劉》首章之下曰「先兄己亥之秋復脩是書」，而十月已屬冬季，則此書之初稿的成書時間似在此年秋季之前。

〔註9〕 從呂祖儉所編《呂祖謙年譜》於淳熙元年、三年條均書「編《讀詩記》」，於淳熙六年條則書「修《讀詩記》」，「編」即是初步編纂，「修」即是在原稿的基礎上修訂。

〔註10〕 〔宋〕呂祖謙撰：《呂氏家塾讀詩記》，《四部叢刊續編》影印宋淳熙九年江西漕臺刊本，上海：商務印書館，1934，卷二六《生民之什·公劉》，頁27a。以下凡引《呂氏家塾讀詩記》中的文字，若不標明版本，則一概出自這一版本。據每卷版心的頁數標明其頁碼，右半葉爲a，左半葉爲b。

基本上是隔天進行，每日的工作量大致相同，像《唐風・無衣》、《車鄰》這樣的詩歌每日一首〔註11〕，《終南》、《黃鳥》兩首詩則在同一日完成〔註12〕，而像《七月》、《伐木》這樣的長詩則需數日才能完成〔註13〕。

《庚子辛丑日記》所記修訂《讀詩記》始於《唐風・無衣》，止於《公劉》之首章，歷時二百六十一天，共計修訂一百三十四首又一章〔註14〕。淳熙八年（1181）年七月二十七日，呂祖謙完成了《公劉》首章的修訂，其病痛卻於這兩天加劇，旋即在七月二十九日下世了。在淳熙九年（1182）江西漕臺刊本《公劉》首章之下，呂祖儉寫道：

> 先兄己亥之秋復脩是書，至此（《公劉》之首章）而終。自《公劉》之次章，訖於終篇，則往歲所纂輯者，皆未及刊定，如小序之有所去取，諸家之未次先後，與今編條例多未合。今不敢復有所損益，姑從其舊，以補是書之闕云〔註15〕。

因此，是書《公劉》首章之後的書稿是《讀詩記》初稿〔註16〕。明嘉靖十年（1531）傅鳳翱重新刊刻《讀詩記》，陸鈇爲之作序，以爲「呂氏凡二十二卷，《公劉》以後，編纂未就，其門人續成之」〔註17〕。自此以後，承襲此說者頗多〔註18〕，若參照呂祖儉的這段附記，這種說法則會不攻自破。這段按語還能生發出一個重要的問題，這不僅僅涉及到小序的去取、諸家先後次第的問題，而且還涉及到呂祖謙治《詩》理念前期與後期的差別，這一點將在本書第三章第一節進行詳細討論。

〔註11〕《東萊集》卷十五《庚子辛丑日記》庚子正月四日條，《四庫全書》第一一五〇冊，頁140。

〔註12〕《東萊集》卷十五《庚子辛丑日記》庚子正月十四日條，《四庫全書》第一一五〇冊，頁141。

〔註13〕《東萊集》卷十五《庚子辛丑日記》庚子二月五日、八日、十二日、十四日、十六日、十八日、二十日條，庚子三月二十六日、二十七日、二十八日條，《四庫全書》第一一五〇冊，頁141～142。

〔註14〕這個數據包括《南陔》、《白華》、《華黍》、《由庚》、《崇丘》和《由儀》六首笙詩在內。

〔註15〕《呂氏家塾讀詩記》卷二六《生民之什・公劉》，頁27b～28a。

〔註16〕杜海軍先生認爲呂祖儉爲求完備，將《呂氏家塾讀詩記》中《公劉》後的初稿與《公劉》首章之前的修訂稿放了一起。此說頗爲得當，參見《呂祖謙文學研究》，頁184～185。

〔註17〕參見陸鈇：《呂氏家塾讀詩記舊序》，《叢書集成初編》之《呂氏家塾讀詩記》，頁1。

〔註18〕如摛藻堂、文津閣本的書前提要、《萬卷精華樓藏書記》等。

各種書目著錄此書均作三十二卷，惟呂祖儉所作《呂祖謙壙記》稱「公所爲書，有《呂氏家塾讀詩記》三十卷」〔註19〕，次年丘宗卿於江西刊刻《讀詩記》〔註20〕，書成後則有三十二卷，不知卷帙之分合在何處。其後戴溪以爲《讀詩記》專主毛氏，折衷諸說，雖於名物訓詁最爲詳悉，而篇內微旨、詞外寄託或有未貫，乃作《續呂氏家塾讀詩記》三卷以成之〔註21〕。不過，陳振孫則以爲戴溪之書「雖以《續記》爲名，其實自述己意，亦多不用小序。」〔註22〕

二、注釋體例

《讀詩記》的體例是集解體。呂祖謙採用這種體例，爲後來《詩緝》一類的集解類著作奠下了基礎〔註23〕。是書先抄寫小序，引入前人對小序的解釋，偶而也有呂祖謙自己的評斷，然後分章抄寫經文，對經文中的難字隨文注音，然後引用前代及當代學者對《詩》的解釋，先釋字、詞，再解釋句意和章義，篇章之後偶有進一步闡釋全篇之意的「己說」〔註24〕。呂祖謙在此書的《條例》中說：

> 諸家解定從一說，辨析名物，敷繹文義，可以足成前說者注其下。說雖不同，當兼存者，亦附注焉。

> 諸家解文句小未安者，用《啖趙集傳》例（即陸淳《春秋啖趙集傳纂例》），頗爲刪削。陸淳曰：「啖（助）、趙（匡）所取三傳之文，皆委曲翦裁，去其妨礙，故行有刊句，句有刊字，實懼曾學三傳之人，不達斯意。以爲文句脫漏，隨即注之，此則集傳之蠹也。」閱此記者亦然。

> 諸家先後以經文爲序，或一章首用甲說，次用乙說，末復用甲說，則再出甲姓氏。

> 經子史傳引詩文句，與毛氏不同者，各見章末。

〔註19〕 參見《東萊集》附錄》卷一《壙記》，《四庫全書》第一一五〇冊，頁448。
〔註20〕 「丘」或作「邱」，下文若非引用某書文字，則依據《宋史》卷三九八《丘崈傳》作「丘」。
〔註21〕 《四庫全書總目》卷十五《續呂氏家塾讀詩記》條，頁124中。
〔註22〕 《直齋書錄解題》卷二《岷隱續讀詩記》條，頁39。
〔註23〕 《兩宋詩經著述考》，頁9。
〔註24〕 郝桂敏：《宋代詩經文獻研究》，中國社會科學出版社，2006，頁189～191。

諸家或未備，頗以己說足之，錄於每條之後，比諸家解低一字寫〔註25〕。

結合上面這段文字和《讀詩記》的內容，我們可以將其歸納爲兩點：

1. 諸家之解必主其最善者，在文中用大字標出，其他解說則以雙行小字的形式接於大字之下。這些文字的解說角度不同，互相發明，實爲關聯密切的注釋文字〔註26〕。在引用時，呂祖謙均注明各家姓氏，並按照原文的次第逐一排列〔註27〕，如諸家之說未當或不足則以己意辨析。如《邶風‧泉水》第三章「出宿于干，飲餞于言。載脂載舝，還車言邁。遄臻于衛，不瑕有害」的注釋：

朱氏曰：干、言，地名，適衛所經之地也。脂，以脂膏塗其舝，使滑澤也。舝，車軸也。孔氏曰：車不駕則脫其舝，將行設之。○《釋文》曰：舝，車軸頭金也。○毛氏曰：遄，疾。臻，至也。○鄭氏曰：瑕，猶過也。張氏曰：「瑕」與「遐」字同，言不大有害。

還車，猶言回轅，不必云嫁時所乘之車也。「不瑕有害」，謂歸衛不爲過差有害，自恕之辭也〔註28〕。

2. 呂祖謙採用諸家解說，並非是逐字逐句的引用，而是仿照唐人陸淳所作《春秋啖趙集傳纂例》引文的體例〔註29〕，對各家說法有所剪裁。如呂祖謙在疏通《巧言》第六章的章義時就分別節取了蘇轍、朱子、孔穎達之說：

蘇氏曰：時有是人也〔註30〕。○朱氏曰：居河之麋，則非高明爽塏音愷之地也〔註31〕。○孔氏曰：既無拳力，又無勁勇，亦易誅

〔註25〕《呂氏家塾讀詩記》卷一《條例》，頁26b～27a。

〔註26〕《宋代詩經文獻研究》，頁189。

〔註27〕郝桂敏認爲這是集解體與集注體的主要差異，《宋代詩經文獻研究》，頁190。

〔註28〕《呂氏家塾讀詩記》卷四《邶風‧泉水》，頁33a。爲便於區分，呂氏己說與諸家解釋一同引用時，諸家之說原用大字表示者用方正北魏楷書體，原用雙行小字表示者用楷體，呂氏己說用楷體加粗。如只引其中的某一部分，則仍用楷體。下文仿此。

〔註29〕參見〔唐〕陸淳：《春秋啖趙集傳纂例》，上海：商務印書館，1936，卷一之「重修集傳義第七」，頁13。

〔註30〕蘇轍之說原作：「時有是人也。水草之交曰麋。拳，力也。骭瘍爲微，腫足爲尰。猶，謀也。將，大也。其謀既大且多，其徒幾何而能然哉！」見於蘇轍《詩集傳》卷十一《祈父之什‧巧言》，《四庫全書》第七十冊，頁437。

〔註31〕呂祖謙所引朱子之說，係其《詩集解》，其書借存輯本，無從對比其節錄情況。

除耳，而敢主爲此亂之階梯也。此人既脚骭有微之疾，而足跗音數有尰之疾。爾假有勇，伊何能爲？汝作爲讒佞之謀大多，汝所与聚居之徒眾幾何許人，而能爲此〔註32〕？

呂祖謙所做的這種剪裁使諸家之說「如出一手」，也體現了此書「首尾該貫」的特點。

四、注音形式及《詩》中的協韻

在注音方面，呂祖謙做《讀詩記》，正文採用隨文注音的方式，如：

喓喓於遙反草蟲，趯趯託歷反阜螽。未見君子，憂心忡忡敕中反。亦既見止，亦既覯止，我心則降戶江反〔註33〕。

在注釋文字中，呂祖謙有時也會把一些難字、多音字的讀音放在最後，如：

○孔氏曰：髦者，用髮爲之，象幼時鬌，其制未聞。《内則》云：「子事父母，總拂髦。」言「兩」者，以象幼時鬌，則知鬌以挾囟（原作「匈」，據注疏改），故兩髦（原作「毛」，據注疏改）也。父母既沒則去之。《喪大記》云：「小歛，主人脱髦。」注：「諸侯禮，士既殯脱髦。」纚，色蟹反。緌，汝誰反。鬌音朵〔註34〕。

呂祖謙並沒有像朱子那樣採用吳棫等人的叶音說，而是以陸德明的《經典釋文》作爲釋音的標準。《經典釋文》爲《毛詩》和傳、箋的文字注音，收錄漢魏六朝二百三十餘家的音切、訓詁和三家《詩》的異文〔註35〕。呂祖謙解《詩》以毛、鄭爲宗，取《經典釋文》中的音切來釋音，是理所當然的事。呂祖謙說：

六經不可不參《釋文》點檢，如「曾子聞之，瞿然曰：『呼！』」

〔註32〕《呂氏家塾讀詩記》卷二一《小旻之什・巧言》第六章，頁 20a～21b。孔穎達之疏原作：「疾讒佞之人謂之何人，言彼何人斯，居在於河之麋際，既無拳力，又無勁勇，亦易誅除耳。而敢主爲此亂之階梯也？此人既脚骭有微之疾，而足跗且有尰之疾。爾假有勇，伊何能爲？況復無之！而汝敢爲此惡，汝作爲讒佞之謀大多，汝所與聚居之徒眾幾何許人，而能爲此？怪其言多且巧，疑其眾教之也。」見於《毛詩正義》卷十二《節南山之什・巧言》，《十三經注疏》，頁 454。

〔註33〕《呂氏家塾讀詩記》卷三《召南・草蟲》之首章，頁 4b。

〔註34〕《呂氏家塾讀詩記》卷五《鄘風・柏舟》之首章，頁 1b。

〔註35〕向熹：《詩經語言研究》，成都：四川人民出版社，1987，頁 20。

〔註 36〕「呼」音虛，呼與虛相去遠矣，《釋文》作「曰吁」，此決知「呼」字者誤。又如，言乘丘之戰，「馬驚敗績」〔註 37〕，《釋文》作「馬驚敗」而無「績」字。按乘丘之戰，魯勝也，無敗績之事，但當時止是馬驚敗耳，初不預軍之勝負也。如此類，皆是後人誤有增加。又如，言「予有亂臣十人」〔註 38〕，或者以爲子無臣母之義，按《釋文》止作「予有亂十人」，無「臣」字〔註 39〕。

需要注意的是，呂祖謙也注意到了詩中的協韻，如：

> 《邶風·北風》：同車不必指貴者，特協韻耳〔註 40〕。

> 《豳風·九罭》：凡詩之体，初言者本意也，再言者協韻也。「於女信處」，本意也；「於女信宿」，協韻也。詩亦有初淺後深，初緩後急者，然大率後章多是協韻〔註 41〕。

這裡所說的「協韻」特指詩文中的押韻，並不涉及到臨時變換字音。另外，呂祖謙還在《讀詩記》卷一《章句音韻》中引用孔穎達之說，提到了句尾虛字入韻的問題：

> 「之」、「兮」、「矣」、「也」之類，本取以爲辭，雖在句不以爲義，故處末者皆字上爲韻，「左右流之」、「寤寐求之」、「其實七兮」、「迨其吉兮」之類是也。亦有即將助句之字以當聲韻者，「是究是圖」、「亶其然乎」、「其虛其邪」、「既亟只且」之類是也〔註 42〕。

概言之，呂祖謙在注釋《詩》文時，盡量採用古韻，也注意到了句尾虛字用韻的問題，但沒有採用叶音說。

第二節　諸家姓氏和引用書目考訂

《讀詩記》的一些明清刻本之前列有諸家姓氏四十四人和引用書目四十

〔註 36〕語出《禮記·檀弓上》。

〔註 37〕語出《禮記·檀弓上》。

〔註 38〕語自《尚書·泰誓》、《論語·泰伯》。

〔註 39〕《麗澤論說集錄》卷九《門人所記雜說一》，《呂祖謙全集》第二冊，頁 250～251。

〔註 40〕《呂氏家塾讀詩記》卷四《邶風·北風》，頁 36b～37a。

〔註 41〕《呂氏家塾讀詩記》卷一六《豳風·九罭》，頁 32b。

〔註 42〕《呂氏家塾讀詩記》卷一《章句音韻》，頁 23b。據向熹先生統計，用在句尾的虛詞有「矣、止、哉、忌、思、且、乎而、兮、只、斯、也、焉」十二個語氣詞和「之、我、女」三個代詞，《詩經語言研究》，頁 76。

一部。後世對《讀詩記》中引用諸家解說的數字主要有兩種說法，一是「四十四家」說，如蔣見元、朱傑人等依據卷首所列諸家姓氏，將其定爲四十四家〔註43〕；一是「八十多家」說，如杜海軍認爲實際數字遠不止四十四家，而應當在八十家上下，並且認爲陸侃如「共引古今人四十四家，古今書四十一種」之說庶幾近之〔註44〕。黃靈庚爲《呂祖謙全集》所作的《前言》中則直接稱《讀詩記》「匯集自毛、鄭以來八十多家《詩》說」〔註45〕，但是沒有說明統計的依據和標準，這種說法或許來源於杜海軍之說，或許是直接將諸家姓氏和引用書目兩者相加的結果。

從《讀詩記》的內容來看，儘管書前所列的四十四家姓氏不能涵納全部，但「八十多家」之說也同樣可疑，因爲「八十多」這個數字很可能是將四十四家姓氏和四十一部書名相加得到的一種推斷。實際上，這兩個數字不能隨便相加，即使相加，得出的結論也不正確。因爲諸家姓氏和引用書目存在很多重合，比如在諸家姓氏中有陸璣，引用書目中也有其《毛詩草木鳥獸蟲魚疏》；又如諸家姓氏中有鄭玄，引用書目中也有鄭玄《詩譜》，諸如此類的還有不少。

爲便於考證，先列四十四家姓氏考訂如下：

毛萇〔註46〕、鄭玄〔註47〕、孔安國〔註48〕、陸璣〔註49〕、何休〔註50〕、杜預〔註51〕、郭璞〔註52〕、韋昭〔註53〕、韓愈、明道程氏（程顥）〔註54〕、伊川程氏（程頤）〔註55〕、橫渠張氏（張載）

〔註43〕 蔣見元、朱傑人：《詩經要籍解題》，上海：上海古籍出版社，1996，頁40。
〔註44〕 杜先生的說法比較含糊，參見《呂祖謙文學研究》，頁189。
〔註45〕 參見《呂祖謙全集》第一冊之《前言》，頁33。
〔註46〕 《呂氏家塾讀詩記》引毛氏之說係《毛詩故訓傳》。
〔註47〕 鄭玄有《毛詩箋》二十卷和《詩譜》一卷，《詩譜》北宋時已屬殘本。
〔註48〕 《呂氏家塾讀詩記》引用孔安國之說係《尚書傳》。另，孔安國傳《魯詩》，不傳《毛詩》。
〔註49〕 陸璣有《毛詩草木鳥獸蟲魚疏》二卷，今存。
〔註50〕 《呂氏家塾讀詩記》所引何休之說係《公羊解詁》。
〔註51〕 《呂氏家塾讀詩記》所引杜預之說爲《春秋經傳集解》和《左傳釋例》。
〔註52〕 《呂氏家塾讀詩記》引郭璞說爲《爾雅注》。郭璞有《毛詩拾遺》，隋時已佚。
〔註53〕 《呂氏家塾讀詩記》中所引韋昭說係其《國語》注。
〔註54〕 《呂氏家塾讀詩記》引程顥說標以「明道程氏」。
〔註55〕 程頤有《伊川詩說》，見於《二程集》所錄《河南程氏經說》。

〔註56〕、成都范氏（范百祿或范祖禹）〔註57〕、滎陽呂氏（呂希哲）、藍田呂氏（呂大臨）、上蔡謝氏（謝良佐）、龜山楊氏（楊時）〔註58〕、盧陵歐陽氏（歐陽修）〔註59〕、眉山蘇氏（蘇軾和蘇轍）〔註60〕、後山陳氏（陳師道）〔註61〕、臨川王氏（王安石）〔註62〕、永嘉陳氏（陳鵬飛或陳傅良）〔註63〕、延平羅氏（羅從彥）〔註64〕、武夷胡氏（胡安國）〔註65〕、建安游氏（游酢）〔註66〕、河東侯氏（侯仲良）〔註67〕、河南尹氏（尹焞）、南豐曾氏（曾鞏）、元城劉氏（劉安世）、三山李氏（李樗）〔註68〕、長樂劉氏（劉彝）

〔註56〕呂祖謙所引張載之說的部分仍存於《張子全書》中。

〔註57〕在宋代，說《毛詩》的「成都范」有兩家，一爲范百祿，成都華陽人，著有《詩傳補注》二十卷，書成後進於朝廷。哲宗獎諭詔曰：「卿博識洽聞，留心經術討論之外，尤深於《詩》。攬商、周之盛衰，考毛、鄭之得失。補注其署，紬次成書。眞得作者之微，頗助學官之闕。奏篇來上，講解甚明。研味之餘，嘉歎無已。」（見於〔宋〕蘇頌：《蘇魏公文集》卷二二《賜尚書吏部侍郎范百祿進撰成詩傳補注二十卷獎諭詔》，《四庫全書》，第一○九二冊，頁289），可見是書之精詳，遺憾的是，此書已亡佚；一爲范祖禹，成都華陽人，著有《詩解》一卷，亦佚。如今兩者之書俱已亡佚，無從考證此處所說的范氏是誰，故兩人之名並存於此。不過，《呂氏家塾讀詩記》從卷二到卷二一引用范氏之說約一百四十餘條，而范祖禹《詩解》僅一卷，似非一卷書所能容納，故「成都范氏」是范百祿的可能性要大些。

〔註58〕楊時有《詩辨疑》一卷，今已亡佚。

〔註59〕歐陽修有《詩本義》十六卷、《詩譜補闕》一卷、《詩解統》一卷，三者俱存。

〔註60〕《呂氏家塾讀詩記》稱蘇軾爲「東坡蘇氏」，以別於稱蘇轍的「蘇氏」。蘇轍有《詩集傳》二十卷行世。

〔註61〕據《宋史》卷四四四《文苑傳・陳師道傳》，陳師道「於諸經尤邃於《詩》、《禮》」。

〔註62〕王安石有《詩義》，今存邱漢生先生輯本《詩義鉤沉》。

〔註63〕永嘉陳氏說《毛詩》者亦有兩家，一爲陳鵬飛，著有《詩解》二十卷，今佚；一爲陳傅良，著有《毛詩解詁》二十卷，亦佚。現在，兩家之說無從考證，故兩人之名並存於此。清人顧鎭《虞東學詩》卷六於《菁菁者莪》之下曰：「陳氏鵬飛曰：詩宜何歌，其天子行禮於學校，燕飲而歌之歟？毛、朱俱作興。」（《四庫全書》第八九冊，頁542）《呂氏家塾讀詩記》於《菁菁者莪》下亦引這段文字，則「永嘉陳氏」爲陳鵬飛歟？

〔註64〕《呂氏家塾讀詩記》未無羅從彥之說。

〔註65〕《呂氏家塾讀詩記》所引胡安國之說出自《胡氏春秋傳》。

〔註66〕呂祖謙引用游酢之說見於《游廌山集》卷一《中庸》「無憂者」章釋義。

〔註67〕據《宋元學案》卷三○《劉李諸儒學案》，侯仲良，字師聖，河東人，侯無可之孫。

〔註68〕李樗有《毛詩詳解》三十六卷、《詩序解》一卷，兩者有傳本行世。

〔註69〕、莆田鄭氏（鄭樵）〔註70〕、永嘉鄭氏（鄭伯熊）、長樂王氏（待考）〔註71〕、山陰陸氏（陸佃）〔註72〕、渤海胡氏（胡旦）〔註73〕、什方張氏（待考）、導江鮮于氏（鮮于侁）〔註74〕、董氏（董逌）、徐氏（徐安道）〔註75〕、丘氏（丘鑄）〔註76〕、南軒張氏（張栻）〔註77〕、晦庵朱氏（朱子）〔註78〕。

所列四十四家姓氏顯然有些遺漏，最爲明顯的莫過於陸德明和孔穎達〔註79〕。下面補出的十八人是四十四家姓氏當中沒有包含在內的，呂祖謙所錄的這十八人的解說均爲直接引用，現拾遺如下：

劉向〔註80〕、陸德明〔註81〕、孔穎達、顏師古〔註82〕、呂大鈞〔註83〕、

〔註69〕據《宋史》卷二〇六《藝文志一》和卷三三四《劉彝傳》，劉彝有《七經中義》一百七十卷。此書在清代就已失傳，朱彝尊《經義考》著曰「佚」，并引王應麟之說曰「（是書）有《易》無《儀禮》」。

〔註70〕鄭樵有《詩傳》二十卷（存顧頡剛輯本）、《詩名物志》（存，卷帙未詳，見於《福建藝文志》）、《六經奧論》第三卷《詩經奧論》二十餘則。《呂氏家塾讀詩記》所引鄭樵之說多爲名物、字句訓詁等淺層次的《詩》學觀點。

〔註71〕待考者凡兩家：長樂王氏、什方張氏。

〔註72〕陸佃有《詩物性門類》、《詩講義》，今已失傳。

〔註73〕胡旦《演聖通論》四十九卷，其中《毛詩》有十卷。

〔註74〕鮮于侁有《詩傳》六十卷，未見。

〔註75〕《呂氏家塾讀詩記》卷六《衛風·木瓜》引徐氏曰：「瓜有瓜瓞，桃有羊桃，李有雀李，此皆枝蔓也，故言木瓜、木桃、木李以別之也。」宋人李樗、黃櫄所著《毛詩李黃集解》卷八亦引這段文字，曰：「徐安道乃謂瓜有瓜瓞，桃有羊桃，李有雀李，皆草蔓也，故言木瓜、木桃、木李以別之也。」（《四庫全書》第七十一冊，頁179）由此知，「徐氏」者當是徐安道。徐安道《宋史》無傳，生平著述無考。

〔註76〕丘鑄著有《周詩集解》二十卷，今佚。鄭樵《通志》曰：「宋朝邱鑄著，只取序中第一句，以爲子夏作，後句則削之。」參見〔宋〕鄭樵：《通志》，卷六三《藝文略·經類·詩》，北京：中華書局，1987頁758。

〔註77〕《呂氏家塾讀詩記》中引用張栻之說則標以「廣漢張氏」。

〔註78〕《呂氏家塾讀詩記》所引朱子說當爲其早年所作《詩集解》，是書有束景南輯本，收入《朱子全書》。

〔註79〕諸家姓氏中有孔氏，但下面標注曰「安國」。

〔註80〕呂祖謙在《呂氏家塾讀詩記》中多次引用劉向疏策和《說苑》。

〔註81〕陸德明《經典釋文》和孔穎達《毛詩正義》，呂祖謙頻繁引用，不勝枚舉。

〔註82〕顏師古有《漢書注》，《呂氏家塾讀詩記》有多處直接引用者。

〔註83〕呂祖謙引呂大鈞（和叔）之說有兩處，分別是《呂氏家塾讀詩記》卷一《詩樂》引呂大鈞《寄劉凡伯壽書》，卷六《衛風·淇奧》辛章釋義引呂大鈞所說古代車制。

張耒〔註84〕、沈括〔註85〕、陸淳〔註86〕、晁氏〔註87〕、陶淵明
〔註88〕、鄒應龍〔註89〕、揚雄〔註90〕、趙岐〔註91〕、章懷太子李
賢〔註92〕、徐鉉〔註93〕、聞人滋〔註94〕、賈公彥〔註95〕、皇甫謐
〔註96〕

四十四家姓氏的另一個錯誤在於，儘管它列出了某家姓氏，而書中卻
沒有引用其說，如「延平羅氏」。另外，書中還有不少間接引用，如匡衡、

〔註84〕　《呂氏家塾讀詩記》卷二九《臣工之什·有客》引「譙郡張氏」說：「宿宿者
凡一宿者再也，信信者凡再宿者再也」，頁13a。「譙郡張氏」即為「蘇門四學
士」之一的張耒，據劉毓慶先生考證，張耒著有《詩說》一卷，僅十二條。
另外，《宛丘文粹》中有《柯山詩傳》一卷，錄《文王》、《抑》、《雲漢》、《嵩
高》、《江漢》、《常武》、《臣工》凡八篇詩傳。

〔註85〕　《呂氏家塾讀詩記》卷六《衛風·芄蘭》引沈括之說：「支英也。芄蘭生莢，
支出於葉間，垂之如觿狀」，頁14a。又卷七《王風·黍離》引沈括之說：「稷
乃今之穄也」，頁2b。這些引文分別出自沈括《夢溪筆談》卷三（有刪節）和
卷二六。

〔註86〕　所引陸淳之說見於《呂氏家塾讀詩記》卷一，其書為《春秋啖趙集傳纂例》。

〔註87〕　《呂氏家塾讀詩記》卷三十《閔子小子之什·桓》引晁說之之說曰：「《桓》
之序曰『桓，武志也』，或以為注，或以為序，失其傳多如此」，頁13b。呂祖
謙所引晁說之之說出自《景迂生集》卷十一《詩之序論三》。

〔註88〕　《呂氏家塾讀詩記》卷十二《秦風·黃鳥》引陶淵明之詩曰：「荊棘籠高墳，
黃鳥聲正悲」，頁14a。其文出自《陶淵明集》卷四《詠三良詩》。

〔註89〕　《呂氏家塾讀詩記》卷二五《文王之什·靈臺》引鄒應龍之說曰：「麀鹿之
在囿，不知囿之為囿，亦如在於山林；魚鼈之在沼，不知沼之為沼，亦如
相忘於江湖。自非文王之德，上及飛鳥，中及走獸，下及潛魚，豈能及此？」
頁53b。鄒氏有《務學須知》二卷，其書今已不傳，不知呂祖謙所引出自何
書。

〔註90〕　《呂氏家塾讀詩記》所引揚雄之說出自《法言》和《方言》兩書。

〔註91〕　《呂氏家塾讀詩記》所引趙岐之說為《孟子章句》，見於《小弁》和《靈臺》。

〔註92〕　《呂氏家塾讀詩記》所引李賢之說為《後漢書注》，引用繁多，不再一一列
舉。

〔註93〕　《呂氏家塾讀詩記》卷十九《彤弓之什·庭燎》引徐鉉之說曰：「今俗作鉞，
以鉞作斧戉之戉，非是。呼會切」，頁34b。卷二四《都人士之什·白華》引
徐鉉之說曰：「沱，『沱沼』之『沱』通用此字，今別作『池』，非是。徒何切」，
頁14a。徐鉉之書為《增補說文解字》。

〔註94〕　《呂氏家塾讀詩記》卷十七《天保》引聞人滋之說曰「戩與翦同」，頁27a，
其書今佚。

〔註95〕　《呂氏家塾讀詩記》所引賈公彥之說為《周禮正義》。

〔註96〕　《呂氏家塾讀詩記》引皇甫謐之說見於卷十九《變小雅》，其說或出於其《帝
王世紀》。

鄭眾、王逸、李巡、王肅、服虔、孫毓、崔靈恩等，其數目就更加難以統計。

諸家姓氏之外，尚需說明《讀詩記》中的引用書目。《讀詩記》的一些明、清刻本之前多會列有一個引書列表。值得注意的是，這個列表是指毛傳、鄭箋、孔疏之外的引書書目，其詳如下〔註97〕：

> 《周易》、《尚書疏》、《韓詩外傳》、《周禮》（《周禮正義》）、《大戴禮》、《小戴禮》、《禮記》（《禮記注疏》）、《儀禮》、《春秋左傳》、《公羊傳》、《穀梁傳》、《爾雅》（《爾雅注疏》）、《論語》（《論語集解》）〔註98〕、《孟子》（《孟子章句》）〔註99〕、《莊子》、《列子》、《荀子》、《法言》、《管子》、《韓非子》、《孔叢子》、《淮南子》、《文中子》、《淮南子》、《史記》、《西漢》（《漢書》）〔註100〕、《東漢》（《後漢書》）〔註101〕、《說苑》、《說文》（《增補說文解字》）、《釋文》（《經典釋文》）、《水經注》、《白虎通》、杜氏（杜預）《釋例》（《左傳釋例》）、陸璣《草木疏》（《毛詩草木鳥獸蟲魚疏》）、鄭氏（鄭玄）《詩譜》、胡氏（胡安國）《春秋傳》、《呂氏春秋》、杜氏（杜預）《左傳注》（《春秋左氏經傳集解》）、《國語》（韋昭《國語注》）〔註102〕、韓文（韓愈詩文）、崔靈恩《集注》（《毛詩集注》）〔註103〕、左太沖（左思）《三都賦》〔註104〕。

不過，上面所列的書目並不全，還有引書未列入在內，據逐篇統計，《讀詩記》直接引用的書還有十多部：

> 《隋書》〔註105〕、《本草》〔註106〕、《釋名》〔註107〕、《潛夫

〔註97〕此據《金華叢書》本《呂氏家塾讀詩記》錄入。

〔註98〕包括本文和何晏《論語集解》。

〔註99〕包括《孟子》本文及趙岐注。

〔註100〕包括《漢書》本文及顏師古注。

〔註101〕包括《後漢書》本文及章懷太子李賢注。

〔註102〕包括《國語》本文及韋昭注。

〔註103〕崔靈恩此書系據董逌《廣川詩故》中間接引出，此書似在南宋時已亡佚。

〔註104〕《呂氏家塾讀詩記》所引左思之說僅有一處，即卷六《衛風·淇奧》之首章所引《三都賦序》，頁1b。

〔註105〕《呂氏家塾讀詩記》引《隋書》係其《經籍志》，見於卷一《大小序》及《訓詁傳授》。

〔註106〕《呂氏家塾讀詩記》卷四《邶風·谷風》引《本草》曰：「薺味甘，人取其葉作菹及羹，亦佳」，頁22a。

〔註107〕《呂氏家塾讀詩記》卷六《衛風·竹竿》引《釋名》曰：「楫，捷也。撥水行舟疾也」，頁13b。

論》〔註108〕、《類篇》〔註109〕、《國語補音》〔註110〕、《方言》〔註111〕、《輿地廣記》〔註112〕、《夢溪筆談》〔註113〕、班婕妤《自悼賦》〔註114〕、《春秋啖趙集傳纂例》、陶淵明《詠三良詩》。

　　《讀詩記》援引博詳，從諸家姓氏和引用書目錯綜複雜、遺漏重複、是否直接引用等情況來看，要取得一個十分確切的引用總數並不容易。儘管這樣，從《讀詩記》卷首所列的四十四家來看，呂祖謙裒錄當代諸儒之說多達三十五家，如今宋人《詩》說十不存一，呂祖謙所引用的部分就更顯得彌足珍貴〔註115〕。蔣見元、朱傑人認為除了毛傳、鄭箋之外，呂祖謙引用最多的是二程、張載等理學家的作品，並認為這是一種「有目的的選擇」，呂祖謙下斷語時很喜歡結合道學思想來發明詩中的微言大義，有意宣揚理學家的倫理觀〔註116〕。但是這種說法也僅僅注意到了呂祖謙以性理之學解《詩》的方面，忽略了呂祖謙繼承了以毛、鄭為主的《詩》學傳統〔註117〕，也沒有分析到其《詩》學內涵中的核心理念，因此這些問題仍需作進一步論述，詳見本書第三章第三、四節。

第三節　《呂氏家塾讀詩記》版本及源流考訂

　　《讀詩記》一問世就為世人所重，據各家著錄，此書在宋、明、清三代

〔註108〕《呂氏家塾讀詩記》卷十六《豳風・七月》引王充《潛夫論》曰：「《七月》之詩，大小教之，終而復始，由此觀之，人固不可恣也」，頁3b。

〔註109〕《呂氏家塾讀詩記》卷十六《豳風・東山》引《類篇》曰：「埽，除也」，頁25b。

〔註110〕《呂氏家塾讀詩記》卷二五《文王之什・文王》引宋庠《國語補音》曰：「《說文》無疊字，徐鉉以為字當從女，從尾，改之驚俗」，頁4a。據《四庫全書總目》卷五一《國語補音》條，宋庠《國語補音》三卷，今存，此書係宋人宋庠據「採《經典釋文》及《說文》、《集韻》等書補成此編」，頁461。

〔註111〕《呂氏家塾讀詩記》卷二五《文王之什・大明》引《方言》曰：「造舟，浮梁也」，頁12b。

〔註112〕《呂氏家塾讀詩記》卷二五《文王之什・大明》引《輿地廣記》曰：「同州郃陽縣，古莘國」，頁13b。

〔註113〕說見本章〔註85〕。

〔註114〕《呂氏家塾讀詩記》卷二十《祈父之什・十月之交》引班婕妤《賦》曰：「悲晨婦之作戒兮，哀褒閻之為郵」，頁44a。

〔註115〕《兩宋詩經著述考》，頁8，頁145。

〔註116〕《詩經要籍解題》，頁42。

〔註117〕郝桂敏認為「呂氏議論前賢較多，但獨不質疑毛《傳》」，《宋代詩經文獻研究》，頁51。

都有刊刻或鈔錄，而且僅宋刻就有六次之多。宋理宗淳祐元年（1241），日本聖一國師自中國回日本，曾攜帶《讀詩記》五冊回國，這是此書東傳日本之始〔註118〕，其後日本寶永元年（1704）亦有刊本〔註119〕。梁運華先生認爲，《讀詩記》的刻本基本上可分爲兩類：一類是以瞿氏鐵琴銅劍樓所藏宋淳熙九年（1182）江西漕臺刊本爲代表的宋刻本，前有朱子序，後有尤袤跋，沒有目錄及姓氏、引用書目，行款與呂祖謙所擬條例相合，即經文頂格，諸家解低一格，呂祖謙己說又比諸家說低一格；另一類是以明嘉靖傅鳳翱刻本爲代表的明、清本，前有朱子序，後無尤袤跋，有目錄及姓氏、引用書目，行款與條例不一致的地方主要體現在卷十九《彤弓之什》以下呂祖謙己說不再低兩格，而是加「東萊曰」以別之〔註120〕。下面就各家目錄的記載，略述其版本情況。

一、宋刻本

日本學者島田翰所編《古文舊書考》曰：「《讀詩記》之有雕版，蓋自建寧始，次丘漕宗卿重鋟於江西漕臺，又有眉山賀春卿刻本。宋世所刊不過如此。」〔註121〕不過，島田翰所說的這三次刊刻是宋代最爲主要的刻本，若翻檢諸家著錄則會發現，除此之外，尚有三種宋刻本未引起廣泛關注。下面就逐一介紹這六種宋刻本。

1、宋建寧刻本

丘宗卿（崈）江西漕臺刻本之後有尤袤跋，其中提到建寧刻本，認爲此本在文字上多有脫遺〔註122〕。

王文進《文祿堂訪書記》著錄有一建刻本，不知是否爲此刻，其文曰：

> 宋建刻本，半葉十二行，行二十四字，注雙行，線口。版心上
> 記字數。後部宋刻本，半葉十三行，行二十五字，前部卷中缺葉，

〔註118〕嚴紹璗：《日本漢籍善本書目》，北京：中華書局，2007，上冊，頁66。

〔註119〕〔日〕島田翰：《古文舊書考》，收入賈貴榮輯《日本藏漢籍善本書書志書目集成》，北京：北京圖書館出版社出版社，2003，第三冊，頁289。

〔註120〕參見梁運華：《呂氏家塾讀詩記前言》，《呂祖謙全書》第四冊《呂氏家塾讀詩記》，前言頁5。其實明、清本《呂氏家塾讀詩記》中的「東萊曰」在《豳風》中就出現過兩次。

〔註121〕《古文舊書考》，《日本藏漢籍善本書書志書目集成》第三冊，頁287。

〔註122〕《呂氏家塾讀詩記》尤袤跋。

配入十三行本。文字不接，是一憾事也〔註123〕。

　　傅增湘《藏園群書經眼錄》著錄有此刻的藏書印，曰「項氏萬卷堂圖籍印」、「浙西項德校希憲藏書」、「遼西郡圖書印」、「項氏希憲」、「萬卷樓」、「毛晉」、「毛氏子晉」、「汲古主人」、「汲古閣」，並認定此書爲持靜齋丁氏藏書〔註124〕。建刻本爲《讀詩記》的第一次刊刻，傳至今的可能性並不大，姑聊記於此。

　　各家均未著錄建寧刻本與其他刻本在內容上存在相異之處，因此建寧刻本的內容亦當是修訂稿和初稿的合刻，約略成書於淳熙八年（1181）七月（呂祖謙於此月去世）至淳熙九年（1182）九月（江西漕臺刊本於此月成書）之間。

2、宋淳熙九年江西漕臺刻本

　　據這一刻本的尤袤跋，此書是淳熙九年（1182）呂祖謙好友丘宗卿「惜其傳之未廣，始鋟木於江西漕臺」〔註125〕，原書版高二十一公分，寬十五公分〔註126〕，半葉九行，行十九字，小字雙行，白口，左右雙邊，行款符合第一卷中的「條例」。這個刻本流傳至今者原是常熟瞿氏鐵琴銅劍樓藏本，是《讀詩記》現存宋刻本中最爲精善的一部，現藏於國家圖書館。上面鈐有「瞿氏鑒藏金石記」、「毘陵周氏九松迂叟藏書記」、「周氏藏書之印」、「周氏私印」、「周氏良金」、「至樂朱氏」、「自娛而已」、「憂齋」等印記。尤袤跋曰：

　　　　六經遭秦火，多斷缺，惟三百篇幸而獲全。漢興，言《詩》者
　　三家，毛氏最著。後世求詩人之意於千百載之下，異論紛紜，莫知
　　折衷。東萊呂伯共病之，因取諸儒之說，擇其善者，萃爲一書，間
　　或斷以己意，於是學者始知所歸一。今東州士子，家寶其書，而編
　　帙既多，傳寫易誤，建寧所刻，益又脫遺。其友丘漕宗卿惜其傳之
　　未廣，始鋟木於江西漕臺。噫！伯共自少年嚌嚐道眞，涵泳聖涯，
　　至以此得疾且死。六經皆有論著未就，獨此書粗備，誠不可使其無
　　傳。雖伯共之學不止於是，然使學者因是書以求先王所以厚人倫、
　　美教化，君子之所以事君、事父，則於聖學之門戶，豈小補哉！淳

〔註123〕王文進：《文祿堂訪書記》，上海：上海古籍出版社，2007，頁13。
〔註124〕傅增湘：《藏園群書經眼錄》，北京：中華書局，1983，頁39～40。
〔註125〕《呂氏家塾讀詩記》尤袤跋。
〔註126〕見於《四部叢刊續編》影印《呂氏家塾讀詩記》前題記。

熙壬寅重陽後一日，錫山尤袤書〔註127〕。

3、宋眉山賀春卿刻本

魏了翁《鶴山集》中有一篇《呂氏讀詩記後序》，文中稱「眉山賀春卿欲刊此書以廣其傳，而屬余敘之」，《四庫全書總目》據此稱「了翁《後序》乃為眉山賀春卿重刻是書而作」〔註128〕。如今，賀春卿刻本已亡佚，這篇後序則因收入《鶴山集》流傳下來，其文曰：

> 余昔東遊，聞諸友朋曰：「東萊呂公嘗讀書至『躬自厚而薄責於人』，若凝然以思。由是雖於僮僕間，亦未嘗有屬聲疾呼。」是知前輩講學大要，惟在切己省察，以克其偏，非以資口耳也。蓋不寧惟是，今觀其所編《讀詩記》，於其處人道之常者，固有以得其性情之正，其言天下之事，美盛德之形容，則又不待言而知。至於處乎人之不幸者，其言發於憂思怨哀之中，則必有以考其情性，參總眾說，凡以厚於美化者，尤切切致意焉。姑以一義言之，《考槃》、《小宛》，臣之不得於其君者也，曰「獨寐寤言，永矢弗諼」，曰「明發不寐，有懷二人」；《小弁》、《凱風》，子之不得於其親也，曰「何辜于天，我罪伊何」，曰「母氏聖善，我無令人」；《燕燕》、《谷風》，婦之不得於其夫也，曰「先君之思，以勗寡人」，曰「不念昔者，伊余來墍」；《終風》之子，謔浪笑傲，而母曰「莫往莫來，悠悠我思」；《柏舟》之兄弟，不可以據而不遇者，則曰「靜言思之，不能奮飛」；《何人斯》之友，其心孔艱而遭讒者，則曰「及爾如貫，諒不我知」。嗚呼！其忠厚和平，優柔肫切，怨而不怒也；其待人輕約，責己重周，仁而不忮也。蓋不曰是亦不可以已也，是不殆於贅言也。凡以天理民彝自有不可者，吾知盡吾分焉耳矣，使其由此悔悟，幡然惟善道之歸，則固我所欲也。不我以也，我固若是小丈夫哉，悻悻然忿忮鄙吝發於詞色，去之惟恐不亟也。雖然，是特詩中一義耳，而是義也，觸類而長之，又不止是。今東萊於此，皆已反覆究圖，所以為學者求端用力之要，深切著明已矣。誠能味其所以言，而有以反求諸己，如荀卿氏所謂「為其人以思（『思』，原文作『處』）之，除其害以持養之」者，殆將怡然泮然，以盡得於興觀羣怨之旨，而

〔註127〕見於《四部叢刊續編》影印《呂氏家塾讀詩記》後序。
〔註128〕《四庫全書總目》卷一五《呂氏家塾讀詩記》條，頁124上、中。

歆動鼓舞，有不能自己者矣。某非能之，方將願學，因眉山賀春卿
欲刊此書以廣其傳，而屬余敘之，姑以所聞見識諸末。自今或有進
焉，則斯序也猶在所削〔註129〕。

4、宋巾箱本　半葉十四行

這一刻本的著錄見於《天祿琳琅書目後編》，半葉十四行，行十九字，
注中引諸家姓氏皆用白文〔註130〕，彭元瑞以爲此刻可能是尤袤所說的建寧刻
本〔註131〕。另外，從此本行款和諸家姓氏以白文標出這兩點看，莫伯驥認爲
這一刻本當是明代嘉靖十年傅鳳翺覆宋刻本的祖本〔註132〕。

5、宋巾箱本　半葉十二行

著錄這一刻本的目錄書籍主要有《天祿琳琅書目後編》和《古文舊書考》。
這一刊本半葉十二行，行二十二字，注雙行，四周雙邊，界長五寸四分至六
分，橫三寸九分三釐，細楷端正，前有朱子序，後有尤袤跋。島田翰以爲此
本是淳熙壬寅（1182）年尤袤刻本，並將《天祿琳琅書目後編》所著錄的宋刊
巾箱本（半葉十四行）也定爲尤袤刊本〔註133〕。靜言思之，參考尤袤爲江西
漕臺刻本所作的跋，則會發現此本應當是江西漕臺刊本的翻刻本。

6、宋末巾箱本　半葉十二行

《古文舊書考》和澀江全善、森立之編的《經籍訪古志》都著錄有此刻，
首有朱子序和目錄，半葉十二行，行二十二字，界長六寸一分強〔註134〕，寬
四寸一分，有普門院、艮嶽齋、仁正侯長昭黃雪書屋鑒藏圖書之印、昌平阪
學問所、淺草文庫等圖章〔註135〕。此書與上面提到的十二行巾箱本行款相同，

〔註129〕見於魏了翁：《鶴山集》，《四庫全書》第一一七二冊，卷五一，頁 579～580。
〔註130〕參見〔清〕于敏中、彭元瑞：《天祿琳琅書目・天祿琳琅書目後編》，上海：
　　　　上海古籍出版社，2007，頁 410～411。
〔註131〕陳文采亦從此說，以爲此書是建寧刻本。見於《兩宋詩經著述考》，頁 11。
〔註132〕莫伯驥：《五十萬卷樓藏書目錄初編》，《海王邨古籍書目題跋叢刊》，北京：
　　　　中國書店，2008，第七冊，頁 32～33。
〔註133〕島田翰曰：「《天祿琳琅書目續編》載尤刻本，則尤氏之原本，唐土尚有傳本
　　　　也」，《古文舊書考》，《日本藏漢籍善本書書志書目集成》第三冊，頁 291。
　　　　另外，島田翰以爲此本是明嘉靖覆宋刊本的底本，其行款和諸家姓氏卻與此
　　　　刻不符，因此這種說法也是錯誤的。
〔註134〕島田翰著錄爲「界長六寸二分」，蓋取約數，參見《古文舊書考》，《日本藏漢
　　　　籍善本書書志書目集成》第三冊，頁 290。
〔註135〕《經籍訪古志》著錄此書惟曰「普門院、艮嶽院」二朱印，《日本藏漢籍善本
　　　　書書志書目集成》第一冊，頁 62～63。

但版式大小不一，仍是兩種不同刊本。島田翰認爲是書字畫員整，殆似明初刻本，紙墨雖不佳，然其纖維墨光，有大異於元、明刻本者，遂將其審訂爲宋末刻本，只是首尾破爛，記載漏缺，刻工姓名漫滅不可識〔註136〕。澁江全善、森立之和島田翰三位學者均認爲這一刻本與清人張金吾《愛日精廬藏書志》所記載的十九卷殘本源出於同一版刻〔註137〕。

二、明刻本和鈔本

1、明蜀刻本和南京國子監刻本

這兩種刊本見於明顧起元爲萬曆四十一年陳龍光刊本所作的序，其文曰：

> 東萊先生呂成公《讀詩記》，舊南雍、蜀省皆有刻，歲久夷漫，罕行於世〔註138〕。

由此可見，在顧起元的時代，南京國子監和蜀省刻本已難得見，故今天亦無傳本行世，明代刻本傳於今者，惟嘉靖本和萬曆本〔註139〕。

2、明嘉靖十年傅鳳翱刻本

此本爲明嘉靖十年（辛卯，1531）御史傅鳳翱（應臺）於南昌（今屬江西）刊行，古鄞（今浙江鄞縣）陸釴爲這次刊刻作有前序。陸心源《儀顧堂續跋》卷一《明覆宋呂東萊讀詩記跋》云：

> 《呂氏家塾讀詩記》三十二卷，前有淳熙壬寅朱子序、嘉靖辛卯陸釴序、諸家姓氏、引用書目，每頁二十八行〔註140〕，每行十九字〔註141〕。經頂格，注低一格。注中有注，旁行而字略小，不作雙行。各家姓氏以黑質白章別之，書法以篆作楷，陳啓源《毛詩稽古編》所由濫觴也。宋諱有缺筆，蓋從宋本翻雕者……書雖嘉靖刻，

〔註136〕《古文舊書考》，《日本藏漢籍善本書書志書目集成》第三冊，頁290。

〔註137〕《愛日精廬藏書志》曰：「《呂氏家塾讀詩記》十九卷，宋刊本。原書三十二卷，今存卷一至卷十九，每頁二十四行，行二十二字。朱子序鈔補。」〔清〕張金吾撰：《愛日精廬藏書志》，光緒十三年吳縣靈芳閣徐氏木活字本，卷三，6b。

〔註138〕〔明〕顧起元：《呂氏家塾讀詩記序》，見於《叢書集成初編》之《呂氏家塾讀詩記》，上海：商務印書館，1937，頁1。

〔註139〕參見〔清〕陸心源：《儀顧堂續跋》，《宋元明清書目題跋叢刊》，北京：中華書局，2006，第九冊，頁221。

〔註140〕此指一版二十八行，半葉當是十四行。

〔註141〕據《北京圖書館古籍善本書目·經部》，此書系細黑口，左右雙邊。

流傳甚罕，書賈往往割去陸序，以充宋本，世亦有受其欺者〔註142〕。
陸釴爲此書作序曰：

> 余嘗讀呂氏《讀書記》、《大事記》，未睹《讀詩記》也。近得
> 宋本於友人豐存叔，讀而愛之。其書宗毛氏以立訓，考注疏以纂言。
> 剪綴諸家，如出一手，有司馬子長貫穿之巧；研精殫歲，融會渙釋，
> 有杜元凱眞積之悟；緣物醜類，辯名正義，有鄭漁仲考據之精。茲
> 余之所甚愛焉。迺柱史應臺傅公刻於南昌郡。刻成，或問余曰：今
> 《詩》學宗朱氏《集傳》矣，刻呂氏何居？余應曰：子謂朱、呂異
> 説，懼學者之多岐耶？夫三百篇微詞奧義，藐哉邈矣！齊、魯、韓、
> 毛，譬則蹊徑之始分也，其適則同也；註疏所由以適也，譬則輗也；
> 朱氏、呂氏蓋灼迷而導諸往也，譬則炬與幟也。呂宗毛氏，朱取三
> 家，固各有攸指矣，安得宗朱而盡棄呂耶？朱説《記》採之，呂説
> 《傳》亦採之，二子蓋同志友也，非若夫立異説以求勝也。善學者
> 審異以致同，不善學者因同以求異，是故刻呂氏以存毛翼朱，求合
> 經以致同而已矣。雖然，余於是竊疑焉。三家之詩，唐人已失其傳，
> 雖有存焉者，譌矣。《毛詩》固未嘗亡也，後世經生尋墜緒之三家，
> 不啻珠璧，棄未亡之毛氏直如弁髦，何哉？毛氏行而三家廢，君子
> 既已惜之，《集傳》出而毛氏之學寖微，又奚爲莫之慨也？夫去古
> 近者，言雖賾而似眞；離聖遠者，説雖詳而易淆，故曰「冡尺雖斷，
> 可定鍾律」，毛氏殆未可輕訾也。或曰：然則將盡信毛氏，可乎？
> 曰：余觀其釋《鴟鴞》合《金縢》，釋《北山》、《烝民》合《孟子》，
> 《昊天成命》合《國語》，《碩人》、《清人》、《黃鳥》、《皇矣》合《左
> 傳》，《由庚》諸篇合《儀禮》，其可尊信，視三家獨多。故呂氏之
> 言曰「《毛詩》與經傳合，最得其眞」，朱子亦曰「其從來也遠，有
> 傳據證驗不可廢者」。是故刻呂氏以存毛翼朱，求合經以致同而已
> 矣。呂氏凡二十二卷，乃《公劉》以後編纂未就，其門人續成之，
> 茲又斯文之遺憾云。嘉靖辛卯古鄞陸釴撰〔註143〕。

此後的明、清刻本和鈔本基本上都是依據傅刻本翻刻或鈔錄的，因此儘
管傅刻本闕誤不少，它對後世的影響卻是最大的。這一刻本現存藏本很多，

〔註142〕　《儀顧堂續跋》，《宋元明清書目題跋叢刊》第九冊，頁221。
〔註143〕　〔明〕陸釴：《呂氏家塾讀詩記序》，《叢書集成初編》本，卷首。

其中最爲著名的是上海圖書館藏嚴思菴批注本。

3、明萬曆四十一年陳龍光等本

此刻爲明萬曆四十一年（癸丑，1613）陳龍光、蘇進、程國祥刊本，顧起元爲這次刊刻作有前序，序後有南京吏部李萬化、胡承昭、陳龍光、談自省、史樹德、於倫、楊荷春、蘇進、程國祥九人銜名。顧起元在序中提到這次刊刻的機緣時說：「余有家藏本，南考功陳君取而諷焉，謀於寮蘇君、程君，授諸梓。」此刻半葉十行，行二十字，小字雙行同，白口，左右雙邊，有刻工姓名。

顧起元序曰：

> 東萊先生呂成公《讀詩記》，舊南雍、蜀省皆有刻，歲久夷漫，罕行於世。余家有藏本，南考功陳君取而諷焉，謀於寮蘇君、程君，授諸梓。既成，屬余以序。余惟國家功令，立《詩》學宮，士所受以紫陽《集傳》爲宗，一切古注疏罷無肆，故成公所記，雖學士大夫心知好之，而不獲與紫陽偶。余間嘗反覆研味，參諸往志，得其說與文公異者，凡有四焉。文公取夾漈鄭氏詆諆小序之說，多斥毛、鄭，而以己意爲之序；成公則尊用小序，且謂《毛詩》率與經傳合，爲獨得其眞。其異一也。文公釋「思無邪」，謂勸善懲惡，究乃歸正，非作詩之人皆無邪；成公則直謂詩人以無邪之思作之云耳。其異二也。文公以《桑中》、《溱洧》即是鄭、衛，二雅乃名爲雅；成公則謂二詩並是雅聲，彼桑間、濮上，聖人固已放之。其異三也。文公以二《南》，房中之樂；正大、小《雅》，朝廷之樂；《商頌》、《周頌》，宗廟之樂。《桑中》、《溱洧》之倫，不可以薦鬼神、御賓客；成公則謂凡詩皆雅樂也，祭祀、聘享皆用之，惟桑濮、鄭衛之音乃世俗所用，元不列于三百篇數。其異四也。余又嘗因此攷之，而覺成公之說長。《詩》序自毛萇、鄭玄、沈重、蕭統皆以爲子夏作。韓文公謂子夏有不序《詩》之道三，疑漢儒所附託。伊川斷以小序作于當時國史，而大序非聖人不能。程大昌又辨「小序，古序也」兩語外，續而申之，依范曄迺衛宏所綴。諸說棼棼，迄無定論。然《詩》之有序也，猶聽訟之有證驗也。證驗必于其人與世之近者求之，以毛氏之源流子夏，貫穿先秦古書，自河間獻王已深知其精者，猶不足信，今用已見，隃度《靜女》、《采葛》諸詩，爲若後世子夜之歌、

估客之樂者。鄭樵、章俊卿之論，是且奚據哉？有善有惡，《詩》詞固爾，作者之志，非美善則刺惡，何邪之有？故均一淫佚之辭也，書奔者之思則邪，書刺奔者之思則正。今第以辭而邪之，則《叔于田》本刺鄭莊也，而辭乃愛段；《揚之水》本刺晉昭也，而辭乃戴武，是直爲後世美新勸晉之嚆矢矣，聖人奚取焉，迺存之爲亂賊口實哉？《漢志》載衛地桑間、濮上之阻，男女亟聚會，聲色生焉。近代博南新鄭著錄言鄭聲淫者，謂鄭國作樂之聲過于淫，非謂鄭詩皆淫也，是以《樂記》曰「流僻、邪散、狄成、滌濫之音作而民淫亂」。夫聲與辭，其分固已皙矣。《青衿》安知非以刺學，《風雨》安知非以思賢，《有女同車》安知非以刺婚，《遵大路》安知非以留君子，而必以爲淫昏不檢之人自道其譴浪啁哳之語乎？聖人所刪者又何等篇，曾是斥稦登良迺憝實此也？左氏記季札之觀樂也，所歌者《邶》、《鄘》、《鄭》、《衛》皆在焉，則諸詩固雅樂矣。使其爲里巷狹邪所用，周樂惡得有之，魯之樂工又何自取異國淫邪之辭，肆之于《韶》、《夏》、《濩》、《武》間也？且鄭伯如晉，子展賦《將仲子》；鄭伯享趙孟子，太叔賦《野有蔓草》；鄭六卿餞韓宣子，子齹賦《野有蔓草》，子太叔賦《褰裳》，子游賦《風雨》，子旗賦《有女同車》，子柳賦《蘀兮》，皆見美于叔向、趙孟、韓起，然則鄭詩未嘗不可施于燕享。假令盡爲淫奔所作，豈有兩國君卿大夫相見，乃自歌其里巷狹邪之淫辭，以齎媟俎豆，下伍伶諢者哉？必不然矣。蓋徧攷宋儒方回、馬端臨輩所論著，錯以古今諸賢之言，二書異同，較若指掌，而成公之說，其理似有不可廢者。士君子生千載之後，讀古人書政自未易，《詩》又多微辭，尤難臆決，要在衷諸理而是，質諸心而安耳。苟其有得於心與理，即璪語稗說，持之有故，猶不可棄，況於賢人君子言，重席解頤之論，確有師承，可俟百世而不惑者哉！然則讀文公《集傳》者，於成公所記，惡可忽諸？抑又聞揚雄有言「說讀之學，各習其師」，范曄亦云「書理無二，義歸有宗，碩學之徒，莫之或徙」，故通人鄙其固。夫攷正亡逸，稽覈異同，使積滯羣疑，渙然冰釋，固通經博古者之大快也。余故詳次昔人所評，爲讀二家《詩》備折衷焉。萬曆癸丑上元日江寧後學顧起元撰并書〔註144〕。

〔註144〕〔明〕顧起元：《呂氏家塾讀詩記序》，《叢書集成初編》本，卷首。

陸心源《儀顧堂續跋》卷一《萬曆本呂氏家塾讀詩記跋》云：

> 明陳龍光刊本，前有萬曆癸卯顧起元序，其書亦源出嘉靖刻，
> 而改其行款，變其字體，易旁行小注爲雙行注。嘉靖本之後印者，
> 卷二十七缺廿九、三十兩葉，當此本三十六、七葉之間，故三十
> 五葉末留黑釘一行；三十六、三十七兩葉，空其張數，俾閱者有
> 跡可求，尚無明人羼亂惡習。卷一《詩樂》奪一條，卷二十八奪
> 數十字，皆抄手佚脫，校勘不精，尚非大謬。惟卷二十七所缺千
> 餘字，當嘉靖本之兩葉又四行，實不止兩葉也。因何奪落，令人
> 不可思索。盧抱經以爲止脫兩葉，蓋未覆勘原書耳。據顧起元序，
> 明時南國子監、四川皆有刻本，歲久夷漫，今所見者惟嘉靖本與
> 此本耳〔註145〕。

島田翰對此書有數句評語，其文曰：

> 又別有萬曆蘇成君刻本，是寶永元年刻本所原，比陸本稍爲近
> 祖。然《烝民》六章「鄭氏曰仲山甫也」以下二張亦屬闕迭，但白
> 文標曰，於中間有脫簡，蒐閱異本又如此，故從此，不如明人強接
> 脫葉，自爲矛盾，是爲可嘉〔註146〕。

清代學者盧文弨的《群書拾補》中，曾以嘉靖本對這次刊刻中的遺誤進
行補正，可與此書相參校〔註147〕。

4、明鈔本

胡鳳丹《金華叢書》本《讀詩記》序曰：

> 余同治戊辰（七年，1868）遊鄂，購得寫本，其序者爲明萬曆
> 時江寧顧起元，校者南京吏部史樹德，譌脫不可枚舉〔註148〕。

由此可見，這一鈔本亦源出於萬曆刊本。今北京大學圖書館有明鈔本一
部，不知與此本是否相侔〔註149〕。

〔註145〕見於《儀顧堂續跋》，《宋元明清書目題跋叢刊》，第九冊，頁221。
〔註146〕《古文舊書考》，《日本藏漢籍善本書書志書目集成》第三冊，頁289～290。
〔註147〕《金華叢書》本《呂氏家塾讀詩記》之前附有盧文弨《群書拾補》所校補各
　　　　條，經《叢書集成初編》編纂者考校，這些校補是針對明萬曆本而作的，故
　　　　可與此本相參校。參見《叢書集成初編》本《呂氏家塾讀詩記》之前的版本
　　　　題記。
〔註148〕〔清〕胡鳳丹：《呂氏家塾讀詩記序》，見於《金華叢書》本《呂氏家塾讀詩
　　　　記》卷首。
〔註149〕參見《中國古籍善本書目·經部》之《呂氏家塾讀詩記》條，頁134，頁501。

三、清刻本和鈔本

1、通志堂鈔本

此本爲康熙年間納蘭成德通志堂鈔本，書名作《東萊先生呂氏讀詩記》，半葉十一行，行二十字，小字雙行三十字，小紅格，白口，左右雙邊，現藏於國家圖書館〔註 150〕。

2、乾隆四十一年摛藻堂《四庫全書薈要》本

摛藻堂《四庫全書薈要》成書於《四庫全書》之前，《讀詩記》的書前提要與今本《四庫全書總目》不同，其文曰：

> 《呂氏家塾讀詩記》三十二卷，宋呂祖謙撰。其學首尊毛氏而節取唐宋諸儒之說，如《楚茨》、《棫樸》之類，亦或自出新意以附之，然亦不過數篇。兩宋人解《詩》，惟此最守古說。前有朱子序，乃祖謙卒後所作，故序中前幅推許甚力，後幅始恨不與共相商榷。蓋朱子初亦篤守毛、鄭，後乃自爲一家言也。魏了翁論是書亦謂其「求端用力，深切著明」。明顧起元遂據祖謙之說以辨《集傳》，要非無見而云然也。祖謙所纂僅二十餘卷，《公劉》以下乃其門人所續成。陸釴云得古本於豐氏存叔，不知存叔又何所本也。乾隆四十一年三月恭校上〔註 151〕。

3、乾隆四十六年文淵閣四庫全書本　附文津閣、文瀾閣本

今日可見的三閣《四庫全書》本《讀詩記》俱源出於明嘉靖傅鳳翱刻本。崔富章先生認爲，《四庫全書總目》著錄的「浙江汪汝瑮家藏本」即傅氏刊本〔註 152〕。

4、嘉慶十四年張海鵬《墨海金壺》刊本

此書之後有題記曰「皇清嘉慶十四年歲在屠維大荒落元月昭文張海鵬校梓」，半葉十一行，行二十三字，細黑口，左右雙邊。前有朱子序、顧起元

〔註 150〕見於《北京圖書館古籍善本書目・經部》，頁 51。

〔註 151〕〔清〕四庫館：《摛藻堂四庫全書薈要》，臺北：世界書局影印本，1990，第二六冊，頁 7。

〔註 152〕《四庫全書總目》在書名之下不著錄其據以繕錄的版本、刊刻等信息，而必定記錄「某某官員採進本」、「某某家藏本」之類的信息，其原因似是當時文網森嚴，若在書中發現被疑爲是反清的信息，則可以根據這些著錄直接找到責任人。

序、陸釴序、諸家姓氏、目錄和《四庫全書總目》對此書的提要。張元濟認爲「張氏《墨海金壺》、錢氏《經苑》、胡氏《金華叢書》，先後覆印，其源大抵出於嘉靖刊本。」〔註153〕

5、嘉慶十六年吳氏谿上聽彝堂刊本

此書爲吳氏嘉慶十六年（辛未，1811）刊本，書名爲《呂氏讀詩記》，半葉十行，行二十字，白口，四周雙邊〔註154〕，前有顧起元序，後有南京吏部史樹德等九人銜名，張元濟先生認爲是書必出於明萬曆本〔註155〕。

北京師範大學圖書館藏本有清人顧廣譽墨筆批注和題識，其卷首識語曰：

> 東萊先生《讀詩記》於説《詩》家最爲善本，能集成諸家（旁有「儒」字）之成。廣譽年弱冠後，牎知嚮學，即從事於此，至今彌覺味之無極。其中有隨手附注，乃一時之見，未必盡當也。咸豐七年秋杪後學顧廣譽敬識〔註156〕。

顧廣譽批注良多，倘假之以時日，逐條收錄亦屬美事。

6、道光錢儀吉《經苑》刊本

此本是錢儀吉大梁書院刊本，半葉十行，行二十字，小字雙行同，白口，四周雙邊。島田翰説《經苑》本及《金華叢書》本「其異同實下明本數等，蓋非不祖孫面貌相肖，已有後人妄校私改。」〔註157〕

7、同治十二年胡鳳丹《金華叢書》本

此本是同治十二年胡鳳丹刊本，半葉九行，行二十字，小字雙行同，白口，四周雙邊。前有胡鳳丹序、陸釴序、朱子序、諸家姓氏、引用書目和盧文弨《群書拾補》。胡鳳丹《呂氏家塾讀詩記序》曰：

> 《詩》自朱子《集傳》出，而毛、鄭之説幾乎廢矣，而有與
> 朱子同時，其説《詩》獨堅守毛、鄭，不嫌與朱子立異，即朱子
> 初亦未嘗不深許之，則《呂氏家塾讀詩記》是也。是書所長，已

〔註153〕張元濟：《呂氏家塾讀詩記跋》，見於《四部叢刊續編》影印鐵琴銅劍樓藏江西漕臺刊本《呂氏家塾讀詩記》書末。

〔註154〕北京師範大學圖書館古籍部編：《北京師範大學圖書館藏古籍善本書目》，北京：北京圖書館出版社，2002，頁11。

〔註155〕張元濟：《呂氏家塾讀詩記跋》，見於《四部叢刊續編》影印鐵琴銅劍樓藏江西漕臺刊本《呂氏家塾讀詩記》書末。

〔註156〕錄自北師大圖書館古籍部所藏顧廣譽批注聽彝堂本卷首。

〔註157〕《古文舊書考》，《日本藏漢籍善本書書志書目集成》第三冊，頁290。

具陳振孫《書錄解題》、魏了翁《後序》中，不具論。特宋時學者尚絕重是書，今則《集傳》風行，而呂氏書至有皓首迄未寓目者，況童蒙乎！雖然，《集傳》之説《詩》也，主以意逆志，不拘成説；呂氏之説《詩》也，主恪守師承，不敢臆斷。一遊於虛，一征諸實。兩賢之説，吾以謂皆不可廢。余同治戊辰遊鄂，購得寫本，其序者爲明萬曆時江寧顧起元，校者南京吏部史樹德，譌脱不可枚舉。洎辛未春，始獲善本。首序者古鄞陸鈇，蓋即我朝《四庫書目》所稱陸鈇重刊本也。屬有叢書之刻，仍其舊再鋟之，加訂正焉。另纂《辨譌考異》二卷附於後，以公世之治《詩》者，無以異於朱子而伐之。毛、鄭之學，庶復振乎？同治十二年癸酉三月，永康後學胡鳳丹月樵甫謹序〔註 158〕。

除此之外，《讀詩記》比較完善的印本還有《叢書集成初編》排印本和浙江師範大學所編《呂祖謙全集》本。最後將各版本之間的源流關係可考者附圖説明，以更爲直觀的呈現其內在聯繫。

表5　《呂氏家塾讀詩記》可考版本源流

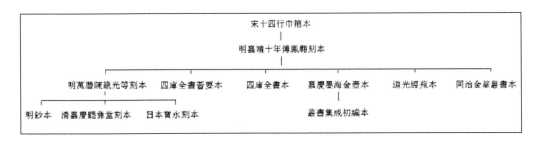

説明：

1. 宋十四行巾箱本見於彭元瑞《天祿琳瑯書目後編》卷二《呂氏家塾讀詩記》條，此本與明嘉靖本存在諸多相似之處。
2. 明萬曆四十一年陳龍光等刊本的底本見於陸心源《儀顧堂續跋》卷一《萬曆本呂氏家塾讀詩記跋》條。
3. 明鈔本的底本見於《金華叢書》本《呂氏家塾讀詩記》之胡鳳丹序和《四部叢刊續編》影印江西漕臺刊本之張元濟跋。
4. 《四庫全書》本包括文淵閣、文津閣、文瀾閣，見於《四庫全書總目》、商務

〔註 158〕〔清〕胡鳳丹：《呂氏家塾讀詩記序》，同治《金華叢書》本《呂氏家塾讀詩記》卷首。

印書館影印文津閣《四庫全書》和《四庫提要補正》。

5. 清嘉慶聽彝堂刊本的底本見於《四部叢刊續編》影印江西漕臺刊本之張元濟跋。

6. 日本寶永元年刊本的底本見於日本學者島田翰編《古文舊書考》卷二《呂氏家塾讀詩記》條。

7. 《墨海金壺》本、《經苑》本、《金華叢書》本的底本見於《四部叢刊續編》影印江西漕臺刊本之張元濟跋。

8. 《叢書集初編》本的底本見於該書前面的版本說明。

表 6　《呂氏家塾讀詩記》不同版本的館藏地〔註159〕

朝代	版　　本	主　要　館　藏　地
宋	宋刻本	國家圖書館、北京大學圖書館、上海圖書館
	淳熙九年江西漕臺刻本	國家圖書館
	日本宮內廳書陵部藏宋刻本	現有線裝書局影印本
明	嘉靖十年傅鳳翔刻本	國家圖書館、北京大學圖書館、中國人民大學圖書館、東北師範大學圖書館、浙江大學圖書館、中國社會科學院文學研究所、中國科學院圖書館、山西師範大學圖書館、上海圖書館、吉林省圖書館、浙江省圖書館、湖南省圖書館、福建省圖書館、南京圖書館、南京博物館、天津圖書館、重慶圖書館、天一閣
	萬曆四十一年陳龍光等刻本	中國人民大學圖書館、中國社會科學院文學研究所及歷史研究所、中國科學院圖書館、北京大學圖書館、復旦大學圖書館、華東師範大學圖書館、遼寧大學圖書館、新疆大學圖書館、陝西省圖書館、吉林省圖書館、南京圖書館、南京博物館、揚州市圖書館、寶應縣圖書館
	明鈔本	北京大學圖書館
清	康熙納蘭氏通志堂鈔本	國家圖書館
	乾隆四庫全書本	現有文淵閣、文津閣影印本
	嘉慶十四年《墨海金壺》本	國家圖書館、復旦大學圖書館、天津圖書館、山東省圖書館
	嘉慶十六年聽彝堂刻本	南京圖書館，北京師範大學圖書館
	道光大梁書院《經苑》本	國家圖書館
	同治十二年《金華叢書》本	清華大學圖書館

〔註159〕數據主要來源於《中國古籍善本書目・經部》，上海：上海古籍出版社，1989，頁 133～134。

第三章 《呂氏家塾讀詩記》的
傳承與創新

　　當前，《呂氏家塾讀詩記》對前人及時人的繼承和創新已有很多論述，而關注的重點多在於呂祖謙對毛氏及程頤等學者的繼承。這一章嘗試以《呂氏家塾讀詩記》與呂祖謙學術體系的互動為著眼點，論述呂祖謙《詩》學觀念的演遞及其內在理路。這一章共分為四個小節，第一節以《公劉》首章為限，根據《呂氏家塾讀詩記》前後兩稿的差異歸納出呂祖謙《詩》學觀念中的一些變化因素，因此不能把呂祖謙對《詩》的理解視為靜止的，而應視為不斷演遞的；第二節以實際統計數據和呂祖謙對《詩》序的辨說為基礎，探討呂祖謙對待《詩》序的態度，從其主觀方面解釋了呂祖謙尊信小序的原因；第三節重在闡述呂祖謙解《詩》的內在理路，分析呂祖謙對鄭玄、王安石以禮學（尤其是《周禮》）解《詩》之方法的繼承，並將呂祖謙同宋代士大夫政治文化的整體氛圍聯繫在一起，這樣就更能準確地定位《呂氏家塾讀詩記》的特點和影響。第四節論述呂祖謙的《詩》學觀念與其理學觀念的契合，從而在理學的觀照之下，把呂祖謙的《春秋》學與《詩》學結合在一起。

第一節　《呂氏家塾讀詩記》前後兩稿平議
——以《公劉》首章為前後之限

　　淳熙六年（1179）秋，呂祖謙開始著手修訂《讀詩記》，至《公劉》之首章而終。淳熙九年（1182），丘宗卿在江西漕臺任上刊刻《讀詩記》，全書開篇至《公劉》首章所用的底本是《讀詩記》修訂稿，《公劉》第二章至終

篇，用的則是《讀詩記》的初稿〔註1〕。

以《公劉》首章作爲分際，呂祖儉說此章之後的部分「小序之有所去取，諸家之未次先後，與今編條例多未合」〔註2〕，這句話除了告訴我們《公劉》首章之後小序的去取和諸家的次第先後值得商榷外，還爲我們提供了一個暗示，即研究呂祖謙的《詩》學要注意到《讀詩記》前、後兩稿的內容差異，並從中挖掘出深層次的內涵〔註3〕。從《讀詩記》的前後兩稿來看，其差異主要揭示了下面幾個重要內容。

一、呂祖謙雖集諸家之說，但其引用的核心部分約爲十五家

《讀詩記》引用宏富，氣象磅礴，但不管呂祖謙到底引用了多少家的著作和解說，從《公劉》前後兩部分的文字差異來看，呂祖謙用以構建自己《詩》學體系的說解約有十五家，而且這一點在章節較少的《頌》中，體現得更爲明顯。我對全書各詩的引用情況逐一做了的統計，發現構成《讀詩記》這部書的核心部分主要是毛氏《毛詩故訓傳》、鄭玄《毛詩箋》、陸璣《毛詩草木鳥獸蟲魚疏》、孔穎達《毛詩正義》、陸德明《經典釋文》、程頤《伊川詩說》、歐陽修《詩本義》、蘇轍《詩集傳》、王安石《詩義》、朱子《詩集解》、董逌《廣川詩故》，以及張載、呂大臨和永嘉陳氏（陳鵬飛或陳傅良）的相關著作。

不論是在《讀詩記》的初稿中，還是在其修訂稿中，這些說解貫穿全書的始終，成爲全書的主幹。由此可見，呂祖謙融匯了漢、唐以來最爲核心的《詩》學著作，的確是「挈領持綱，首尾該貫」〔註4〕，這樣的效果則是「既足以息夫同異之爭，而其述作之體，則雖融會通徹，渾然若出於一家之言」〔註5〕。呂祖謙面對浩如煙海的解《詩》著作，並未茫昧無所主：採用漢唐學者的著作，使《讀詩記》更好地繼承了《詩》學傳統；而採用宋人的著作則使《讀詩記》鎔鑄了宋代特有的時代精神。

〔註1〕參見本書第三章第一節的相關論述。
〔註2〕《呂氏家塾讀詩記》卷二六《生民之什・公劉》，頁28a。
〔註3〕吳冰妮《〈呂氏家塾讀詩記〉前後文本比較分析──以〈公劉〉首章爲界線》（《文獻》2009年2期）亦關注到了這一問題。並記於此，以見目光之所同。2014年11月10日識。
〔註4〕朱子《呂氏家塾讀詩記序》。正是因爲如此，後世輯佚者可以將一些失傳的著作輯出個大概，如邱漢生先生所輯王安石《詩經新義》爲《詩義鉤沉》、束景南先生所輯朱子《詩集解》，都以《讀詩記》作爲一重要的輯佚來源。
〔註5〕朱子《呂氏家塾讀詩記序》。

　　《讀詩記》引用的其他著作和說解或是吉光片羽不成體系〔註6〕，或是前、後兩稿的引用次數存在較大的懸殊〔註7〕，或是所引之書非解《詩》著作〔註8〕，這些引文的作用主要在於足成或補充核心的解說部分，使全書更爲完善。如果以蓋房子作譬喻，這些部分則如架在梁、柱之上的椽子或者鋪在椽子上的葦箔，它們雖未起到決定性的支撐作用，卻是整個房屋的蔽覆部分，否則在淫淫的雨天，即便躲在屋內也不能避去風雨。

二、呂祖謙解《詩》的指導思想存在前期與後期的變化

　　呂祖謙以小序解《詩》，遵從毛氏之說，這是當前學術界早已言及且毫無異議的結論，而且這個結論可以從《讀詩記》的初稿就能得出。但從《讀詩記》修訂稿中增刪的內容來看，呂祖謙對鄭玄、王安石以禮解《詩》這一傳統的繼承則是其解《詩》理念的主體部分。如果我們再從較廣的視域審視呂祖謙晚年的治學重點，則會發現呂祖謙對鄭玄、王安石的繼承又與其制度之學結合在一起，恰好符合其晚年以經制爲核心的治學理念，因而禮制是呂祖謙修訂《讀詩記》的指導觀念和內在理路〔註9〕。相關論述見本章第三節。

三、呂祖謙對小序的態度漸趨謹慎

　　總體來看，在《讀詩記》的初稿中，呂祖謙受蘇轍的影響要大一些〔註10〕，因爲《公劉》之後的一些詩篇，呂祖謙只鈔錄小序首句，首句之後的文字一概不錄，如：

〔註6〕如呂祖謙引用鄭樵（莆田鄭氏）的說解全書只有十四處（大字十處，雙行小字四處），而且多限於字義訓釋。

〔註7〕如引用成都范氏的解說只見於卷二至卷二一，大字和小字約一百五十條，而在全書的其他卷帙則決無引用，前後懸殊非常大。

〔註8〕如《讀詩記》所引韋昭《國語注》、何休《公羊解詁》、顏師古《漢書注》等。

〔註9〕據《呂祖謙學術思想研究》，呂祖謙治《春秋》之學最精，而其《春秋》學則由專主議論的《東萊博議》漸次發展到以制度爲主的《春秋左傳續說》和《左氏類編》，其學術重點的轉移不言自明。

〔註10〕呂祖謙引蘇轍之說：「《詩》序誠出於孔氏也，則不若是詳矣。孔子刪《詩》而取三百五篇，今其亡者六焉，亡詩之序未嘗詳也。《詩》之亡者，經師不得見之矣，雖欲詳之而無由，其存者將以解之，故從而附益之以自信其說，是以其言時有反覆煩重，類非一人之辭。」參見《呂氏家塾讀詩記》卷一《大小序》，頁16a。

《蕩》，召穆公傷周至大壞也〔註11〕。

《召旻》，凡伯刺幽王大壞也〔註12〕。

《酌》，告成大武也〔註13〕。

在修訂稿中，儘管呂祖謙對小序首句之下的文字仍有很多辨駁，但再也沒有出現過這種只鈔錄小序首句的情況，而且在否定小序首句之下的文字時也多引用諸家之說，而且以引程頤《伊川詩說》的情況較多。由此可以推斷，在修訂《讀詩記》的《詩》序部分時，呂祖謙受程頤的影響要大於蘇轍對他的影響，這使得呂祖謙對小序所持的態度愈加謹慎，不會輕易地否定小序之說。相關論述參見本章第二節。

四、諸家次第的調整不僅是文字順序，更是主從地位的更遞

《讀詩記》初稿所引諸家之說不如修訂之後體例完備。這主要體現在，所引諸家之說前後牴牾，圓鑿方枘，不能融為一體；諸家之說次第先後紊亂；某些字句沒有釋義；釋義重複。下面分別舉例說明。

1. 初稿中，諸家之說存在一些前後不能相承的地方。不過，這一類錯誤並不多。如《桑柔》第十三章，呂祖謙在解釋「聽言則對，誦言如醉」時，先引蘇轍對「誦言」的訓釋，卻在解釋這兩句時用李樗的解說，並沒有用到蘇轍對「誦言」的解釋，蘇、李之說不能前後相承：

> 鄭氏曰：聽言，道聽之言。○蘇氏曰：誦言，先王之言也。○李
> 氏曰：王之性本善，但以貪人敗之故耳。道聽之言則答之，誦詩書之
> 言以告之則如醉，此所以見王之先入於貪人之言故也……〔註14〕

2. 初稿中，諸家之先後次第未能按照先訓釋字義，再訓釋章義的體例，如在解釋《公劉》第三章「篤公劉，逝彼百泉，瞻彼溥原。迺陟南岡，乃覯

〔註11〕 見《讀詩記》卷二七，頁 1a。《蕩》之序原作：「召穆公傷周至大壞也。屬王無道，天下蕩蕩，無綱紀文章，故作是詩也。」《毛詩正義》卷一八，《十三經注疏》，頁 552。

〔註12〕 見《呂氏家塾讀詩記》卷二七，頁 63a。《召旻》之序原作：「凡伯刺幽王大壞也。旻，閔也。閔天下無如召公之臣也。」《毛詩正義》卷一八，《十三經注疏》，頁 579。

〔註13〕 見《呂氏家塾讀詩記》卷三十，頁 12a。《酌》之序原作：「告成大武也。言能酌先祖之道，以養天下也。」《毛詩正義》卷一九，《十三經注疏》，頁 604。

〔註14〕 見《呂氏家塾讀詩記》卷二七，頁 22b。

于京。京師之野，于時處處，于時廬旅，于時言言，于時語語」時，呂祖謙先後引用了鄭玄、張載、蘇轍和朱子四家的說解，然後才引用毛氏對「覯」、「言」、「語」三字的訓釋：

> 鄭氏曰：逝，往。瞻，視。溥，廣也。山脊曰岡。絕高謂之京。公劉往之，彼百泉之間，視其廣原可居之處，乃升南山之脊，乃見其可居者於京，謂可營立都邑，京地乃眾民所宜居之野也。于，於。時，是也。○橫渠張氏曰：「逝彼百泉，瞻彼溥原」，只看百泉之往處，便知地形也。○蘇氏曰：公劉之營京邑也審矣！自下觀之，則往百泉而望廣原；自上觀之，則陟南岡而覯京師。審其可處矣，則經畫以定之，曰此可以居民，此可以廬賓旅，此可以施教令，此可以議政事。蓋自遷豳，至此而始有朝廷邑居之正焉。○朱氏曰：京師高丘而眾居之也。董氏所謂京師者起於此，其後世因以所都為京師。「曰嬪于京」，「依其在京」，則歧周之京也。「王配于京」，則鎬京也。《春秋》所書京師，則洛邑也。皆仍其本號而稱之，猶晉之云新絳、故絳也。愚按洛邑亦謂之洛師，正京師之意也。於是言其所言，於是語其所語，無不於斯焉。○毛氏曰：覯，見也。直言曰言，論難曰語〔註15〕。

再如，《卷阿》第四章，呂祖謙先引用永嘉陳氏對「爾受命長矣，茀祿爾康矣」兩句的解釋之後才引用鄭玄對「茀」、「康」、「純」三字的訓釋，這種情況在修訂稿之中是不存在的：

> 陳氏曰：爾受天命，累世已久，福祿已安矣。○鄭氏曰：茀，福。康，安也。純，大也〔註16〕。

又如，《板》第四章「天之方虐，無然謔謔。老夫灌灌，小子蹻蹻。匪我言耄，爾用憂謔。多將熇熇，不可救藥」，呂祖謙先引毛氏對「灌灌」、「蹻蹻」、「熇熇」三個詞的訓釋之後，才引入蘇轍對「謔謔」一詞的訓釋：

> 毛氏曰：灌灌，猶欵欵。蹻蹻，驕貌。李氏曰：《說文》：「蹻蹻，舉足高也。」以足高之意觀之，是驕之意。熇熇然熾盛也。李氏曰：《說文》：「熇熇，火熱貌。」○蘇氏曰：謔謔，戲侮也〔註17〕。

諸如此類的例子，不勝枚舉。

〔註15〕　《呂氏家塾讀詩記》卷二六《生民之什・公劉》，頁29a～30b。
〔註16〕　《呂氏家塾讀詩記》卷二六《生民之什・卷阿》，頁37a。
〔註17〕　《呂氏家塾讀詩記》卷二七《生民之什・板》，頁46b～47a。

3. 《讀詩記》的初稿中存在很多釋義主兩說的地方，未能定爲一主一從（即一爲大字，一爲雙行小字）。如《卷阿》第九章「鳳凰鳴矣，于彼高岡。梧桐生矣，于彼朝陽。菶菶萋萋，雝雝喈喈」，呂祖謙先在開頭以大字引用毛氏之說解「朝陽」，又以大字引朱子之說放在此章釋義的最後，未能主一說：

> 朱氏曰：興下章之事也。○毛氏曰：山東曰朝陽。孔氏曰：孫炎曰：朝先見日也。菶菶、萋萋，梧桐盛也。雝雝、喈喈，鳳凰鳴也。○鄭氏曰：岡，山脊。鳳凰非梧桐不棲。○孔氏曰：《釋木》云「櫬，梧」，郭璞曰「今梧桐」。又曰「榮，桐木」，郭璞曰「即梧桐也」，然則梧桐一木耳。○朱氏曰：朝陽，明顯之處也〔註18〕。

再如，對《抑》第二章「無競維人，四方其訓之」兩句的解釋，呂祖謙先以大字引鄭玄之說，又以大字引李樗之說。但是，以理推之，李樗之說的作用在於足成鄭玄之說，當作雙行小字：

> 鄭氏曰：競，強也。人君爲政，無強於得賢人，得賢人則天下化。○李氏曰：苟能得人，則四方皆訓效之矣〔註19〕。

諸如此類的例子，亦不在少數。

4. 《讀詩記》的初稿對某些字句未加以充分的解釋。比如，《殷武》第一章「撻彼殷武，奮伐荊楚。罙入其阻，裒荊之旅。有截其所，湯孫之緒」，呂祖謙只引用了毛氏對「撻」、「荊楚」和鄭玄對「所」三個詞語的訓釋並進而釋講句意，儘管呂祖謙在此章的最後補充了自己對「罙入其阻，裒荊之旅」的解釋，但對詞語的訓釋仍相對粗泛：

> 毛氏曰：撻，疾意也。荊楚，荊州之楚國也。孔氏曰：周有天下，始封熊繹爲楚子。於武丁之世，不知楚君何人也。○蘇氏曰：自盤庚沒而殷道衰，楚人叛之。高宗撻然用武，以伐其國。○鄭氏曰：所猶處也。高宗所伐之處，國邑皆服其罪，截然齊壹。○朱氏曰：湯孫之緒業，皆高宗之功。
>
> 「罙入其阻，裒荊之旅」，謂入巢穴，其眾無所遁逃，窮而保聚，如勾踐棲於會稽之類也〔註20〕。

〔註18〕 《呂氏家塾讀詩記》卷二六《生民之什・卷阿》，頁 40a。
〔註19〕 《呂氏家塾讀詩記》卷二七《生民之什・抑》，頁 7a。
〔註20〕 《呂氏家塾讀詩記》卷三二《商頌・殷武》，頁 14b～15a。

在《讀詩記》中，這樣的闕漏並不多見。

概言之，呂祖謙在修訂《讀詩記》時也注意到了這些問題，所以在《公劉》首章之前，這些淺層次的失誤非常少見。

五、呂祖謙在修訂過程中，增加了大量雙行小字

呂祖謙在《讀詩記》的初稿中構建了一個比較完善的框架，不過這個框架裏面還需要裝進更加詳盡的內容。這些填充內容就是《讀詩記》修訂稿中大量增加的雙行小字。這些雙行小字的作用主要體現在下面幾個方面：

一是另存一說或幾說。漢唐以來解《詩》的著作非常多，這就在取捨上造成了很大的難度，如果某種或某幾種說法都能講得通，又很難只取一種解釋，就只好把這些說法以雙行小字的形式附在最佳的解釋下面。這和呂祖謙編纂此書的目的有關，即爲子弟教育起見，此書「編得詁訓甚詳，其它多以集傳爲據，只是寫出諸家姓名，令後生知出處」〔註21〕。如《卷耳》釋「崔嵬」一詞：

> 毛氏曰：崔嵬，土山之戴石也。《爾雅》：石山戴土謂之崔嵬
> 〔註22〕。

又如，《晨風》中的「駁」字，呂祖謙雖未從毛氏之說，但亦將其附見於陸璣之說後：

> 陸氏《草木疏》曰：駁，駁馬。駁馬，梓榆也。梓榆其樹皮青白駁犖，遙視似駁馬，故謂之駁馬。毛氏曰：駁，如馬倨牙，食虎豹。○《草木疏》曰：下章云「山有苞棣，隰有樹檖」，皆山隰之木相配，不宜云獸〔註23〕。

陸璣從文理的角度分析，認爲「駁」是植物而非動物，比較符合情理。爲了讓諸生知道毛氏之說，呂祖謙也將其放在了陸說的後面，並以陸璣之說給出取捨的理由。

二是足成或疏通某家之說，使其更爲通暢，減少讀者的閱讀障礙。如呂

〔註21〕《東萊集》別集卷八《與朱侍講元晦》（受之日來），《四庫全書》第一一五〇冊，頁 255。

〔註22〕《呂氏家塾讀詩記》卷二《周南・卷耳》，頁 14a。

〔註23〕《呂氏家塾讀詩記》卷十二《秦風・晨風》，頁 16a。潘富俊、呂勝由所著的《詩經植物圖鑒》認爲「駁」就是今天的鹿皮斑木薑子（亦名朝鮮木薑子），并附有圖片，上海：上海書店出版社，2003，頁 180～181。

祖謙引諸家之言解釋《兔罝》中的「丁丁」和《鵲巢》首章中的「鳩」：

> 毛氏曰：丁丁，椓杙聲也。孔氏曰：杙謂橜也。此「丁丁」連椓杙之，故知椓杙聲〔註24〕。

> 毛氏曰：鳩，鳲鳩，秸鞠也。鳲鳩不自爲巢，居鵲之成巢。孔氏曰：鳲鳩，秸鞠。郭璞曰：今布穀也。○歐陽氏曰：今所謂布穀、戴勝者，與鳩絕異。惟今人直謂之鳩者，拙鳥也，不能作巢，多在屋瓦間，或於樹上架構樹枝，初不成窠，便以生子，往往墜鷇。今鵲作巢甚堅，既生雛散飛，則棄而去，容有鳩來處彼空巢。○張氏曰：鵲巢鳩居，不必有此理，止取二物爲喻，猶桃蟲及鳥亦二物〔註25〕。

又如，呂祖謙解釋《甘棠》之小序時引諸家之言曰：

> 《甘棠》，美召伯也。召伯之教，明於南國。鄭氏曰：召伯爲二伯後，美其爲伯之功，故言伯云。○《釋文》曰：召康公也。《燕世家》云「與周同姓」，孔安國及鄭皆云爾，皇甫謐云「文王之庶子」。按《左傳》，富辰言文之昭十六國，無燕也〔註26〕。

三是儘管某家之說很好，但不免瑕瑜互見，呂祖謙就以雙行小字的形式訂正某家之說。如《擊鼓》第三章引歐陽修之說，又引用曾氏和朱子對歐陽修之說進行訂正及補充：

> 歐陽氏曰：王肅以下三章衛人從軍者與其室家訣別之辭。士卒將行，與其室家訣別云：「我之是行，未有歸期，亦未知於何所居處，於何所喪其馬。若求我與馬，當於林下求之。」蓋爲必敗之計也。曾氏曰：非獨「爰居爰處」以下三章爲從軍者訣別之辭，一篇之意皆如此。○朱氏曰：猶寒叔哭送其子之意也〔註27〕。

《讀詩記》初稿儘管也有不少這樣的雙行小字，但其總體數量和出現概率都不能與修訂稿相侔，而且經常出現沒有任何雙行小字的情況。

綜上所述，這些問題都需要在修訂中得到解決，不過遺憾的是，其書未成而斯人已逝，抱讀殘稿，殊令人神傷。

〔註24〕《呂氏家塾讀詩記》卷二《周南·兔罝》，頁18b～19a。
〔註25〕《呂氏家塾讀詩記》卷三《召南·鵲巢》，頁2b～3a。
〔註26〕《呂氏家塾讀詩記》卷三《召南·甘棠》，頁8a。
〔註27〕《呂氏家塾讀詩記》卷四《邶風·擊鼓》，頁13b～14a。

第二節　呂祖謙對《詩》序的研究

自唐人韓愈、成伯璵質疑《詩》序以來，懷疑《毛詩》序已漸成學界的風氣，四庫館臣對這一情況做了扼要的概述：

> 以爲子夏不序《詩》者，韓愈也；以爲子夏惟裁初句，以下出於毛公者，成伯璵也；以爲詩人所自製者，王安石也；以小序爲國史之舊文，以大序爲孔子作者，明道程子也；以首句即爲孔子所題者，王得臣也；以爲毛傳初行尚未有序，其後門人互相傳授，各記其師說者，曹粹中也；以爲村野妄人所作，昌言排擊而不顧者，則倡之者鄭樵、王質，和之者朱子也。然樵所作《詩辨妄》一出，周孚即作《非鄭樵詩辨妄》一卷，摘其四十二事攻之。質所作《詩總聞》，亦不甚行於世。朱子同時如呂祖謙、陳傅良、葉適，皆以同志之交，各持異議。黃震篤信朱學，而所作《日鈔》，亦申序說。馬端臨作《經籍考》，於他書無所考辨，惟《詩》序一事，反覆攻詰，至數千言。自元明以至今日，越數百年，儒者尚各分左右袒也，豈非說經之家第一爭詬之端乎〔註28〕？

面對當時鄭樵等人對《詩》序的批判和否定，南渡諸儒，始以掊擊毛、鄭爲能事。朱子蓋世大儒，亦不免受其影響，自變前說。呂祖謙溫柔敦厚，始終堅守《毛詩》序之說，依照序解《詩》。朱子認爲呂祖謙對《詩》小序「看不破」〔註29〕，其書「黨得《小序》不好，使人看著轉可惡」〔註30〕。從《讀詩記》全書來看，我們很少看到呂祖謙非常明確地提出自己對小序的看法，他更多地則是引用別人的話語來「回答」對《詩》序的看法。從他對諸家說解近乎完美的剪裁當中，我們又不能不讚歎他是一位能夠紹繼前賢之說的高手。

呂祖謙引程頤之說，認爲「學《詩》而不求序，猶入室而不由戶也」〔註31〕，又引歐陽修之說曰「孟子去《詩》世近，而最善言《詩》。推其所說《詩》義，

〔註28〕《四庫全書總目》卷一五《詩序》條，頁 119 上、中。

〔註29〕《朱子語類》卷一二二《呂伯恭》，《朱子全書》第十八冊，頁 3851。

〔註30〕《朱子語類》卷八〇《詩一》，《朱子全書》第十七冊，頁 2751。朱子最初依小序解《詩》，作《詩集解》一書，後又自變其說，其《詩集傳》則受鄭樵的影響最大，對大、小序都有很多質疑之辭，故有這樣的說法。

〔註31〕《呂氏家塾讀詩記》卷一《大小序》，頁 16a。

與今序意多同，故後儒異說爲《詩》害者，常賴序文爲證」〔註32〕。另外，呂祖謙又以齊、魯、韓三家《詩》作爲旁證，說明《毛詩》義的可信：

> 魯、齊、韓、毛師讀既異，義亦不同。以魯、齊、韓之義尚可見者較之，獨《毛詩》率與經傳合。《關雎》，正風之首，三家者乃以爲刺……餘可知矣。是則《毛詩》之義，最爲得其眞也〔註33〕。

由此可見，《讀詩記》是依賴《毛詩》序來解《詩》的。但是，這並不意味著呂祖謙對《詩》序全盤接受。在程頤和蘇轍的雙重影響下，呂祖謙認爲小序首句的作者或是國史〔註34〕，或是詩人當時所作〔註35〕。小序首句之下的文字，則是「說詩者之辭」〔註36〕。

在此基礎上，呂祖謙對程頤和蘇轍的觀點又有所闡發，將這些「說詩者之辭」分爲兩種情況：

> 三百篇之義，首句當時所作，或國史得詩之時，載其事以示後人，其下則說詩者之辭也。說詩者非一人，其時先後亦不同。以毛傳考之，有毛氏已見其說者，時在先也；有毛氏不見其說者，時在後也。《關雎》之義，其末曰「不淫其色」，毛傳亦曰「后妃說樂君子之德，無不和諧」，又「不淫其色」，然則《關雎》之義，皆毛公所已見也。《鵲巢》之義，其末曰「德如鳲鳩，乃可以配焉」，毛傳止曰「鳲鳩不自爲巢，居鵲之成巢」，未嘗言鳲鳩之德。然則《鵲巢》之義，有毛公所不見者也。意者後之爲毛學者如衛宏之徒附益之耳。毛傳尚簡，義之已明者固不重出，義之未明者亦必申言，如《鳲鳩》之義，雖刺不壹，而其旨未明，故傳必言「鳲鳩之養其子，平均如一」，以訓釋之。今《鵲巢》之義止云「德如鳲鳩」，而未知鳩之德若何，使毛公果見此語，傳豈應略不及之乎？詩人本取鳩居鵲巢，以比夫人坐享成業，蓋非有婦德者，殆無以堪之也。若又考鳲鳩之情性以比其德，詩中固亦包此意，但是說出於毛公之後，決無可疑也〔註37〕。

〔註32〕《呂氏家塾讀詩記》卷一《大小序》，頁 17a。
〔註33〕《呂氏家塾讀詩記》卷二《周南‧關雎》，頁 6a。
〔註34〕呂祖謙引程頤之說曰：「國史得詩必載其事，然後其義可知，今小序之首是也。」
　　　　參見《呂氏家塾讀詩記》卷一《大小序》，頁 16a。
〔註35〕《呂氏家塾讀詩記》卷三《鵲巢》，頁 1b。
〔註36〕程頤之語，參見《呂氏家塾讀詩記》卷一《大小序》，頁 16a。
〔註37〕《呂氏家塾讀詩記》卷三《鵲巢》，頁 1b～2b。

從上面的文字我們可以歸納出，即便是說《詩》者之辭，也有毛公及見和未見之別，因此，說《詩》者之辭依舊存在著時間的先後。值得注意的是，呂祖謙還分析了《詩》序首句之後的文字來源：

一是說《詩》者取於古之遺言。在分析《都人士》小序「古者長民衣服不貳，從容有常以齊其民，則民德歸壹，傷今不復見古人也」時〔註38〕，呂祖謙引董逌之說曰：

> 《緇衣》，公孫尼子作也，其書曰：「長民者衣服不貳，從容有常，以齊其民，則民德壹。」《詩》序蓋雜出於古之遺言也〔註39〕。

二是來源於《詩》中字句，或對詩中字句的說解。如《伯兮》詩序曰：

> 《伯兮》，刺時也。言君子行役，爲王前驅，過時而不反焉〔註40〕。

呂祖謙辨之曰：

> 「爲王前驅」特詩中之一語，非大義也〔註41〕。

三是來源於說《詩》者據小序首句推衍出的附益之辭。這樣，首句之後的文字是否符合詩篇的本義，就取決於說《詩》者的水平。小序的這種來源也常常使得《詩》序首句之後的文字十分牽強，有的還存在語病，不能成辭。這種情況比較常見，也是《詩》序首句之後的文字最容易出錯的類型。如《讀詩記》中《葛覃》、《麟之趾》、《行葦》三詩的小序，呂祖謙分別辯解道：

> 《關雎》，后妃之德也，而所以成德者必有本也。曷謂本？《葛覃》所陳是也。後之講師徒見序稱「后妃之本」而不知所謂，乃爲「在父母家，志在女功」之說以附益之，殊不知是詩皆述既爲后妃之事，貴而勤儉，乃爲可稱。若在室而服女功，固其常耳，不必詠歌也〔註42〕。

> 程氏曰：「（《麟之趾》小序）自『衰世公子』以下，序之誤也。『麟趾之時』，『麟趾』不成辭，言『之時』，謬矣。」〔註43〕

〔註38〕《呂氏家塾讀詩記》卷二四《都人士之什·都人士》，頁1a。
〔註39〕《呂氏家塾讀詩記》卷二四《都人士之什·都人士》，頁1b。此處所說的《緇衣》是《禮記》之《緇衣》篇。
〔註40〕《呂氏家塾讀詩記》卷六《衛風·伯兮》，頁17a。
〔註41〕《呂氏家塾讀詩記》卷六《衛風·伯兮》，頁17b。
〔註42〕《呂氏家塾讀詩記》卷二《周南·葛覃》，頁9b～10a。
〔註43〕《麟之趾》序曰：「《麟之趾》，《關雎》之應也。《關雎》之化行，則天下無犯

自「周家忠厚」以下，論成周盛德至治則得之，然非此詩之義也。意者講師見序有「忠厚」之語而附益之歟〔註44〕？

要理清呂祖謙對待小序的態度，首先要從《讀詩記》中歸納出呂祖謙到底在什麼地方對小序做出了辯解。但遺憾的是，這一點雖很容易做到，卻經常被研究者忽略，很多學者往往為了立論的方便，任取呂祖謙某篇詩中的「己說」來「證明」他對小序的某種態度。如杜海軍分析《讀詩記》的小序時，認為呂祖謙「不但懷疑《詩序》首句以下部分，即使是首句，呂祖謙也並不拘泥」，然後舉呂祖謙寫在《摽有梅》和《采蘋》兩詩中的「己說」來支撐他的論點〔註45〕。如果我們仔細閱讀《摽有梅》的小序、全文的注解和呂祖謙的「己說」（是詩也其辭汲汲如將失之，豈習亂而喜治者邪〔註46〕），則會發現呂祖謙始終是依據《摽有梅》小序來解釋這首詩的，其「己說」恰是對全詩內容的一種補充，並沒有否認小序。在《行露》一詩中，呂祖謙引鄭玄之說曰：「此殷之末世，周之聖德，當文王與紂時」〔註47〕，因此，呂祖謙的這句「己說」是針對「殷之末世，周之聖德」這樣的時代背景來說的。再看《采蘋》的小序、全文的注釋和呂祖謙的「己說」（自天子之后妃至於大夫之妻，共由一道，因其所處之廣狹，而有歛舒焉〔註48〕），則會發現呂祖謙依然是按照小序來解釋這首詩的，並無否認小序首句的意思，其「己說」也只是在強調自天子之后妃至於大夫之妻，應當共循一道（法度），並以各自的身份，遵循不同的職責而已。

從當前的分析來看，呂祖謙明確地認為小序首句有誤的只有《燕燕》和《都人士之什·白華》兩篇，而且還是分別引用蘇轍和程頤兩人的說法來否定小序首句。如於《燕燕》引蘇轍之說辨析首句「送歸妾」之誤，於《都人士之什·白華》引程頤之說，認為此詩不是刺「幽后」，而是在刺「幽王」。因此，我們不能沒有經過統計分析，就抱著業已在胸的成見論述呂祖謙對《詩序》的態度，否則不能得出客觀的結論。

非禮。雖衰世之公子，皆信厚如麟趾之時也。」《呂氏家塾讀詩記》卷二《周南·麟之趾》，頁24a～24b。
〔註44〕《呂氏家塾讀詩記》卷二六《生民之什·行葦》，頁12a。
〔註45〕參見《呂祖謙文學研究》，頁197～198。
〔註46〕《呂氏家塾讀詩記》卷三《召南·摽有梅》，頁14a。
〔註47〕《呂氏家塾讀詩記》卷三《召南·行露》，頁9a。
〔註48〕《呂氏家塾讀詩記》卷三《召南·采蘋》，頁6a。

通讀《讀詩記》全書，我們會發現，呂祖謙對小序的辯解幾乎全部出現在每首詩的小序之下，或大字，或小字，或足成，或訂正，不一而足。在一般情況下，呂祖謙對小序的辯解很少進一步引申到對正文的注解當中〔註49〕。呂祖謙在某篇小序後面的「己說」不一定是否定小序，我們應該從全篇注解乃至全書的前後關係來審視它們的功用，這樣才能得出呂祖謙對待小序的真實態度。基於上面的標準，統計得出的結果是，在《國風》中，呂祖謙認為小序首句正確、而首句之下的文字有誤的十四篇，分別是《葛覃》、《卷耳》、《麟之趾》、《鵲巢》、《江有汜》、《北風》、《鄘風‧柏舟》、《氓》、《伯兮》、《君子于役》、《緇衣》、《將仲子》、《野有蔓草》、《東方未明》，小序錯誤的一篇是《燕燕》，對小序存疑的兩篇是《螽斯》和《葛藟》。在《雅》中，呂祖謙只贊同小序首句的八篇分別是《魚麗》、《緜蠻》、《旱麓》、《靈臺》、《行葦》、《既醉》、《蕩》、《召旻》，其中《蕩》和《召旻》只鈔錄小序的首句；認為小序錯誤的一篇是《都人士之什‧白華》；對小序存疑的一篇是《鶴鳴》。在《頌》中，呂祖謙贊同首句並只鈔錄首句的一首詩是《酌》，對小序存疑的兩篇分別是《桓》和《般》。

為更好地呈現呂祖謙對小序的認同情況，總結列表如下〔註50〕：

表7　呂祖謙對《毛詩》小序的認同情況

認同情況	風	雅		頌	總計	所佔比例
		《公劉》前	《公劉》後			
全部認同	143	95		37	275	90.16%
認同首句	14	6	2 只錄首句	1 只錄首句	23	7.54%
小序錯誤	1	1	0	0	2	0.66%
小序存疑	2	1	0	2	5	1.64%
總　　計	160	105		40	305	100%

〔註49〕當然這也有例外，只是例外比較少見，如《彤弓之什‧鶴鳴》。
〔註50〕據姚永輝統計，呂祖謙在《讀詩記》中完全贊同小序之說的有276首，占全書的92%，而贊同小序首句而非餘說的有21首，對小序存疑的有5首，認為小序誤的只有3首，這三個部分只占全書的8%，《朱熹與呂祖謙關於詩經的四大論辯平議》，頁11～16。據作者附記，六首笙詩未計。但遺憾的是，此文並沒有列出各項的篇名。因此，我又重新統計了兩遍，統計結果與姚永輝多少有點出入，參見表7。

　　呂祖謙被朱子戲稱爲「毛、鄭之佞臣」〔註51〕，也是針對呂祖謙多從《詩》
序解《詩》的緣故。就當前所及見的研究文獻來看，很多學者分析呂祖謙對
《詩》序的態度時，很少能從呂祖謙自身的因素來探究他爲什麼這樣尊信《詩》
序。這似與呂祖謙的性格和家庭背景兩方面有關。

　　首先，就性格因素來看，呂祖謙依小序解《詩》，與其自身性情有很大關
係，朱熹說：

　　　　伯恭專信《序》，又不免牽合。伯恭凡百長厚，不肯非毀前輩，
　　要出脫回護。不知道只爲得個解經人，却不曾爲得聖人本意。是便
　　道是，不是便道不是，方得〔註52〕。

　　這種「長厚」的性格，也使得呂祖謙在爲人、治學上缺乏果斷。呂祖謙
和朱子共同的好友張栻也注意到了這一點。在寫給呂祖謙的信中，張栻說道：

　　　　大抵覺得老兄平日似於果斷有所未足，時有牽滯，流於姑息之
　　弊。雖是過於厚，傷於慈，爲君子之過，然在它人視我，則觀過可
　　以知仁，在我自檢點，則終是偏處。仁義之道常相須，要知義不足，
　　則所謂仁者，亦失其正矣〔註53〕。

　　在寫給朱子的信中，張栻特意提到了這一點：

　　　　大抵渠（呂伯恭）凡事似於果斷有所未足耳〔註54〕。

　　這種寬厚卻缺乏果斷的性格，有可能會在治學時引出很多誤解，朱子說：

　　　　伯恭教人看文字也粗。有以《論語》是非問者，伯恭曰：「公
　　不會看文字，管他是與非做甚？但有益於我者，切於我者，看之足
　　矣。」且天下須有一箇是與不是，是處便是理，不是處便是咈理，
　　如何不理會得〔註55〕？

　　從辯解和闡釋《詩》序的情況來看，呂祖謙總是不厭其煩地引用諸家文
字，從方方面面闡釋《詩》序。這雖看似無所不包，實際上卻是呂祖謙述而
不作的結果。

〔註51〕　朱子言曰：「人言何休爲《公》、《穀》忠臣，某嘗戲伯恭爲毛、鄭之佞臣。」
　　　　見於《朱子語類》卷一二二《呂伯恭》，《朱子全書》第十八冊，頁3852。
〔註52〕　《朱子語類》卷八〇《詩一》，《朱子全書》第十七冊，頁2745。
〔註53〕　《南軒集》卷二五《與呂伯恭》（某前月半間積寒成疾），《四庫全書》第一一
　　　　六七冊，頁625～626。
〔註54〕　《南軒集》卷二一《與朱元晦書》（某食飲起居皆幸已復舊），《四庫全書》第
　　　　一一六七冊，頁600。
〔註55〕　《朱子語類》卷一二二《呂伯恭》，《朱子全書》第十八冊，頁3851。

　　再者，從家庭背景來看，呂祖謙這種「不肯非毀」前輩的性格與其家庭教育和成長環境有極大的關係。當前學者在敘述呂祖謙的家庭背景時動輒就說「開放」、「包容」，這似乎忽略了呂氏家族中的內在保守因素。東萊呂氏看似一個「海納百川」的宋學營地，實際上卻是有些穩重得近乎保守的士大夫家族。郝桂敏認爲「呂氏家族不名一師，不私一說，並注重『多識前言往行以畜德』。《詩序》是儒家正統思想的反應，對上下古今知識多所涉獵又並不輕易放棄古人成說的呂祖謙，對《詩序》採取尊信的態度是非常容易理解的。」〔註56〕這可從呂祖謙前輩的成學經歷得以印證：

> 本中往年每侍前輩先生長者，論當世邪正善惡，是是非非，無不精盡。至於前輩行事得失，文字工拙，及漢唐先儒解釋經義，或有未至，後生敢略議及之者，必作色痛裁折之曰：「先儒得失，前輩是非，豈後生所知？」楊十七學士應之兄弟、晁丈以道規矩最嚴，故凡後生嘗親近此諸老者，皆有敦厚之風，無浮薄之過〔註57〕。
>
> 李君行、田明之俱說讀書須是不要看別人解者，聖人之言易曉，看傳解則愈惑矣。田誠伯說：「不然，須是先看古人解說，但不當有所執，擇其善者從之。若都不看，不知用多少工夫，方可到先儒見處也。」〔註58〕

　　祖輩「先儒得失，前輩是非，豈後生所知」一語，養成了後生晚輩尊重漢唐諸儒、不廢棄經傳訓詁的穩重氣習，但也磨鈍了其批判精神的鋒芒。宋室南渡，「中原文獻之傳獨歸呂氏，其餘大儒弗如也」〔註59〕。這種家學傳統給呂祖謙創造了極佳的成學環境，但同時也給其思維打造了一個十分精緻的「緊箍咒」，使其不能像鄭樵、朱子等人那樣有著十分強烈的批判精神，以自己的獨立思考來解《詩》，所以朱子說：

> 今觀呂氏家塾之書……一字之訓，一事之義，亦未嘗不謹其說之所自。及其斷以己意，雖或超然出於前人意慮之表，未嘗敢有輕議前人之心也〔註60〕。

　　呂祖謙必在少時諳習呂本中所編《童蒙訓》而深受其影響。在此影響下，

〔註56〕《宋代詩經文獻研究》，頁49～50。
〔註57〕〔宋〕呂本中：《童蒙訓》，卷中，上海：商務印書館，1937，頁13。
〔註58〕《童蒙訓》卷下，頁28。
〔註59〕全祖望語，見於《宋元學案》卷三六《紫微學案》，頁1234。
〔註60〕朱子《呂氏家塾讀詩記序》，見於《呂氏家塾讀詩記》序，頁1。

呂祖謙認爲：

> 析理當極精微，雖毫釐不可放過。至於尊讓前輩之意，亦似不
> 可不存〔註61〕。

又，呂祖謙所編《少儀外傳》引柳宗元《與劉禹錫書》曰：

> 君子之學，將有以異也，必先究窮其書，究窮而不得焉，乃可
> 以立而正也〔註62〕。

因此，在呂祖謙看來，著書和講說是兩回事：

> 著書與講說不同，止當就本文發明，使其玩索，引申太盡，則
> 味薄而觀者不甚得力。若與學者講說，以此指示之可也〔註63〕。

呂祖謙作《讀詩記》的本意並不在於著書立說，而是用於家塾教育，重點在於「講說」，所以這部書也就對漢唐《詩》學和宋代新《詩》學持以彼此相平的態度，令諸生在學《詩》的過程中有所長進。

綜合以上的原因來看，呂祖謙「果斷」未足的「長厚」性情以及在家庭環境中形成的相對保守的家學傳統，使得呂祖謙在南宋廢序的潮流中堅持了自我。我們需要認識到的一點是，談到《讀詩記》的不足時，很多研究者批評呂祖謙尊信小序太過。我們又何嘗意識到，這樣評判他時，我們的評判標準早已經偏到了廢序言《詩》的一方。這就像沒有宗教信仰的人批評佛徒太尊信佛祖、基督徒太信奉耶穌了。尊序和廢序，只是在各自成學環境影響之下做出的一種選擇，其各自的價值取向自然會導致不同的闡釋結果。這種選擇的依據又常常是隱而不顯的，以致人們只看到了尊序或廢序這個結果，卻忽略了較爲深層次的原因。

第三節　呂祖謙闡釋《毛詩》的內在理路
——呂祖謙對鄭玄、王安石以禮解《詩》之方法的繼承

清人王崇炳曾撰錄《呂東萊先生本傳》，在這篇文章中，他寫道：

> 先生之釋經，非釋經也，皆以其平日之所學，而借經以發之也，

〔註61〕《東萊集》別集卷七《與朱侍講》（某官次牘遺），《四庫全書》第一一五〇冊，
　　　　頁235。
〔註62〕《少儀外傳》，卷下，頁44。
〔註63〕《宋元學案》卷五一《東萊學案》，頁1663。

> 故往往附經以起意，或離經以廣義，而不必附麗乎注疏，故訓詁家
> 多不採，蓋單傳之書也〔註64〕。

　　這段話用在《讀詩記》上最合適不過了，《讀詩記》雖有前、後兩稿的差異，也算是難得上的完帙。呂祖謙繼承了前人的《詩》學傳統，又對當代學者廣泛採輯，進而從經學、性理之學、史學、制度之學、文學等諸多角度來解《詩》，並不只將視野限於《詩經》本身。只是，我們需要進一步思考的是，在諸多學術視角之下，呂祖謙注釋《毛詩》是否有一核心理念，使他在廢序言《詩》的洪波巨浪當中堅守自己的想法，除了性格寬厚和家學風格這兩個因素之外，還有什麼更為重要的原因？在這個核心價值的導嚮之下，呂祖謙又在其中寄予了怎樣的個人理想？這種個人理想又體現了怎樣的時代精神？這些問題經常會浮現在我的心頭，卻百思不得其解。讀過毛傳、鄭箋、王安石《詩義》（邱漢生先生輯校本）、呂祖謙治《春秋》的四部書、《歷代制度詳說》、蒙文通先生《中國史學史》等書之後〔註65〕，對這個問題則有漸悟之見。我發現呂祖謙對鄭玄、王安石以禮學注《詩》的繼承是《讀詩記》的內在理路和核心價值取向〔註66〕，下就詳言之。

　　梁錫鋒先生認為，東漢末年，中國歷史再次面臨「禮崩樂壞」的危局〔註67〕。漢桓帝之後，皇帝荒淫無度，宦官外戚專權，社會局勢岌岌可危。在這種環境下，「中興政治」是當時正直士人拯救末世的情懷。因此，要消除社會危機，就要從根本上解決禮制的問題〔註68〕。鄭玄的經注就指向現實社會，其核心則是禮制。鄭玄精通三《禮》，因此以禮箋《詩》「並不是單純的學術活動，更多的是藉此表達對社會的關注，是一種對重建以禮制為框架的社會秩序的嚮往」〔註69〕。具體而言，這體現在鄭玄將禮義注入《詩》中，即「表面上看是鄭玄『述先聖之元意』——從《詩》中揭出禮義；而事實上，

〔註64〕　〔清〕王崇炳撰錄：《呂東萊先生本傳》，《叢書集成初編》本《呂東萊文集》，
　　　　　北京：中華書局，1985，頁5。
〔註65〕　即《東萊博議》、《春秋左傳說》、《春秋左傳續說》和《左傳類編》。
〔註66〕　當然，這不能撇開孔穎達《詩經正義》對後人理解鄭玄《毛詩箋》的幫助，
　　　　　因為鄭玄以禮箋《詩》，文字簡練，孔穎達對鄭箋的禮制做了極為詳盡的說明，
　　　　　所以黃震說「至孔氏疏義出而二家之說遂明」。
〔註67〕　梁錫鋒：《鄭玄以禮箋詩研究》，北京：學苑出版社，2005，頁45。
〔註68〕　《鄭玄以禮箋詩研究》，頁49。
〔註69〕　《鄭玄以禮箋詩研究》，頁51。

恰恰相反，是鄭玄向《詩》注入禮義」〔註70〕，鄭玄對《詩》進行過度闡釋而注入禮義，唯一目的即是表達自己的政治理想，因爲鄭玄雖然對漢王朝充滿留戀，但他已經深知任何努力都無法挽狂瀾於既倒，只能把自己的理想投注到經注中〔註71〕。若詳言之，就三《禮》而言，鄭玄用以箋《詩》的「禮」還是有所偏重的，即《周禮》。鄭樵說：

> 鄭氏學長於禮而深於經制，故先註禮而後箋《詩》，至於訓詁，
> 又欲以一一求合於《周禮》，此其所以失也〔註72〕。

洪湛侯先生認爲鄭玄以禮箋《詩》固然忽略了詩篇本身的文學感興，但也有助於讀者理解《詩》中的名物制度，這些名物制度「仍需讀《禮》溝通，自不得視習《禮》爲餘事」〔註73〕。洪先生的這種說法注意到了禮學對理解《毛詩》的重要性，並提醒讀者留意鄭玄以禮箋《詩》的社會現實意義。其實，宋人林希逸已經說得非常清楚：

> （經）及得鄭氏注，精微通透，鉤連瀆會，故古經益以明。世
> 學者皆知求而易入，識爲人之道者，漢諸儒之功，而成之者鄭氏也。
> 其於法制，更爲章明……〔註74〕。

呂祖謙將這篇文章收入《皇朝文鑑》，於其說當是認同的。

另外，洪湛侯先生認爲，前人評論鄭玄箋《詩》，常有感傷時事之語，呂祖謙作《讀詩記》也常常發一些題外的議論〔註75〕，可見鄭玄對呂祖謙影響之深遠。如《北山之什·甫田》第三章後，呂祖謙說：

> 此章言省耕之時，王者在上，耕者在下，田畯往來其間，勸勞
> 而撫摩之，熙然其若一家也。「攘其左右，嘗其旨否」，曰「攘」者，
> 喜之甚而取之疾，以言其相親無間也。見其禾之易治，竟畝如一，
> 預知其收穫，終當善而且多矣。「曾孫不怒，農夫克敏」者，言農夫

〔註70〕《鄭玄以禮箋詩研究》，頁151。
〔註71〕《鄭玄以禮箋詩研究》，頁249。
〔註72〕〔宋〕鄭樵：《六經奧論》卷一《總文》，《四庫全書》第一八四冊，頁11。
〔註73〕洪湛侯：《詩經學史》，北京：中華書局，2002，頁538。
〔註74〕〔宋〕呂祖謙編：《皇朝文鑑》，《四部叢刊初編》，卷一三一《題跋》所收林希逸《書鄭玄傳》，頁7a～8a。
〔註75〕《詩經學史》，頁356。洪先生所舉之例爲卷二十《祈父之什·無羊》：「以《斯干》、《無羊》之卒章觀之，所願乎上者子孫昌盛，所願乎下者歲熟民滋，皆不願乎其外也。彼秦、漢好大喜功之主，肯以是爲可願哉？」洪先生認爲這是批評統治者好大喜功的委婉說法。

能敏於田事如此，王者無由譴怒也。不曰「喜」而曰「不怒」者，若不敏於農則怒矣。蓋其喜怒欣戚，專在於農也。洛人稱張全義曰：「張公他無所好，見嘉穀大麴則喜爾。」正此意也〔註76〕。

如在《漸漸之石》這首詩中，呂祖謙引用劉彝之說，寄予了極爲憂傷的情感：

長樂劉氏之說〔註77〕，其辭切而哀，若作於熙寧安南敗事之前，則既其文而未既其實，深可懼也；若作於熙寧安南敗事之後，則三折肱知爲良醫，深可信也。雖未知其爲何時，要皆有益於學者，故特錄之〔註78〕。

又如，門人所記呂祖謙所說《邶風·北門》曰：

二章、三章，此有以見其時世之敗亂，而人各營私自便，才有人肯出來理會公家事，則凡事盡推與之，更不計其多寡。及入自外，又被室人交相摧譖。他人處此，何以堪之，必翻然遠去而自潔其身。然忠臣之計卻不出此，只自開解，知其不可奈何而安之若命爾，退惰之心至此而不生。吾於《北門》，見忠臣之至〔註79〕。

再從王氏新學來看，呂祖謙對其《詩》學思想的繼承是非常明顯的。儘管王安石的《詩義》曾一度成爲官學，但此書卻以各種原因在明代就不屬完帙。邱漢生先生據諸書的引文將此書輯爲《詩義鉤沉》。不過，各書對此書的引用情況與數目多少差別很大，或贊同或批駁，或廣泛引用或僅引數條，邱先生說：

各家詩注之中，引王安石《詩義》最多的是呂祖謙的《呂氏家

〔註76〕《呂氏家塾讀詩記》卷二二《北山之什·甫田》，頁30a～30b。

〔註77〕長樂劉彝之說見於《讀詩記》卷二四《都人士之什·漸漸之石》之一章和三章：「（一章）『漸漸之石，維其高矣』者，謂所歷之路，石皆廉利，傷人之足，割馬之蹄，不可以踐履也，不獨漸漸之石而已。其高峻峭拔，非攀緣則不可以登。今五谿之路，莫不如此也。『山川悠遠，維其勞矣』者，其山窮者，川斷之也；其川盡者，山間之也。重重相間，遠不可極，不曰悠遠乎？（三章）中國有豕，純黑爲常。南蠻有豕，無非白蹢也，謂四足連肚皆白……記征夫遠行之所見也。深入蠻夷之域，爲山川之所困，雨水之所淫，戰敵未捷，病役相仍，救其生命之不暇，何皇及於他事哉？」頁21a、22a。

〔註78〕《呂氏家塾讀詩記》卷二四《都人士之什·漸漸之石》，頁22b。

〔註79〕《麗澤論說集錄》卷三《門人所記詩說拾遺》，《四庫全書》第七〇三冊，頁343～344。

塾讀詩記》，有四五百條〔註80〕。而朱熹的《詩集傳》所引最少，只有六條。李樗的《毛詩詳解》，亦引的很多，達四五百條，但是引後往往加以駁難。有的著作，如楊簡的《慈湖詩傳》，襲用了王安石的《詩義》，卻不予標明，儼然是楊簡自己的詩說似的，這種學風不老實。於此，亦足以見兩宋政治形勢的發展給予學術思想變遷的影響〔註81〕。

呂祖謙對王安石《三經義》中的《詩義》引用如此廣泛，而且又基本上是在贊同其說的前提下進行引用，以致《讀詩記》成爲《詩義》最爲主要的輯佚來源之一。那麼，呂祖謙對王安石都有怎樣的繼承呢？這還要從熙豐新政、王安石作《詩義》的解經方法及兩宋的社會政治說起。

邱先生認爲，王安石主持編纂《三經義》是爲變法革新服務，使新法在聖經賢傳的合法外衣下能夠「塞異議者之口」，從理論上打擊變法的反對派，從而實現「一道德而同風俗」的目的〔註82〕。王安石治經不拘於章句名數，認爲「聖人之術，在於安危治亂」。就《詩經》這部「上通乎道德，下止乎禮義」的儒家經典來說〔註83〕，王安石「訓其義」時〔註84〕，繼承了鄭玄以禮箋《詩》的傳統〔註85〕，認爲「《詩》《禮》足以相解，以其理同故也」〔註86〕。這在《詩義》一書中有兩種體現方式：一種是對詩所反映的思想和生活，用周禮作爲道德準繩予以衡量，從而說明詩的美刺所在；一種是用見之於禮的名物度數來解詩〔註87〕。在《詩義》中，王安石寄予了自己的政治理想：

> 仰觀星日霜露之變，俯察蟲鳥草木之化，以知天時，以授民事。
> 女服事乎內，男服事乎外。上以誠愛下，下以忠利上，父父，子子，

〔註80〕據邱先生的說明，具體數字是四百九十多條。

〔註81〕邱漢生：《詩義鉤沉·序》，北京：中華書局，1982，頁5。

〔註82〕《詩義鉤沉·序》，頁3。

〔註83〕語出王安石《詩義序》，見於王安石《臨川先生文集》卷八四，《四部叢刊初編》本，頁2b。

〔註84〕《詩義》是由王安石之子王雱「訓其辭」，王安石等「訓其義」。《詩義鉤沉·序》，頁3。

〔註85〕《詩義鉤沉·序》，頁12。

〔註86〕語出王安石《答吳宗孝書》，《臨川先生文集》卷七四，《四部叢刊初編》本，頁9a～9b。

〔註87〕《詩義鉤沉·序》，頁11～12。

夫夫，婦婦，養老而慈幼，食力而助弱。其祭祀也時，其燕饗也節〔註88〕。

王安石在這裡所描繪的，正是上古三代的至治盛況，其君爲堯舜之君，其民爲堯舜之民，爲變法描繪出一幅十分美好的理想畫面，而這種場景也正是變法所要實現的理想社會。余英時先生認爲，北宋儒學復興之初，古文運動倡導者根據他們理想中的上古三代，發出重建秩序的呼聲。這種呼聲是長期混亂下民間期待文治秩序的迫切心理。以王安石爲代表的改革運動向前踏進了一大步，企圖把回覆上古三代之治的政治理想變成現實。王安石以「道德性命」之說打動神宗，這是他的「內聖」之學；以《周官新義》爲建立新秩序的根據，這是他「外王」的理想。王安石長於禮學，《周官新義》是《三經義》中王安石唯一親筆修成的著作，因爲這是王安石改革政治的主要依據〔註89〕。在《周禮義序》中，王安石說：

> 制而用之存乎法，推而行之存乎人。其人足以任官，其官足以行法，莫盛乎成周之時。其法可施於後世，其文有見於載籍，莫具乎《周官》之書。蓋其因習以崇之，庚續以終之，至於後世，無以復加，則豈特文、武、周公之力哉？猶四時之運陰陽，積而成寒暑，非一日也。自周之衰，以至于今，歷歲千數百矣。太平之遺迹，掃蕩幾盡，學者所見，無復全經。於是時也，乃欲訓而發之。臣誠不自揆，然知其難也。以訓而發之之爲難，則又以知夫立政造事，追而復之之爲難。然竊觀聖上致法就功，取成於心，訓迪在位，有馮有翼，亹亹乎鄉六服承德之世矣。以所觀乎今，考所學乎古，所謂見而知之者，臣誠不自揆，妄以爲庶幾焉。故遂昧冒自竭，而忘其材之弗及也〔註90〕。

全祖望《荊公周禮新義題詞》說：

> 《三經新義》，盡出于荊公子元澤（王雱）所述，而荊公門人輩皆分纂之。獨《周禮》則親出于荊公之筆，蓋荊公生平用功此書最深，所自負以爲致君堯、舜者俱出於此，是固熙、豐新法之淵源也，故鄭重而爲之〔註91〕。

〔註88〕　《呂氏家塾讀詩記》卷十六《豳風・七月》，頁 3a～3b。
〔註89〕　《朱熹的歷史世界》，頁 47。
〔註90〕　《臨川先生文集》卷八四，《四部叢刊初編》本，頁 1b～2a。
〔註91〕　《宋元學案》卷九八《荊公新學略》，頁 3252。

　　儘管變法以失敗告終，王安石新學對士人的影響卻並沒有因此而結束，隨著各派命運在政治上的起伏，王學也跟著踉踉蹌蹌地變幻著自己的地位。自崇寧元年（1102）到靖康元年（1126），王學定於一尊。南渡之後，王學實際上仍執政治文化之牛耳，甚至遲至孝宗初年，王學在朝廷上的地位仍無動搖的跡象，所以孝宗初年朝臣必多出身王學之人，這種思想空氣不是短期內所能改變的，大概從乾道初年起，由於張栻、呂祖謙、朱子等人的努力，程學才逐漸進佔了科舉的陣地〔註 92〕。林之奇作《周禮集解》祖王安石《周官新義》，呂祖謙又從林之奇問學，得其「中原文獻之傳」。因此，儘管呂祖謙思想體系中有很濃的洛學色彩，王安石新學卻不可避免地影響到呂祖謙。呂祖謙曾作有《歷代制度詳說》一書，未竟而歿，因此亦當是其晚年之書。元人彭飛於泰定三年（1326）序此書說：

　　　　先生宏綱大用既未得施於當時，所著《制度詳說》又弗及竟。於古今沿革之制，世道通變之宜，貫穿折衷，首尾備見，鑿鑿如桑麻穀粟。切於民生實用，有不容闕者焉……使讀者知窮經以立其本，涉史以通其變，研究事理以觀其會通，然後見天下果無道外之事，事外之道，而古人窮理經世之學蓋如此〔註93〕。

　　呂祖謙試圖透過對歷代經濟、政治等制度的研究中，比較其得失與利弊，以求用於當世〔註 94〕。就《讀詩記》來說，尤其值得我們關注的是呂祖謙對《蒹葭》所作的解釋。《蒹葭》小序曰「刺襄公也。未能用周禮，將無以固其國焉」〔註 95〕，朱子認為「此詩未詳所說，然序說之鑿，則必不然矣」〔註 96〕，而呂祖謙必以禮義制度之說足成詩序，序下所引蘇轍之說曰：

　　　　蒹葭之方盛也蒼蒼，其強勁而不適於用。至於白露凝戾為霜，然後堅成可施用於人。秦起於西垂，與戎狄雜居，本以彊兵富國為先，襄公以耕戰自力，而不知以禮義終成之，豈不蒼然盛哉！然君子以為未成，故其後世狃於利而不知義，至商君屬之以法，卒以此

〔註92〕　參見《朱熹的歷史世界》，頁 42〜43。

〔註93〕　〔元〕彭飛：《歷代制度詳說序》，收於《四庫全書》第九二三冊《歷代制度詳說》，頁 895〜896。

〔註94〕　參見《宋明理學史》（上冊），頁 359。

〔註95〕　《呂氏家塾讀詩記》卷十二《秦風‧蒹葭》，頁 10a。

〔註96〕　《詩序辨說》，《朱子全書》第一冊，頁 364。

勝天下。既勝之後，二世而亡，其數有以取之矣〔註97〕。

蘇轍的這種解釋，正源於毛、鄭之說。在篇末，呂祖謙進一步解釋說：

> 此詩全篇皆比，猶《鶴鳴》之類。「所謂伊人」，猶曰所謂此理
> 也，蓋指周禮也。襄公所以未能用周禮者，疑其迂爾。若孝公所云
> 「安能邑邑待數十百年，以成帝王也」，故詩人諷之以禮甚易且近，
> 特人求之非其道爾〔註98〕。

又，在《常棣》一詩中，呂祖謙引王安石之說曰：

> 友生，約我以禮義者也。「雖有兄弟，不如友生」，有禮義，然
> 後無失其愛兄弟之常心。友生約其外，妻子調其內，則兄弟加親矣。
> 故曰：「妻子好合，如鼓瑟琴。兄弟既翕，和樂且湛。」〔註99〕

呂祖謙對此評論說：

> 王氏之說，雖非經旨，亦學者所當知也〔註100〕。

在這裡，呂祖謙繼承了鄭玄、王安石以禮解《詩》的傳統十分清晰地呈現在了我們面前。抓住了這一點，我們就會對呂祖謙為何那樣堅定地篤信毛、鄭之說，為何將朱子認為是淫詩的《靜女》、《有女同車》等詩用禮來解釋。

呂祖謙以禮解《詩》也主要是兩個方面的，一是辨正詩中的名物制度，這一點非常常見，俯拾皆是，茲不再引文舉例；二是以禮義闡發詩義、章義，如《靜女》一詩的小序曰「刺時也。衛君無道，夫人無德」，朱子認為「此序全然不似詩義」〔註101〕，在此詩的首章之下，朱子注曰「此淫奔期會之詩也」〔註102〕，而呂祖謙在第二章之下引毛傳所言禮制之說曰：

> 既有靜德，又有美色，又能遺我以古人之法，可以配人君也。
> 古者后夫人必有女史彤管（鄭氏曰：彤管，筆赤管也）之法，史不
> 記過，其罪殺之。后妃群妾以禮御於君所，女史書其日月，授之以
> 環以進退。生子月辰則以金環退之。當御者以銀環進之，著于左手。
> 既御，著于右手。事無大小，記以成法〔註103〕。

〔註97〕《呂氏家塾讀詩記》卷十二《秦風・蒹葭》，頁 10a。
〔註98〕《呂氏家塾讀詩記》卷十二《秦風・蒹葭》，頁 11b。
〔註99〕《呂氏家塾讀詩記》卷十七《鹿鳴之什・常棣》，頁 19a。
〔註100〕《呂氏家塾讀詩記》卷十七《鹿鳴之什・常棣》，頁 19a。
〔註101〕《詩序辨說》，《朱子全書》第一冊，頁 364。
〔註102〕朱子《詩集傳》，《朱子全書》第一冊，頁 438。
〔註103〕《呂氏家塾讀詩記》卷四《邶風・靜女》，頁 37b～38a。

在《靜女》篇末，呂祖謙又進一步解釋說：

> 此詩「刺衛君無道，夫人無德」，故述古者賢君賢妃之相與。
> 一章言賢妃有德有容，事其君子，逡巡待唱於後宮幽閒之地，蓋靜
> 之至也。愛而不見，則搔首踟躕，猶《關雎》「求之不得，寤寐思服」，
> 蓋思之切也。橫渠謂後宮西北乃城隅，必有所據，當考。二章言賢
> 妃貽以彤管女史之法戒，彤管之光華與其容色之美皆可說懌，則所
> 說者不專以其色也。三章之義難通，橫渠之說差近〔註104〕。《大過》
> 九二「枯楊生稊」，鄭康成《易》作「荑」，然則所謂荑者，凡草木
> 根芽皆是，非獨茅也。田官獻新物於君，所歸之荑，信芳美而且異
> 於常，乃用之以答彤管之贈，蓋所以贈之者，非其女色之爲美，亦
> 惟德美之人是貽耳〔註105〕。

又如，《十畝之間》小序曰「刺時也。言其國削小，民無所居焉」，朱子
辯駁說「國削，則其民隨之，序文殊無理」〔註106〕。呂祖謙在序文之下引王
安石之說曰：

> 先王建萬國，親諸侯，使小事大，大比小。有相侵者，方伯連
> 帥治而正之。是以諸侯不失其分地，而庶民保其常產。周道衰，彊
> 陵弱，眾虣寡，天子方伯連率無以制之，有國者亦多不知所以守其
> 封疆。此詩所爲作也〔註107〕。

在篇末，呂祖謙又補充道：

> 橫渠指桑地爲場圃，合於古制，但又謂魏地侵削，外無井受之
> 田，徒有近郭園廛而已，則似不然。果如是，民將何所食乎？政使
> 周制果家賦園廛十畝，魏既削小，豈容尚守古法？容或數家共之也。
> 況詩所謂十畝者，特甚言之爾，未可以爲定數也〔註108〕。

大凡研究禮制的學者都會在其中寄予自己的社會理想，這種理想的核心

〔註104〕見於《呂氏家塾讀詩記》卷四《邶風·靜女》第三章：「張氏曰：『自牧歸荑』，
　　　　牧，牧地也，不耕種之地則多草木根芽，如甸人供菓蓏之屬，因以贈夫人也，
　　　　歸荑以備籩俎，供豆實」，頁38a。
〔註105〕《呂氏家塾讀詩記》卷四《邶風·靜女》，頁38b～39a。
〔註106〕《詩序辨說》，《朱子全書》第一冊，頁375。
〔註107〕《呂氏家塾讀詩記》卷十《魏風·十畝之間》，頁8a～8b。
〔註108〕《呂氏家塾讀詩記》卷十《魏風·十畝之間》，頁9a～9b。呂祖謙對方伯連
　　　　帥這一制度關注很多，《讀詩記》多次提及，如《王風·揚之水》、《彤弓》的
　　　　小序下。

即是以禮制重建社會秩序。就王安石而言，他在親自注解的《周禮》中就寄予了北宋士人期待政治改革，使「四夷事中國」〔註109〕、回覆上古三代之治的普遍理想，但是王安石並沒有實現這個理想。四庫館臣說：

> 安石以《周禮》亂宋，學者類能言之。然《周禮》之不可行於後世，微特人人知之，安石亦未嘗不知也。安石之意，本以宋當積弱之後，而欲濟之以富強，又懼富強之說必爲儒者所排擊，於是附會經義以鉗儒者之口，實非眞信周禮爲可行。迨其後，用之不得其人，行之不得其道，百弊叢生，而宋以大壞〔註110〕。

熙豐新政不但沒有使宋王朝實現富國強兵的愿望，反而使士大夫的矛盾更爲激化，黨爭此起彼伏，「宋以大壞」。幾十年後，北宋滅亡，皇帝的「八尺方床收縮而爲行軍帆布床」〔註111〕，南宋士大夫繼續反思王安石新政，重新尋找「王天下」的可行途徑，因此，如何恢復、發展國力，重新構建被戰爭衝敗的社會秩序，如何對抗外族的入侵，成了士大夫密切關注的焦點。余英時先生說：

> 南宋以下，儒學並沒有改變其重建秩序的大方向，不過由於時移勢易，面對的實際問題既不同於北宋，革新的衝力也相對有所減弱。但王安石與神宗的遇合及其得君行道之專卻對南宋理學家發生了莫大的精神激勵……事實上這也構成了南宋理學家的一個顯著的政治特色……南宋理學家一方面揚棄了王安石的「新法」和「新學」，另一方面則始終擺脫不掉王安石幽靈的召喚，隨時待機而動，爲重建秩序而效命〔註112〕。

重建秩序的愿望，常常在《讀詩記》中有所體現，呂祖謙引程頤之說曰：

> 陳，舜之後也。聖人之都，風化所厚也；聖人之國，典法所存也。王澤竭而風化熄矣，夷道行而典禮亡矣。天下之所以安且治者，聖人之道行也。聖人之道絕，則危亡至矣。人情迫於危亡則思治安，故思治者，亂之極也。檜、曹懼於危亡而思周道，故爲亂之終。亂

〔註109〕語出《呂氏家塾讀詩記》卷三二《商頌‧殷武》所引王安石之說：「荊楚居國南鄉，比之氐羌則近國爾。成湯之時，自彼氐羌，莫敢不來享，莫敢不來王。謂四夷事中國，乃常道也」，頁15a。

〔註110〕《四庫全書總目》卷一九《周官新義》條，頁150上。

〔註111〕錢鍾書語，出自《宋詩選注》，北京：三聯書店，2002，《序》，頁1。

〔註112〕《朱熹的歷史世界》，頁315。

既極，必有治之之道；危既甚，必有安之之理。自昔天下何嘗不拯
亂而興治，革危而爲安。周家之先，由是道也。其居豳也，趨時務
農，以厚民生，善政美化，由茲而始，王業之所以興也〔註113〕。

程氏《易‧剝‧上九》傳曰：諸陽消剝已盡，獨有上九一爻尚
存，如碩大之果不見食，將有復生之理。上九亦變，則純陰矣。然
陽無可盡之理，變於上則生於下，無間可容息也。陰道極盛之時，
其亂可知。亂極則自當思治，故眾心願戴於君子，君子得輿也。《詩》
《匪風》、《下泉》所以居變風之終也〔註114〕。

對宋代來說，「靖康之難」又何嘗不是「亂之極」呢？宋室南渡之後，面
臨強敵，風雨飄搖，士大夫重新構建新秩序的願望極爲強烈，所以，他們心
繫天下，更加積極地參與時政。余英時先生認爲，要想重建秩序，就得得到
君主的信任和認同，「得君行道」是宋代士大夫政治文化的核心部分。南渡之
後，這個群體意識被理學家繼承了下來。他們嚮往王安石與神宗的神遇，始
終把希望寄託在宋孝宗身上，因而通過「輪對」制度〔註115〕，當面與孝宗對
話成爲理學家「得君」的重要方式〔註116〕。據《宋史》本傳及杜海軍所編《呂
祖謙年譜》，呂祖謙論及時政的輪對主要有兩次，第一次是乾道六年（1170），
呂祖謙以太學博士入對，勉勵孝宗留意聖學，且言恢復大事，規模當定，方
略當審；第二次是淳熙四年（1177）八月，這次輪對的核心是言「治體」。在
第二篇箚子當中，呂祖謙指出了宋代「治體」的狀況：

臣竊惟國朝治體有遠過前代者，有視前代猶未備者。以寬大忠
厚建立規模，以禮遜節義成就風俗，當儆擾艱虞之後，其效方見。
如東晉之在江左，內難相尋，曾無寧歲。自駐蹕東南以來，踰五十
年無纖毫之虞，則根本至深可知矣。此所謂遠過前代者也。文治可
觀而武績未振，名勝相望而幹署未優，雖昌熾盛大之時，此病已見。
如西夏元昊之難，漢、唐謀臣從容可辦，以范仲淹、韓琦之賢，皆

〔註113〕《呂氏家塾讀詩記》卷一《刪次》，頁14b～15a。
〔註114〕《呂氏家塾讀詩記》卷十五《曹風‧下泉》，頁7b。
〔註115〕宋制，官員輪值上殿策對時政利弊，謂之「輪當面對」，亦省稱爲「輪對」。
趙升《朝野類要》卷一《班朝》第六條「輪對」：「自侍從以下，五日輪一員
上殿，謂之輪當面對，則必入時政或利便箚子。若臺諫，則謂之有本職公事。
若三衙大帥，謂之執杖子奏事。」〔宋〕趙升撰，王瑞來點校：《朝野類要》，
北京：中華書局，2007，頁22。
〔註116〕《朱熹的歷史世界》，頁445。

一時選，曾莫能平殄，則事功不競可知矣。此所謂視前代猶未備者
也。陛下慨然念讎恥之未復，版圖之未歸，故留意功實，將以增益
治體之所未備。至於本朝立國之根本，蓋未嘗忘也……治體其視前
代未備者，固當激厲而振起；其遠過前代者，尤當愛護而扶持。議
者乃徒欲事功之增，而忘根本之損，陛下清閒之時，豈可不永念其
故哉〔註117〕。

　　這次輪對，呂祖謙所論的「治體」正是針對宋初君主鑒於唐五代藩鎮割
據之弊，使文人掌兵，而最終無兵可用的狀況而發的。在《左傳類編》和《歷
代制度詳說》中，呂祖謙都談及兵制，以切於實用。呂祖謙並不空談禮制，
而必倚重史學，從歷代興衰之中，評論得失，爲當前政治提供借鑒。呂祖謙
說：

壺丘子問於列子曰：「子好遊乎？」列子對曰：「人之所遊，觀
其所見。我之所遊，觀其所變。」此可取以爲看史之法。大抵看史
見治則以爲治，見亂則以爲亂，見一事則止知一事，何取？觀史當
如身在其中，見事之利害，時之禍患，必掩卷自思，使我遇此等事，
當作如何處之？如此觀史，學問亦可以進，知識亦可以高，方爲有
益〔註118〕。

　　蒙文通先生曾將呂祖謙的《十七史詳節》與司馬光的《資治通鑒》做了
一個比較，認爲兩書在史料上裁繁就簡的理念基本相同，而表、志、雜傳之
屬，足以橫觀一代之全面者，司馬光恒削之，呂祖謙必存之，其視史學之範
圍，一狹一廣，大不相同〔註119〕。呂祖謙認爲「治體定，則治道成」〔註120〕，
他將這種理念也貫之於《讀詩記》中。在《匪風》的篇末，呂祖謙有這樣的
說法：

《匪風》、《下泉》，思周道之詩，獨作於曹、檜，何也？曰：
政出天子，則強不陵弱，各得其所；政出諸侯，則徵發之煩，共億
之困，侵伐之暴，唯小國偏受其害，所以睠懷宗周爲獨切也。戰國
時房喜謂韓王曰：「大國惡有天子，而小國利之。」以此二詩驗之，

〔註117〕《東萊集》卷三《淳熙四年輪對箚子》，《四庫全書》第一一五〇冊，頁31～
　　　　32。
〔註118〕《麗澤論說集錄》卷八《門人集錄史說》，《四庫全書》第七〇三冊，頁 421
　　　　～422。
〔註119〕蒙文通《中國史學史》，頁85。
〔註120〕語出《增訂東萊書說》卷二三《洛誥》，《四庫全書》第五七冊，頁354。

其理益明。貫誼欲眾建諸侯而少其力，雖其言略而不精，亦可謂少知治體矣〔註121〕。

又如，在《祈父》篇末，呂祖謙詳細地考察了古代兵制的變遷：

> 讀是詩見宣王變古制者二焉。前兩章既刺其以宿衛之士從征役矣，末章復曰「祈父，亶不聰。胡轉予于恤，有母之尸饔。」有親老而無它兄弟，其當免役征，在古必有成法，故責其不聰，其意謂此法人皆聞之，彼司馬獨不聞乎？乃驅吾從戎，使吾親不免薪水之勞也。責司馬者，不敢斥宣王也。越勾踐伐吳，大徇於軍曰：「有父母耆老而無昆弟者以告。」勾踐親命之曰：「我有大事，子有父母耆老，而子為我死，子之父母將轉於溝壑，子為禮已重矣。子歸，沒而父母之世。後若有事，吾與子圖之。」勾踐尚能辦此，況周之盛時乎！其有定制必矣。太子晉諫靈王之辭曰：「屬始革典，十四王矣。」又曰：「自我先王屬、宣、幽、平而貪天禍，至于今未弭。」宣王中興之主也，至與幽、屬並數之，其辭雖過，觀是詩所刺，則子晉之言，豈無所自歟〔註122〕？

又如在《唐風‧無衣》篇末，呂祖謙這樣解釋禮樂征伐之權一步步移於諸侯：

> 喬琳為朱泚吏部尚書，選人白前所注某官不便，琳答曰：「足下謂此選竟便乎？」朱泚雖有吏部選而不可謂之便。晉國雖有冕服，苟無天子之命，亦不可謂之「安且吉」、「安且燠」也。琳之為泚臣，王師復振，旦夕誅滅，宜其發此言。若武公之篡，當東周之衰，雖以枝代宗，豈即有禍。是詩之作，乃其中心誠有所大不安也。玩其辭氣，與劉仁恭求長安本色之語異矣。仲尼錄之，所以見秉彝之不可殄滅，而王綱之猶可舉也。以《史記》、《左傳》考之，平王二十六年，晉昭侯封季弟成師於曲沃，專封而王不問，一失也；平王三十二年，潘父弒昭侯，欲納成師，而王又不問，二失也；平王四十七年，曲沃莊公弒晉孝侯，而王又不問，三失也；桓王二年，曲沃莊伯攻晉，王非特不能討曲沃，反使尹氏、武氏助之。及曲沃叛王，王尚能命虢伐曲沃，立晉哀侯。使其初師出以正，豈止於此乎？四

〔註121〕《呂氏家塾讀詩記》卷十四《檜風‧匪風》，頁5b～6a。
〔註122〕《呂氏家塾讀詩記》卷二十《祈父之什‧祈父》，頁2b～3b。

失也；桓王十三年，曲沃武公弒晉小子侯，王雖不能即討，明年猶
能命虢仲立晉哀侯之弟緡于晉，又明年猶能命虢仲、芮伯、梁伯、
荀侯、賈伯伐曲沃，至是武公篡晉，僖王反受賂，命之爲諸侯，五
失也。以此五失觀之，則禮樂征伐移於諸侯，降於大夫，竊於陪臣，
其所由來者漸矣〔註123〕。

那麼，明於治體、精於制度的呂祖謙在《讀詩記》中寄予了怎樣的社會
理想呢？在《簡兮》的最後一章，呂祖謙解釋「云誰之思，西方美人。彼美
人兮，西方之人兮」幾句時說：

西方，指西周也。《晉語》齊姜氏引「西方之書」，韋昭以爲
周亦西周也。周既東遷而衰，每思其全盛之時，文獻之美也。作詩
者嘆碩人之賢，謂山則有榛，隰則有苓，唯西周然後有此等人物也
〔註124〕。「云誰之思，西方美人」，見碩人而慨然有懷西周之賢士
大夫也。「彼美人兮，西方之人兮」，指碩人也，嗟美其眞西周之人，
而非今世之人也。江左諸人喜言中朝名臣，亦此意也〔註125〕。

又，在《烝民》一詩中，呂祖謙引楊時之說曰：

近取諸身，百體五藏，達之於君臣、父子、夫婦、長幼、朋友，
皆物也，而各有則。視、聽、言、動，必由禮焉，此一身之則也。
爲君而止於仁，爲臣而止於忠，爲父而止於慈，爲子而止於孝，此
君臣、父子之則也。夫婦有別，長幼有序，朋友有信，此夫婦、朋
友、長幼之則也，皆天理之常，故曰「民之秉彝」也，故「好是懿
德」〔註126〕。

在《蒹葭》中，呂祖謙認爲「所謂伊人，猶曰所謂此理也」，並將「此理」
十分明確地指爲「周禮」，此處又據韋昭《國語注》將「西方之人」指爲「西
周之賢士大夫」。人倫綱常，視聽言動皆有常理可循。呂祖謙在《讀詩記》中
所寄予的理想，與宋代士大夫「回覆上古三代之治」的理想基本一致，只是
他精於禮學和史學，並不空言性理，所以其途徑比朱子、陸九淵等人更切於
日用層面。朱子晚年也注意到了性理之學終歸要有所依託，才能付諸於現實，

〔註123〕《呂氏家塾讀詩記》卷十一《唐風·無衣》，頁 16b～17b。
〔註124〕此句的「周」，原作「州」，據上下文意及文淵閣《四庫全集》本《呂氏家塾
　　　　讀詩記》改。
〔註125〕《呂氏家塾讀詩記》卷四《邶風·簡兮》，頁 31a。
〔註126〕《呂氏家塾讀詩記》卷二七《蕩之什·烝民》，頁 38a～38b。

所以他親自主持編纂了《儀禮經傳通解》這部鴻篇巨著，這也是他的晚年之作。值得思考的是，朱子編纂此書受呂祖謙的影響非常大〔註127〕。

第四節　呂祖謙理學思想與其《詩》學觀念的契合

馮友蘭先生說：

> 新儒家的最終目的是教人怎樣成為儒家的聖人〔註128〕。

張載說「二程從十四五時便銳然欲學聖人」〔註129〕，二程之後的理學家亦以「成聖」相期許。怎樣成為聖人，也是呂祖謙密切關注的話題，他告訴弟子為學要以聖人為準的：

> 為學須是以聖人為準的，步步踏實地，所以謂學不躐等〔註130〕。

> 人之於學，避其所難，姑為其易者，斯自棄矣。夫學必至於大道，以聖人自期，而猶有不至者焉〔註131〕。

由學而至聖固然是朱子所一再強調的法則，不過，對呂祖謙來說，他更注重人與生俱來的良知良能：

> 吾胸中自有聖人境界，吾能反而求之，則當有應之者，如「克己復禮，天下歸仁」之意是也〔註132〕。

> 凡人未嘗無良心良知也，若能知所以養之，則此理自存，至於生生不窮矣〔註133〕。

> 竊意窮物蓋窮理也。萬物各有其理，將欲處之，各盡其道，非研窮工夫，則無由得。然人固自有天然之本體，純粹清明，不待思慮，不勞計度，遇事觸物，而吾胸中一際接焉，固有至當之理油然而生。若夫心之容物，固所以求其天，奈何人之私意易萌，思慮所

〔註127〕王貽樑：《儀禮經傳通解校點說明》，《朱子全書》第二冊，頁1～3。
〔註128〕馮友蘭：《中國哲學簡史》，北京：北京大學出版社，1996年第2版，頁230。
〔註129〕陳榮捷：《近思錄詳注集評》卷十四《聖賢》第二十六則，上海：華東師範大學出版社，2007，頁326～327。
〔註130〕《麗澤論說集錄》卷十《門人所記雜說下》，《四庫全書》第七〇三冊，頁449。
〔註131〕《麗澤論說集錄》卷十《門人所記雜說下》，《四庫全書》第七〇三冊，頁445。
〔註132〕《麗澤論說集錄》卷一《門人集錄易說上》，《四庫全書》第七〇三冊，頁270。
〔註133〕《麗澤論說集錄》卷一《門人集錄易說上》，《四庫全書》第七〇三冊，頁301。

不及，計度所不逮，則背理傷義，未能保其不無也〔註134〕。

　　人的本心存有至理，學者只需把失掉的本心找回。呂祖謙認為人性是善的，有的人之所以成為聖賢，就在於他摒除了氣稟的影響，保持了固有的善心，因而「存心」對成聖來說十分重要〔註135〕。呂祖謙極為稱揚孟子「學問之道無他，求放心而已矣」〔註136〕，他的修身治學之道也就是「存本心」、「求放心」而已：

　　　　聖門之學，皆從自反中來。後世學者，見人不親、不治、不答，只說枉了做許多工夫，或說好人難做，此所以工夫日退一日。君子之學，見人不親、不治、不答，反去根原上做工夫，所以日進一日。蓋仁者愛之原，敬者禮之原。孟子又言非特三事如此，凡事有齟齬，行有不得處，盡反求諸己，使表裏相應而後可。如一分未盡，便有齟齬；如果十分正當，天下自然歸之。《詩》曰：「永言配命，自求多福。」命，天命也，天命流行不息，配命則純亦不已。多福者，百順之名，本不在外，自求而已。大抵天下事果不在外，只緣人信不篤。孔子所謂「求諸己」、「求諸人」，正是邪正、聖賢、君子小人分處。孟子此段，乃學者切要工夫〔註137〕。

　　　　子弟有不率教，當如何？曰：只當反求諸己，直是如此，始是教之之道〔註138〕。

　　呂祖謙的這種觀念有極為強烈的陸學色彩〔註139〕。陳戰峰說：

　　　　呂祖謙的《詩經》學調劑朱陸的學術思想特徵體現在對「則」和「心」的雙重肯定上，他主張在閱讀《詩經》詩篇中要「識見得正心」，又主張「準則在人心」，所以他的治學功夫論也集中在「中和為則」與「復歸本心」上。也許可以說，呂祖謙的《詩經》學在思想上以調劑朱陸的面目出現，但更傾向於陸學〔註140〕。

〔註134〕《東萊集》別集卷十六《答學者所問》，《四庫全書》第一一五〇冊，頁363。
〔註135〕《宋明理學史》，頁352。
〔註136〕語出《孟子·告子上》「仁，人心也」章。
〔註137〕《麗澤論說集錄》卷七《門人集錄孟子說》（「孟子曰『愛人不親，反其仁止自求多福』」條），《四庫全書》第七〇三冊，頁401。
〔註138〕《麗澤論說集錄》卷九《門人所記雜說上》，《四庫全書》第七〇三冊，頁439。
〔註139〕陳來《宋明理學史》：「呂祖謙在調和朱陸兩派的觀點過程中，是偏向『心學』一邊的。」頁349。
〔註140〕《宋代詩經學與理學》，頁178。呂祖謙的思想體系傾向於陸學，與其家學淹

　　「求放心」依然要有可行的途徑。具體而言，呂祖謙要求學者下學上達，改變氣質，涵養體察。《禮記・經解》說「溫柔敦厚，《詩》教也」，「故《詩》之失愚」，「其爲人也溫柔敦厚而不愚，則深於《詩》者也。」〔註141〕呂祖謙讀《論語》「躬自厚而薄責於人」一語而變化氣質，遂終生無復慍色。這樣，呂祖謙的「變化氣質」之說就與「溫柔敦厚」的《詩》教聯繫在一起：

　　　　看《詩》且須諷詠，此最治心之法〔註142〕。

　　呂祖謙對「變化氣質」之說體任躬行，所以他也以此說教育子弟〔註143〕：

　　　　爲學大益，在自求變化氣質。不爾，皆爲人之弊，卒無所發明，
　　不得見聖人之奧〔註144〕。

　　變化氣質要下學而上達，不可躐等而進。在《齊風・甫田》中，呂祖謙說：

　　　　苟由其道而循其序，則小者俄而大，微者俄而著，厥德脩罔覺，
　　非計功求獲者所能與也〔註145〕。

　　既然要循序漸進，那麼又要從何事開始呢？呂祖謙說：

　　　　爲學斷自四事起：飲食，衣服，居處，言語〔註146〕。

　　　　後生學問且須理會《曲禮》、《少儀》、《禮儀》等，學灑掃、應
　　對、進退之事，及先理會《爾雅》訓詁等文字，然後可以語上。下
　　學而上達，自此脫然有得，度越諸子也。不如此，則是躐等犯分陵
　　節，終不能成。孰先傳焉，孰後倦焉，不可不察也〔註147〕。

　　呂祖謙的這種觀念在其《詩》學中多有反應，如：

　　通佛學的傳統有關。呂祖謙亦嘗研究佛理，詳見本見第二章的相關論述。侯
　　外盧說：「宋明理學家在不同程度上接受了佛教的思想影響，呂祖謙也不例
　　外。這也是他的佛學家風的傳統。」《宋明理學史》，頁354。

〔註141〕《禮記注疏》卷五十《經解》，《十三經注疏》，頁1609。

〔註142〕《麗澤論說集錄》卷三《門人所記詩說拾遺》，《四庫全書》第七○三冊，頁
　　　　340。

〔註143〕在朱子看來，這種方法存在一定的問題：「或問：東萊謂變化氣質，方可言學。
　　　　曰：此意甚善。但如鄙意，則以爲學乃能變化氣質耳。若不讀書窮理，主敬
　　　　存心，而徒切切計較於昨非今是之間，恐亦勞而無補也。」《朱子語類》卷一
　　　　一二二《呂伯恭》，《朱子全書》第十八冊，頁3851。

〔註144〕《近思錄詳注集評》卷二《爲學》第一百則，頁97。

〔註145〕《呂氏家塾讀詩記》卷九《齊風・甫田》，頁12b。

〔註146〕《麗澤論說集錄》卷十《門人所記雜說下》，《四庫全書》第七○三冊，頁451。

〔註147〕《少儀外傳》卷上，《叢書集成初編》本，頁1。

看《詩》須是以情體之，如看《關雎》詩，須識得正心，一毫過之，便是私心。如「窈窕淑女，寤寐求之」，此樂也，過之則爲淫；「求之不得，輾轉反側」，此哀也，過之則爲傷。天生蒸民，有物必有則，自有準則在人心，不可過也〔註148〕。

陳氏曰：君子動容貌，斯遠暴慢。正顏色，斯近信。出辭氣，斯遠鄙倍。其見於容貌、顏色、辭氣之間，有常度矣，豈固爲是拘拘者哉！蓋和順積中，而英華發外，是以由其威儀一於外，則其心如結於內者，從可知也〔註149〕。

《漢廣》，一章已知游女之不可求矣，二章、三章復思「秣其馬」、「秣其駒」，蓋義理未勝，故雖明知其不可求，而慾念數起也。窒慾之道，當寬而不迫，譬如治水，驟遏而急絕之，則橫流而不可制矣。故詩人不禁慾之起，而速禮之復……心一復則慾一衰，至於再，至於三，則人慾都亡而純乎天理矣。嗚呼，《漢廣》一詩，其窒慾之大用歟〔註150〕！

值得注意的是，「自求多福」是呂祖謙作《東萊博議》時就特別強調的觀念，這一點在《鄭太子忽辭昏》一文中有較爲全面的闡釋：

爲國者當使人依己，不當使己依人。己不能自立，而依人以爲重，未有不窮者也。所依者不能常盛，有時而衰；所依者不能常存，有時而亡。一旦驟失所依，將何所恃乎？嗚呼，此特論依之不可常耳。抑有甚者焉，使所依者常盛而不衰，常有而不亡，可謂得所依矣，然猶未足恃也。晉方主盟諸夏，宋深結而謹事之，倚以自固，想其心必自以爲善擇所依矣。及陷於楚師之圍，析骸而炊，易子而食。晉迫於狄，坐視而莫能救也。當時諸侯之強盛者莫如晉，諸侯之可依者亦莫如晉，晉猶不可依，而況其他乎？嗚呼，此特論人之不足依爾。抑又有甚者焉，西魏孝武脅於高歡，日有篡奪之憂，所恃以爲依者宇文泰耳。一旦脫身虎口，自杖入關，捨所畏而得所

〔註148〕 《麗澤論說集錄》卷三《門人所記詩說拾遺》，《四庫全書》第七○三冊，頁340～341。
〔註149〕 《呂氏家塾讀詩記》卷十五《曹風·鳲鳩》，頁5b～6a。
〔註150〕 《麗澤論說集錄》卷三《門人所記詩說拾遺》，《四庫全書》第七○三冊，頁342。

依，天下之樂，有過於是乎？然孝武之禍，不在於所畏之高歡，而在於所依之宇文泰。以是論之，非惟人之不可依，而禍實生於所依也。外物之變，不可勝窮，恃外以爲安者，其患夫豈一端耶！人皆咎鄭忽之辭齊女，不能依大國以自固，殆非也。使忽不辭而取文姜，則彭生之禍移於鄭矣，豈有禍魯而福鄭者耶？自古小國連姻大國，得其所依者蓋無幾，而啓釁召兵，如銅斗摩笄之禍者皆是也。然則忽之辭昏，固亦未可厚非也。後世徒見其終以微弱致禍，遂并與辭昏譏之，殊不知忽前得之於辭昏，後失之於微弱，一是一非，兩不相掩，烏得以後之非，廢前之是哉！忽之言曰：「自求多福，在我而已，大國何爲？」斯言也，實先王之法言，古今之篤論也。在我之福，以堯爲父而不能與丹朱，以周公爲兄而不能與管蔡，以周宣爲子而不能與屬王，以大國亦何有於我哉？苟忽能充是言，則《洪範》之五福，周《雅》之百祿皆我有也，尚何微弱之足患乎！論者不識忽之不能蹈其言，而反譏其言之失，亦惑矣。苟不以人廢言，而深味其言，釋然深悟天下之福，皆備於我，無在我之外者。攀援依附，一掃俱除，天下無對，制命在內。忽言之於千載之上，我用之於千載之下，是忽雖不能自用，適所以留爲我之用也，豈曰小補之哉〔註151〕？

後來，呂祖謙將這種觀念引入到《讀詩記》中，在《有女同車》一詩的篇末，呂祖謙解釋鄭忽敗亡的原因時說：

> 不借助於大國而自求多福，忽非奮然誠有是志也。蓋其爲人，淺狹而多所拘攣，暗滯而動皆疑畏，浮易而不知審量，孑孑然以文義自喜，而國勢人情與其身之安危，皆懵然莫之察也，適足以取亡而已矣。使忽誠有是志而深求其實，則質之弱固可強，而所以持國者固無待於外助也。惟其爲善有名而無情，所以卒見嗤於祭仲，而爲詩人所閔。此功利之說所以多勝，而信道者所以益寡也〔註152〕。

又如，在解釋《文王》第七章「無念爾祖，聿脩厥德。永言配命，自求

〔註151〕《左氏博議》卷四《鄭太子忽辭昏》，《四庫全書》第一五二冊，頁331～333。四庫本文字錯訛之處甚多，以北京書店影印1936年世界書局本《東萊博議》參校異文，下同。

〔註152〕《呂氏家塾讀詩記》卷八《鄭風·有女同車》，頁17b～18a。

多福」四句詩時，呂祖謙引李樗和王安石之說曰：

> 李氏曰：「無念爾祖」，言成王欲念爾祖，則在乎聿修厥德而已。能修德，則可以長配天命，而福祿自來矣。孟子曰：「禍福無不自己求之者。」商自求禍，周自求福，天何容心於其間哉！王氏曰：足乎己無待於外之謂德，以德求多福則非有待於外也〔註153〕。

呂祖謙也將《中庸》的觀念引入到《毛詩》中來，講究「中」、「常」，凡事不過其規矩法度，無過亦無不及，而又可用之於日用平常之間，如：

> 「悠哉悠哉，輾轉反側」，憂之不過其則也。「琴瑟友之」、「鐘鼓樂之」，樂之不過其則也。所謂「樂而不淫，哀而不傷」者也〔註154〕。

在《黍離》、《雞鳴》兩詩中，呂祖謙引劉安世與范氏之說曰：

> 人之情於憂樂之事，初遇之則其心變焉，次遇之則心微變，三遇之則其心如常矣，此常人之情也。至於君子忠厚之情則不然，其行役往來，故非一見也，初見稷之苗矣，又見稷之穗矣，又見稷之實矣，而所感之心，始終如一，不少變而愈深，此則詩人之意也〔註155〕。

> 聖人順天地陰陽之理，觀萬物之情，明而動，晦而休，故以雞鳴為夙興之節。至於蟲飛薨薨，則不獨以急於政事，亦非尚寐之時也。君子之修身，不以有事而蚤，無事則晏，其興居皆順天地之理，所以為常也〔註156〕。

因而，在觀照「本心」的前提下，呂祖謙採用以意逆志的方法去探求詩中的情感。陳戰峰博士說，在《讀詩記》中，呂祖謙注重發覺「詩人之情（心）」和「主人公之情（心）」，並與「本心」對照，賦予義理的批判〔註157〕。比如在《東萊博議》中的《鄭莊公共叔段》一文中，呂祖謙探明鄭莊公之心說：

> 釣者負魚，魚何負於釣？獵者負獸，獸何負於獵？莊公負叔段，叔段何負於莊公？且為釣餌以誘魚者，釣也；為陷穽以誘獸者，獵也。不責釣者而責魚之吞餌，不責獵者而責獸之投穽，天下寧有

〔註153〕《呂氏家塾讀詩記》卷二五《文王之什‧文王》，頁7b。
〔註154〕《呂氏家塾讀詩記》卷二《周南‧關雎》，頁9a。
〔註155〕《呂氏家塾讀詩記》卷七《王風‧黍離》，頁3b。
〔註156〕《呂氏家塾讀詩記》卷九《齊風‧雞鳴》，頁2b。
〔註157〕《宋代詩經學與理學》，頁177。

是耶？莊公雄猜陰狠，視同氣如寇讎，而欲必致之死，故匿其機而使之狃，肆其欲而使之放，養其惡而使之成。甲兵之強，卒乘之富，莊公之鉤餌也。百雉之城，兩鄙之地，莊公之陷穽也。彼叔段之冥頑不靈，魚耳，獸耳，豈有見鉤餌而不吞，過陷穽而不投者哉？導之以逆，而反誅其逆；教之以叛，而反討其叛。莊公之用心，亦險矣！莊公之心，以為亟治之，則其惡未顯，人必不服；緩治之，則其惡已暴，人必無辭。其始不問者，蓋將多叔段之罪而斃之也。殊不知叔段之惡日長，而莊公之惡與之俱長；叔段之罪日深，而莊公之罪與之俱深。人徒見莊公欲殺一叔段而已，吾獨以為封京之後，伐鄢之前，其處心積慮，曷嘗須臾而忘叔段哉？苟興一念，是殺一弟也；苟興百念，是殺百弟也。由初及末，其殺段之念，殆不可千萬計，是亦殺千萬弟而不可計也。一人之身，殺其同氣，至於千萬而不可計，天所不覆，地所不載，雖四海之波，亦不足以濯其惡矣。莊公之罪，顧不大於叔段耶？吾嘗反覆考之，然後知莊公之心，天下之至險也。祭仲之徒，不識其機，反諫其都城過制，不知莊公正欲其過制；諫其厚將得眾，不知莊公正欲其得眾。是舉朝之卿大夫，皆墮其計中矣。鄭之詩人，不識其機，反刺其不勝其母以害其弟，不知莊公正欲得不勝其母之名；刺其小不忍以致大亂，不知莊公正欲得小不忍之名，是舉國之人皆墮其計中矣。舉朝墮其計，舉國墮其計，莊公之機心，猶未已也。魯隱公十一年，莊公封許叔，而曰：「寡人有弟，不能和協，而使糊其口於四方，況能久有許乎？」其為此言，是莊公欲以欺天下也。魯莊十六年，鄭公父定叔出奔衛，三年而復之，曰：「不可使共叔無後於鄭。」則共叔有後於鄭舊矣。段之有後，是莊公欲以欺後世也。既欺其朝，又欺其國，又欺天下，又欺後世，噫嘻，岌岌乎險哉莊公之心歟！然將欲欺人，必先欺心。莊公徒喜人之受吾欺者多，而不知吾自欺其心者亦多。受欺之害，身害也；欺人之害，心害也。哀莫大於心死，而身死亦次之。受欺者身雖害，而心固自若；彼欺人者，身雖得志，其心固已斷喪無餘矣。在彼者所喪甚輕，在此者所喪甚重。本欲陷人，而卒自陷。是鉤者之自吞鉤餌，獵者之自投陷穽也。非天下之至拙者，詎至此乎？

故吾始以爲莊公爲天下之至險，終以莊公爲天下之至拙〔註158〕。

呂祖謙將這種觀念引入《讀詩記》中，在《將仲子》一詩中，他說道：

「將仲子兮，無踰我里，無折我樹杞」，辭雖拒仲，而意則與之，如侍人僚祖告昭公以去季氏之謀，公執戈以懼之之類。「豈敢愛之，畏我父母」，則於段非有所不忍也。「仲可懷也，父母之言，亦可畏也」，則拳拳於叔而不得已於姜氏者可見矣。「畏我諸兄」、「畏人之多言」，特迫於宗族、國人之議論，非愛段也。具文見意，而莊公之情得矣〔註159〕。

類似的說法也見於《麗澤論說集錄》：

「無踰我里」，非謂其恐傷害吾兄弟也，不欲明受殺弟之名而陽拒之也。「仲可懷也」，感其罄忠而不覺形之於辭氣也。多言可畏，謂未可遽治，而必待其惡稔也。深味三章之意，則莊公之心不待言而見矣〔註160〕。

在呂祖謙的論說之下，鄭莊公必欲置公叔段於死地之心就明白於天下了，因而序中所說的「不勝其母以害其弟，弟叔失道而公弗制，祭仲諫而公弗聽，小不忍以致大亂焉」也不過是未發覺莊公之本心而已。

又如，《十畝之間》這首詩，小序說「刺時也。言其國削小，民無所居焉」〔註161〕，呂祖謙反覆申明「國雖小，處於心者不可以小」之意：

《十畝之間》，刺國小而不能居，此舊說也。雖然，國雖小，視人君之處心何如耳。湯之國也七十里爾，文王之國百里爾，當時不聞湯、文之民以其國爲小也。湯、文國雖狹，其心之處民則廣矣、大矣。魏國褊小，其君之心，亦能廣大而容民乎？想其心焦然不寧，自處既狹，其處民亦狹，而斯民始有不足。大抵詩人作詩，比物極佳，「桑者閑閑」、「桑者泄泄」，見國人往來如此之繁，則以其褊小而民不散。譬之滄海之大，山林之廣，魚鱉鳥獸，不見其多；苟畜之小沼，聚之樊籠，則掉尾相並，鳴號終日。此

〔註158〕《左氏博議》卷一《鄭莊公共叔段》，《四庫全書》，第一五二冊，頁297～299。
〔註159〕《呂氏家塾讀詩記》卷八《鄭風・將仲子》，頁5a～5b。
〔註160〕《麗澤論說集錄》卷三《門人所記詩說拾遺》，《四庫全書》第七〇三冊，頁346。
〔註161〕《呂氏家塾讀詩記》卷十《魏風・十畝之間》，頁8a。

無他，水少而地狹也。「閑閑」、「泄泄」，其國之小可知矣。國雖小，處於心者不可以小也。顏子之在陋巷，郊外之田二畝，豈能比於魏哉？然而克己復禮，使天下皆歸仁，其氣象以二畝處之而有餘也。詩人之意，又當以是觀之〔註162〕。

「百里而王」是宋儒熱心關注的一個話題，湯以七十里而王天下，文王以百里而王天下，偏居臨安的宋王朝雖失去了半壁江山，而統治者的胸襟和氣魄卻不可以小，因而這段解釋就具有了很強的現實意義。

四庫館臣說「祖謙邃於史事，知空談不可以說經，故研究傳文，窮始末以核得失」〔註163〕。呂祖謙並不空談道德性命之學，而有著很強的經世致用的理念。在風雨如晦的宋、金對峙局面之下，呂祖謙以務實的學風，包蘊了「拯救國家社稷面臨危亡的憂心」〔註164〕。呂祖謙說：

百工治器，必貴於有用。器而不可用，工弗為也。學而無所用，學將何為也耶〔註165〕？

呂祖謙的致用理念與其理學觀念得到了比較理想的結合：

前既教以三德、三行以立其根本，根本既立，固是綱舉而目張，然又須教以國政，使之通達治體。古之公卿，皆是從幼時便教養之，以為異日之用。今日之子弟，即他日之公卿。故國政之有中者，則教之以為法；不幸而國政之或失，則教之以為戒。又教之以如何整救，如何措畫，使之洞曉國家之本末源委，然後用之他日，皆良公卿也。後世自科舉之說興，學者視國家之事，如越人視秦人之肥瘠，漠然不知，至有不識前輩姓名者。異時一旦立朝廷之上，委之以天下之事，便都是杜撰，豈知古人所以教國子之意〔註166〕？

呂祖謙經世致用之說在其教育理念之中也得到充分的體現。呂祖謙任太學博士期間，寫了這樣一道《太學策問》，開篇就是：

〔註162〕《麗澤論說集錄》卷三《門人所記詩說拾遺》，《四庫全書》第七〇三冊，頁347。

〔註163〕《四庫全書總目》卷二七《春秋左氏傳續說》條，頁221。

〔註164〕侯外廬《宋明理學史》，頁360。

〔註165〕《麗澤論說集錄》卷十《門人所記雜說下》，《四庫全書》第七〇三冊，頁446。

〔註166〕《麗澤論說集錄》卷四《門人集錄周禮說》（「師氏掌以微詔王」條），《四庫全書》第七〇三冊，頁362。

問憲虞、夏、商、周之典而建學，合朔、越、楚、蜀之士而羣
居，上非特爲飾治之具，下非借爲干澤之地也。所以講實理，育實
材，而求實用也〔註167〕。

呂祖謙將這種理念灌輸在《讀詩記》中，讓子弟少時即從事於實學，《讀
詩記》中就非常明確地涉及到了很多極爲現實的問題。如《皇矣》一詩中，
呂祖謙結合文義，談到用兵之道：

用兵必有根本之地，文王駐兵於國都，以爲三軍之鎮，故曰「依
其在京」〔註168〕。

又如，在《擊鼓》一詩中，呂祖謙言及衛國輕用將帥：

「從孫子仲，平陳與宋」，言所從者乃孫子仲也，則輕其帥可
知矣〔註169〕。

在《河廣》一詩中，呂祖謙告訴弟子怎樣面對父母的離異：

《說苑》曰：「宋襄公爲太子，請於桓公曰：『請使目夷立。』
公曰：『何故？』對曰：『臣之舅在衛，愛臣。若終立，則不可以往。』」
味此詩而推其母子之心，蓋不相遠，所載似可信也。不曰欲見母，
而曰欲見舅者，恐傷其父之意也。母之慈，子之孝，皆止於義而不
敢過焉。不幸處母子之變者，可以觀矣〔註170〕。

在《常棣》一詩中，呂祖謙又分別在第二、八兩章之下告訴弟子怎樣處
好兄弟關係：

踈其所親，而親其所踈，此失其本心者也，故此詩反覆言朋友
之不如兄弟，蓋示之以親踈之分，使之反循其本也。本心既得，則
由親及踈，秩然有序。兄弟之親既篤，而朋友之義亦敦矣，初非薄
於朋友也。苟雜施而不孫，雖曰厚於朋友，如無源之水，朝滿夕除，
胡可保哉？或曰人之在難，朋友亦可以坐視歟？曰「每有良朋，況
也永嘆」，則非不憂憫，但視兄弟急難爲有差等耳，詩人之辭，容有
抑揚。然《常棣》周公作也，聖人之言，小大高下皆宜，而前後左
右不相悖〔註171〕。

〔註167〕《東萊集》卷五《太學策問》，《四庫全書》第一一五〇冊，頁44。
〔註168〕《呂氏家塾讀詩記》卷二五《文王之什‧皇矣》，頁46b。
〔註169〕《呂氏家塾讀詩記》卷四《邶風‧擊鼓》，頁13b。
〔註170〕《呂氏家塾讀詩記》卷六《衛風‧河廣》，頁15b～16a。
〔註171〕《呂氏家塾讀詩記》卷十七《鹿鳴之什‧常棣》，頁15a～15b。

告人以兄弟之當親，未有不以爲然者也。苟非是究是圖，實從事於此，則亦未有誠知其然者也。不誠知其然，則所知者特其名而已矣，凡學蓋莫不然〔註172〕。

綜上所述，呂祖謙的理學思想有很強的致用傾向，這和他以禮解《詩》的內在理路一脈相承。呂祖謙之學，雖「以性命之學起」〔註173〕，卻能同時包容事功及經制之學，因而在呂祖謙的學術體系當中，性理之學並不是其治學的最終歸宿。呂祖謙要學者發明本心，從自身尋求成聖的可能性，主張下學而上達，在讀書治學時改變氣質，關注社會人生，修身養性，以備將來之用。因此，呂祖謙在《讀詩記》中注重闡發經世致用的理念，這樣既爲子弟樹立了自存本心，反求諸己的綱常典範，也給他們賦予了任重而道遠的歷史使命感。

〔註172〕《呂氏家塾讀詩記》卷十七《鹿鳴之什·常棣》，頁 20b～21a。
〔註173〕全祖望語。

第四章　結語及全文思路回顧

這一章共分爲三節，是全書的結束部分。第一節以比較公允的態度，審視《呂氏家塾讀詩記》的優點和不足。第二節論述《呂氏家塾讀詩記》問世以後的價值及對後世所產生的影響等幾個問題。第三節是對全文思路的回顧，重新梳理了一遍本書的思路和對重要問題的解決情況。

第一節　《呂氏家塾讀詩記》的特點和不足

陸九淵的弟子朱濟道力贊文王，陸九淵說：「文王不可輕贊，須是識得文王，方可稱贊。」〔註1〕那麼對於《讀詩記》一書，我們亦當秉承這種態度，在「識得」後才能做出公允的述評，否則就無異於諛贊或詆毀。所以，本書在最後才論述《讀詩記》的特點，也正是在實踐象山先生的這種精神。基於前面幾章的論述，我們可以歸納出《讀詩記》的主要特點，分述如下。

一、呂祖謙治《毛詩》，綜合諸家之長，將漢學與宋學鎔鑄在了一起。呂祖謙梳攏前人、時人之說，將其會歸爲一，納入到自己的學術體系。這樣艱難的事情，呂祖謙完成得非常出色，這也無怪乎後人稱讚《讀詩記》「前後該貫，如出一手」了。《讀詩記》這部書就如同呂祖謙用別人的磚瓦爲自家搭建起了一座富麗堂皇的宮室，而他自己複雜的學術體系則如鋼筋水泥、房梁立柱，使這座宮室結實挺拔。呂祖謙有選擇地繼承別人的部分比較多，自做解說的部分比較少，這就使得呂祖謙作《讀詩記》時的內在理路並不容易發現。

〔註1〕《象山先生大全集》卷三四《語錄》上，《四部叢刊初編》本，頁16a。

　　二、呂祖謙治學範圍極廣，其學術體系的各方面都在其《詩》學領域有所反應。朱子曾說「東萊博學多識則有之矣，守約恐未也」〔註2〕，又說「伯恭要無不包羅〔註3〕，這些都是針對呂祖謙廣博的治學特色而言的。這部書如此廣博，以致於我不得不承認，在讀《讀詩記》前幾遍的時候，我淹沒在其汪洋浩渺之中，載沉載浮，雖知東萊《詩》學之美盡在於此，但又很難覓得其舟楫。在《讀詩記》中，朱子這些話得到了非常允當的印證。讀朱子《詩集傳》時，我們往往驚歎於朱子簡練明朗的注釋風格，而《讀詩記》則使《毛詩》承載了太多的內容，頗不易讀。

　　三、呂祖謙雖然發現了《詩》的文學性，也嘗試著以文學手法來解《詩》，主張以意逆志，但文學性並不是《讀詩記》的闡發重點，其重點在於禮制，他在注解中寄予了自己的理想。文學性的詩文以情為主，或如春蠶作繭，愈縛愈緊，或若蜻蜓點水，旋點旋飛。在《讀詩記》中，呂祖謙也注重從《詩經》本文挖掘詩義，並且以文學的手法和眼光來評論詩義〔註4〕，他說「《詩》者，人之性情而已，必先得詩人之心，然後玩之易入」〔註5〕。又說「《詩》三百篇，大要近人情而已」〔註6〕。但通觀全書，我們會發現，當呂祖謙在《讀詩記》中賦予了很多內容之後，《詩》的文學性闡發早已被沖淡了。然而，對《讀詩記》進行評論並不能只以文學性作為評判的標準，呂祖謙複雜的學術身份也必然注定了《讀詩記》內容的複雜性。若說《讀詩記》不如朱子《詩集傳》的文學性強，則只能窺一斑而失全豹，測一蠡而失萬頃。文學性的淡化並不能算作是《讀詩記》的缺憾，因為呂祖謙本就非專以文學角度來言詩，他作《讀詩記》繼承了鄭玄、王安石等學者以禮解《詩》這個內在理路，他對禮制和詩義的闡發中寄予了自己的政治理想。因此，對《讀詩記》

〔註2〕 《朱子語類》卷一二二《呂伯恭》，《朱子全書》第十八冊，頁 3850。
〔註3〕 《朱子語類》卷一二二《呂伯恭》，《朱子全書》第十八冊，頁 3851。
〔註4〕 呂祖謙以文學的眼光評論詩義的例子很多，如《清人》篇末：「師久不歸，無所聊賴，姑遊戲以自樂也。投石超距，勝之兆也；左旋右抽，潰之兆也。不言已潰而言將潰，其辭深，其情危矣。」見於《呂氏家塾讀詩記》卷八《鄭風・清人》，頁 22a。又如，《九罭》篇末：「凡詩之體，初言者本意也，再言者協韻也。『於女信處』，本意也；『於女信宿』，協韻也」，見於《呂氏家塾讀詩記》卷十六《豳風・九罭》，頁 32b。
〔註5〕 《麗澤論說集錄》卷三《門人所記詩說拾遺》，《四庫全書》，第七○三冊，頁 340。
〔註6〕 《麗澤論說集錄》卷三《門人所記詩說拾遺》，《四庫全書》，第七○三冊，頁 340。

的評價亦應是多視角的。

四、呂祖謙是一位寬厚的學者，其解《毛詩》亦屬寬厚。呂祖謙主張「《詩》體寬，不可泥著」〔註7〕，又說「看《詩》者欲懲穿鑿之弊，欲只以平易觀之，惟平易則易看。若有意要平易，便不平易。」〔註8〕呂祖謙少時因悟《論語》「躬自厚而薄責於人」一語，而成為一位寬厚的人，所以他治學主張變化氣質，為人寬厚，不鑿鑿於是非，不汲汲於立異。在《讀詩記》中，呂祖謙的這種性情體現在尊重前賢，博採眾家之長。在他眼中，凡物皆有可觀，所以他常常將幾種不同的說法（甚至是彼此相左的說法）放在一起，使讀者相互參融，各取其長。因此，《讀詩記》主張寬解，不僅僅體現在字句的訓釋，也體現在呂祖謙編纂此書所持的寬容心態上。僅這一點，就是朱子很難做到的〔註9〕。

五、《讀詩記》是一部用於家塾教育的優秀讀本。在文章將要結束時，我們還是要注意到《讀書記》的性質。杜海軍先生說：「此書發揮教育作用的最大之處，一定在於呂祖謙興辦的麗澤書院，並由書院擴充開來」〔註10〕。因此，呂祖謙作《讀詩記》的目的並不像朱子那樣主於著書立說，而是著眼於子弟教育。呂祖謙之所以要用十分廣闊的視角闡釋《毛詩》，也正是希望子弟自幼就能胸懷廣闊，以「溫柔敦厚」的詩教涵養性情。這樣看來，《讀詩記》不論是編纂的目的，還是其中的內容，都透露著呂祖謙的致用傾向。

當然，《讀詩記》中也存在很多不足，有一些是從前人那裡繼承來的，也有一些是他自己做出的誤解。這就猶如呂祖謙從前人手中領了一件華麗的舊衣，這件舊衣雖還很耐穿，卻不可避免地存在很多孔洞，呂祖謙補苴了一些，同時又不小心弄出了很多新的破口。也許，我們在批評《讀詩記》的缺憾時會於心不忍，因為呂祖謙修訂這部書時，正臥病在家。如果我們翻閱他的《庚子辛丑日記》，不免會問：有多少人能夠在病中堅持著書，即使到了畏字如虎、生命垂危的地步，還能把書編纂得這樣精當？基於這樣的情形，

〔註7〕　《麗澤論說集錄》卷三《門人所記詩說拾遺》，《四庫全書》第七〇三冊，頁341。

〔註8〕　《麗澤論說集錄》卷三《門人所記詩說拾遺》，《四庫全書》第七〇三冊，頁340～341。

〔註9〕　朱子在一封信中說道：「近亦整頓諸家說，欲放伯恭《詩》說作一書，但鄙性褊狹，不能兼容曲徇，恐又不免少紛紜耳。」見於《晦庵朱先生文集》卷五十《答潘文叔》（瞥然知見之說），《朱子全書》第二二冊，頁2290。

〔註10〕　《呂祖謙文學研究》，頁192。

我們不能對《讀詩記》苛求太多，反而應該保持著敬畏、寬厚的心態來審視它的缺點。前面說到過的諸家次第有混亂的地方、有兼存兩說而未能主其一說的地方等等，都是淺層次的錯誤，以呂祖謙治學之嚴謹，假以天年，他肯定能做出一部更加完善的《讀詩記》。不過，我們應當認識到，《讀詩記》中還有一些缺憾可能會在修訂之後也無法避免，因爲呂祖謙曾說此書「縱有增補，亦秖堪曉童蒙耳」〔註11〕，不會有太大的性質和內容上的改變，這值得我們進一步思考本書的缺憾。總體來看，這主要體現在以下幾個方面：

一、呂祖謙取《楚辭》分「經」、「傳」之例，又據鄭玄、陸德明《詩》有正變之說，將《雅》分別「經」、「傳」：《鹿鳴》以下爲《小雅》之經，《六月》以下爲《小雅》之傳；《文王》以下爲《大雅》之經，《民勞》以下爲《大雅》之傳。相關內容如下：

> 鄭玄《詩譜》曰：……《小雅》十六篇、《大雅》十八篇爲正經。……○孔氏曰：凡書非正經者謂之傳，未知此傳在何書也。
>
> 按《楚辭》，屈原《離騷》謂之經，自宋玉《九辯》以下，皆謂之傳。以此例考之，《鹿鳴》以下，《小雅》之經也；《六月》以下，《小雅》之傳也。《文王》以下，《大雅》之經也；《民勞》以下，《大雅》之傳也。孔氏謂「凡書非正經者謂之傳」，善矣。又謂「未知此傳在何書」，則非也〔註12〕。

陳文采認爲呂祖謙的這種說法「謬之甚矣」〔註13〕。不論是鄭玄、陸德明，還是孔穎達，都沒有明確的指出大小《雅》的「傳」是什麼，但是如果我們結合鄭玄的「正變」之說來審視《小雅》的前十六篇（除笙詩外的數字）和《大雅》的前十八篇，則會發現這些詩都主於「美」而非「刺」，故鄭玄所說的「正經」偏重於「正」字，所以鄭玄《詩譜》說：

> 文武時詩有《周南》、《召南》，《雅》有《鹿鳴》、《文王》之屬。及成王、周公致太平，制禮作樂，而有頌聲興焉，盛之至也。本之由此，風、雅而來，故皆錄之，謂之《詩》之正經。孔子錄懿王、夷王時詩，訖於陳靈公淫亂之事，謂之變風、變雅〔註14〕。

〔註11〕《東萊集》別集卷八《與朱侍講》（某病體），《四庫全書》，第一一五○冊，頁258。

〔註12〕《呂氏家塾讀詩記》卷十七《正小雅》，頁 1b～2b。

〔註13〕《兩宋詩經著述考》，頁 9。

〔註14〕《呂氏家塾讀詩記》卷一《風雅頌》，頁 20b。

《小雅・六月》、《大雅・民勞》之後，皆謂之變雅。美惡各以
其時，正之次也〔註15〕。

孔穎達解釋「正經」兩字更偏重於「經」字，呂祖謙因襲了孔穎達的錯
誤而將其越說越遠，以致前後矛盾，溺於孔穎達之說而無法圓通。

儘管文學史歷來將《詩》、《騷》併提，但兩者產生的文化背景卻存在著
很大的差別。李家樹、陳桐生認爲《詩經》和儒學對楚文化的影響主要在於
學術方面，而楚辭的藝術創作有它自己獨特的宗教文化藝術土壤，它不是來
自北方《詩經》這一條線索，而是源於南楚自己的宗教文化藝術體系〔註16〕。
但是，漢代學者用經學的角度來解讀《楚辭》，就形成了依經論《騷》的批評
模式〔註17〕。東漢王逸將這種觀念推向極致：

> 屈原履忠被譖，憂悲愁思，獨依詩人之義而作《離騷》，上以
> 諷諫，下以自慰。遭時闇亂，不見省納，不勝憤懣，遂復作《九歌》
> 以下凡二十五篇……夫《離騷》之文，依託《五經》以立義焉：「帝
> 高陽之苗裔」，則「厥初生民，時惟姜嫄」也；「紉秋蘭以爲佩」，
> 則「將翱將翔，佩玉瓊琚」也；「夕攬洲之宿莽」，則《易》「潛龍
> 勿用」也；「駟玉虬而乘鷖」，則「時乘六龍以御天」也；「就重華
> 而陳詞」，則《尚書》咎繇之謀謨也；「登崑崙而涉流沙」，則《禹
> 貢》之敷土也。故智彌盛者其言博，才益多者其識遠。屈原之詞，
> 誠博遠矣〔註18〕。

王逸把《離騷》的很多題材、用語跟儒家經典一一對照，互相比附，貶
低了屈賦的藝術精神和獨創特色〔註19〕。以王逸的《楚辭章句》爲標誌，中
國歷代依經論《騷》的整體批評立論框架已經構成，其後間或有一些學者在
個別問題上會有一些新見，但都沒有突破這個模式〔註20〕。此後，《詩經》和
《楚辭》的影響是互動的，當人們已經習慣以經學的模式來解釋《楚辭》，以
《楚辭》的解釋模式來解釋《詩》也是十分自然的事。呂祖謙以《楚辭章句》

〔註15〕 《呂氏家塾讀詩記》卷十九《變小雅》，頁 6a。
〔註16〕 李家樹、陳桐生：《經學與中國古代文學》，香港：香港大學出版社，頁 99。
〔註17〕 《經學與中國古代文學》，頁 107。
〔註18〕 〔宋〕洪興祖撰、白化文等點校：《楚辭補注》卷一《離騷經章句》，北京：
中華書局，1983，頁 48～49。
〔註19〕 王運熙、顧易生主編《中國文學批評史》（上冊），1981，頁 73～75。
〔註20〕 《經學與中國古代文學》，頁 109。

之例爲《雅》分別經、傳，就是這種互動模式的體現。

將《離騷》視爲《楚辭》之經，最早見於王逸的《離騷經序》：

> 屈原執履忠貞而被讒衰，憂心煩亂，不知所愬，乃作《離騷經》。
> 離，別也。騷，愁也。經，徑也。言己放逐離別，中心愁思，猶依
> 道徑，以風諫君也〔註21〕。

王逸把「經」解釋爲「徑」，又說「依道徑，以風諫君」，則「經」字又是題目的一部分。但是，「道徑」之「經」並不同於「經傳」之「經」。這種解釋牽強附會，不符合實際。所以，洪興祖訂正說：

> 古人引《離騷》未有言「經」者，蓋後世之士祖述其詞，尊之
> 爲經耳，非屈原意也。逸說非是〔註22〕。

顯然，洪興祖的辨析是正確的，而且其釋義，使「經」字回歸到了「經典」之「經」。但呂祖謙並沒有意識到這一點，也撇開了《詩》的「正變」之說，陷入了爲《詩》分經、傳的誤區。儘管朱子晚年作《楚辭集注》時就注意到了這一點，而在《詩》學方面卻不可避免地受了呂祖謙的影響：

> 問：「分《詩》之經、《詩》之傳，何也？」曰：「此得之於呂
> 伯恭。《風》、《雅》之正則爲經，《風》、《雅》之變則爲傳。如屈平
> 之作《離騷》，即經也。如後人作《反騷》與夫《九辯》之類，則爲
> 傳耳〔註23〕。」

由此可見，呂祖謙的這種錯誤觀念還是影響比較大的。

二、呂祖謙怕子弟在眾說紛紜的情況下莫知折衷，遂將諸家學說會歸於一。如果我們只把眼光集中在《讀詩記》一書上，也許會覺得這正是它的優點所在。但是，如果我們把視角放在整個《詩》學發展史上，就會發現呂祖謙的這種做法隱去了諸家學說中與呂祖謙學術體系差異太大的地方，讓人無從去瞭解其引用的各家之說的眞面目，其截取之妙使文從義順，好似歷來詩家都是如此這般相仿面孔〔註24〕。當呂祖謙在《讀詩記》中所引之書漸次亡佚的時候，這一點就顯得尤爲突出。呂祖謙曾說：

〔註21〕《楚辭補注》卷一《離騷經序》，頁2。
〔註22〕《楚辭補注》卷一《離騷經序》，頁2。
〔註23〕《朱子語類》卷八十《詩一》，《朱子全書》第十七冊，頁2767。
〔註24〕有時呂祖謙引用諸家之說，其姓氏之稱沒有畫一，比如稱張載爲「橫渠張氏」、「張氏」，又如「劉氏」，可能是元城劉安世，也可能是長樂劉彝，兩人之書俱已亡佚，無從考證其說到底出自哪一位。諸如此類，不一而足。

　　傳註之學，漢之諸儒專門名家，以至於魏、晉、梁、隋、唐，全經固失，然而王肅、鄭玄之徒說存，而猶有可見之美。自唐太宗命孔穎達集諸家之說爲《正義》，纔經一番總集，後之觀經者便只知有《正義》，而諸儒之說無復存。詩詞之作，自漢、魏而下，如建安七子，如顏、謝、徐、庾，雖爲淫麗，而古人之遺風餘韻猶間見也。至唐杜子美以大才爲之一切蓋了，故後世惟見子美之詩，而前日之詩，無復見矣〔註25〕。

　　如今，我們再閱讀《讀詩記》時也會有同樣的感慨。以鄭樵的《詩辨妄》來說，南宋之初，鄭樵猛烈地抨擊《詩》序，給學術界帶來了極爲強烈的震撼，而鄭樵之說給呂祖謙帶來的影響也不過是蜻蜓點水，因爲《讀詩記》中只是引用了鄭樵對一些字句的闡發。如今，鄭樵的《詩辨妄》已經亡佚，如果不是其他書籍對此書有所引用，若單看《讀詩記》，我們也許不會以爲鄭樵解《詩》與前儒有何不同。《讀詩記》引文宏富，但這種引用也僅僅限於呂祖謙求同存異的思路和風格，這些引文的原書已經亡佚了很多，那麼因呂祖謙求同存異的觀念而被埋沒的學者還有多少呢，這恐怕永遠不會有人知道了。

　　三、《讀詩記》的釋義有些地方過於枝蔓。呂祖謙在解釋《烝民》首章「天生烝民，有物有則，民之秉彝，好是懿德」時曾引孟子說：

　　　　孟子曰：孔子曰：「爲此詩者，其知道乎！」故有物必有則，

　　民之秉彝也，故好是懿德〔註26〕。

　　在這段文字的下面，呂祖謙又引楊時之說，稱讚孟子解《詩》簡而得體：

　　　　孟子釋《詩》，於其本文，加四字而已，而語自明矣。今之說

　　《詩》者殊不知此〔註27〕。

　　由於呂祖謙的學術體系規模宏大，他在解釋《毛詩》時並沒有從簡，反而在追求詳盡。當然，這與本書的性質及呂祖謙寬厚的性情有關係〔註28〕。這就不可避免地出現一些過於臃腫的地方。呂祖謙與孟子相反，總是力求把每個字、每句話都解釋的十分詳盡，有時還要作一些引申。同時，《讀詩記》中的這些枝蔓，還和呂祖謙博而未約的治學特點有關。呂祖謙曾說：

〔註25〕　〔宋〕呂祖謙：《左氏傳說》卷二第一條，《四庫全書》第一五二冊，頁15。
〔註26〕　這幾句話出自《孟子‧告子上》。
〔註27〕　《呂氏家塾讀詩記》卷二七《蕩之什‧烝民》，頁38a。
〔註28〕　《呂氏家塾讀詩記》是用以教育家塾子弟的，不可能從簡，參見前章論述。

蓋人生天地間，豈可不盡知天地間事，子弟之所以學，卻是如此〔註29〕。

又說：

今之學者之病，不是弱，是小〔註30〕。

呂祖謙治學的氣魄和胸懷是涵納天地，至大又至廣。呂祖謙這樣說是怕學者圍於一隅，不肯以廣大為心，因而也只是有感而發。但這種觀念體現在《讀詩記》上就並不全都是好事，反而有時顯得枝蔓而不切時宜。這些枝蔓分為兩種：

一種是呂祖謙「己說」造成的枝蔓。如在《野有死麕》的篇末，他說：

此詩三章皆言貞女惡無禮而拒之，其辭初猶緩而後益切。曰「有女懷春，吉士誘之」，言非不懷婚姻，必待吉士以禮道之。雖拒無禮，其辭猶異也。曰「有女如玉」，則正言其貞潔不可犯矣，其辭漸切也。至於其末，見侵益迫，拒之益切矣。毛、鄭以「誘」為「道」，《儀禮・射禮》亦先有誘射，皆謂以禮道之，古人固有此訓詁也。歐陽氏誤以「誘」為「挑誘」之「誘」，遂謂「彼女懷春，吉士遂誘而汙以非禮」。殊不知是詩方惡無禮，豈有為挑誘之汙行，而尚名之吉士者乎〔註31〕？

呂祖謙釋「誘」字，引毛、鄭之說，其義已詳〔註32〕，但呂祖謙在篇末又引《儀禮》之說申明「誘」有「導」意，批評歐陽修將「誘」解釋為「挑誘」。歐陽修《詩本義》中的錯誤，捨而不取可也，或另於他書辨正可也，若置於篇末則未免令人心生疑惑。

這種枝蔓尚為少數，更多的則是呂祖謙博引諸家之說的結果，比如，呂祖謙為《緜》第三章「爰契我龜」中的「契」字時引諸家之說：

毛氏曰：契，開也。《前漢書》注云：「挈，刻也。《詩・緜》之篇曰『爰契我龜』，言刻開之，灼而卜之。挈，音口計反」。○孔氏曰：春官菙氏掌共燋契以待卜事。注云：《士喪禮》曰：「楚焞置于燋，在龜東。」楚焞即契也，用以灼龜者也。《士喪禮》注云：「楚，

〔註29〕 《麗澤論說集錄》卷四《門人所記周禮說》，《四庫全書》第七○三冊，頁362。

〔註30〕 《麗澤論說集錄》卷十《門人所記雜說下》，《四庫全書》第七○三冊，頁444。

〔註31〕 《呂氏家塾讀詩記》卷三《召南・野有死麕》，頁13a。

〔註32〕 毛氏曰：「誘，道也。」鄭氏曰：「吉士使媒人道成之。」參見《呂氏家塾讀詩記》卷三《召南・野有死麕》，頁17b。

荊也。」然則卜者以楚焞之木燒之於燋炬之火，既然，執之以灼龜。

「契開」者，言契龜而開出其兆，非訓「契」爲「開」也〔註33〕。

呂祖謙既主毛氏之說，又引用《漢書》顏師古注和孔穎達疏的大量文字，三說不盡相同，枝蔓之外，又令學者無所適從，反而更加迷惑。

因此，我們不應只看到《讀詩記》廣博的一面，也應注意到由廣博而給此書造成的一些缺憾。坦誠地講，我讀《讀詩記》時找不到讀朱子《詩集傳》時那種爽明暢達的感覺。

四、《讀詩記》在承襲前人或時人的優點時，也承襲了他們的很多錯誤。這就如同舊衣上某個角落的破洞，限於各種條件，在呂祖謙所處的那個時代，他既不可能發現這些破洞，更不可能去補苴。這類的錯誤不算少，如呂祖謙解釋「終風」，引毛氏之說曰：

終日風為終風〔註34〕。

又，毛氏解釋《鄘風‧載馳》中的「眾穉且狂」一句時說：

是乃眾幼穉且狂進，取一騤之義〔註35〕。

在篇末己說中，呂祖謙雖然沒有引用毛氏之說，卻沿襲了毛氏的說法：

「眾稚且狂」，非眞指許人以爲穉狂，蓋言我憂患如此之迫切，彼方且尤我之歸，意者眾人其幼穉乎，其狂惑乎？不然，何其不相體悉，不識緩急，一至於是也〔註36〕？

《讀詩記》中對「終」和「眾」兩字的解釋都是錯誤的，王引之辨正曰：

家大人（王念孫）曰：「終」，「詞」之「既」也。僖二十四年《左傳注》曰：「終，猶『已』也。」「已止」之「已」曰終，因而「已然」之「已」亦曰終，故曰詞之既也。《詩‧終風》曰：「終風且暴。」毛傳曰：「終日風爲終風。」《韓詩》曰：「終風，西風也。」此皆緣詞生訓，非經文本義。終，猶「既」也，言既風且暴也……《燕燕》曰「終溫且惠，淑愼其身」，言既溫且惠也……《正月》曰「終其永懷，又窘陰雨」，言既長憂傷，又仍陰雨也……「終」與「既」同義，故或上言「終」而下言「且」，或上言「終」而下言「又」。說者皆以「終」爲「終竟」之「終」，而經文上下

〔註33〕《呂氏家塾讀詩記》卷二五《文王之什‧緜》，頁18b。
〔註34〕《呂氏家塾讀詩記》卷四《邶風‧終風》，頁13a。
〔註35〕《毛詩正義》卷三之二《鄘風‧載馳》，《十三經注疏》，頁320。
〔註36〕《呂氏家塾讀詩記》卷五《鄘風‧載馳》，頁20b～21a。

相因之指，遂不可尋矣⋯⋯引之謹案：《載馳》曰「許人尤之，眾
稚且狂」，「眾」讀為「終」⋯⋯終，既也。稚，驕也⋯⋯此承上
文而言。女子善懷，亦各有道，是我之欲歸，未必非也。而許人
偏見，輒以相尤，則既驕且妄矣。蓋自以為是，驕也；以是為非，
妄也。毛公不知「眾」之為「終」，而云是乃眾幼稚且狂。許之大
夫，豈必人人皆幼邪〔註37〕？

又如，呂祖謙《東門之枌》第二章中的「差」下注其反切為「初佳反」，
解釋字義時又引鄭玄之說曰：

差，擇也〔註38〕。

呂祖謙又引歐陽修和范氏之說來疏通這句話的意思：

歐陽氏曰：子仲之子常婆娑於國中樹下，以相誘說，因道其相
誘之語曰：當以善旦期於國南之原野。下章又述其相約以往。范氏
曰：先王惡夫飽食而逸居，是故君子勤禮，小人盡力，所以愛日也。
今也民於善日，則擇高明之地而荒樂焉〔註39〕。

于省吾先生認為若將「差」解為「擇」，就不能與下章的「穀旦于逝」相
協了，遂作考證曰：

按差應讀為徂。張平子《西京賦》「柞木翦棘」注：「柞與槎同，
仕雅切。」《谷風》「既阻我德」，漢石經及《太平御覽》阻作詐。《蕩》
「侯作侯祝」，釋文：「作，本或作詛。」《釋文・釋喪制》：「徂，詐
也。」是從差、從乍、從且音近古通。乍即古作字。「穀旦于徂」，
與三章「穀旦于逝」語例同〔註40〕。

當然，公允地說，這一類錯誤，我們不能賴在呂祖謙頭上，因為這種訓
詁方法在宋代的整體環境之下還極罕見，我們更不能以這樣的思路苛求他。
但是呂祖謙既然繼承了這些錯誤，我們再請他出來作裁斷是非的法官時，就
要十分慎重。因為在沿襲前人的錯誤時，呂祖謙有可能會把這些錯誤含混過
去或越說越遠，這樣不但主持不了公正，反而會讓人懷疑他在幫助做錯了事

〔註37〕 〔清〕王引之：《經傳釋詞》卷九（「終眾」條），南京：江蘇古籍出版社，2000，
　　　　頁86。
〔註38〕 《呂氏家塾讀詩記》卷十三《陳風・東門之枌》，頁4a。
〔註39〕 《呂氏家塾讀詩記》卷十三《陳風・東門之枌》，頁4b。
〔註40〕 于省吾：《澤螺居詩經新證・澤螺居楚辭新證》，北京：中華書局，2003年新
　　　　1版，頁15。

的人辯解。

五、在經史互證的理念下，呂祖謙以《詩》序證史實，有些就頗爲無據。呂祖謙精於史學，常常以史證《詩》，如呂祖謙在解釋《賓之初筵》第五章中的「或立之監，或佐之史」兩句時說：

> 淳于髡說齊威王曰：「賜酒大王之前，執法在傍，御史在後。」秦王、趙王會澠池，秦王請趙王鼓瑟，秦御史前書曰：「某年某月日，秦王與趙王會飲，趙王鼓瑟。」藺相如請秦王擊缶，顧召趙御史書之曰：「某年某月日，秦王爲趙王擊缶。」此古人君燕飲之制猶存於戰國者也。「或立之監」，即執法也，《鄉射》注所謂「立司正以監察儀法」者也。「或佐之史」，即御史也，董氏所謂「佐之史以書之」者也〔註41〕。

以史證《詩》頗爲精當，而以《詩》序證史，有時就會非常牽強，無據可求。如呂祖謙據《鄘風·柏舟》小序和詩歌本文證明衛武公沒有篡弒之惡〔註42〕：

> 《史記》載共伯，釐侯世子。釐侯已葬，武公襲攻共伯，共伯入釐侯羨自殺。按武公在位五十五年，《國語》又稱武公年九十有五猶箴儆于國，計其初即位，其齒蓋已四十餘矣，使果弒共伯而篡立，則共伯見弒之時，其齒又加長於武公，安得謂之蚤死乎？髦者，子事父母之飾，諸侯既小斂則脫之。《史記》謂釐侯已葬而共伯自殺，則是時共伯既脫髦矣。《詩》安得猶謂之「髧彼兩髦」乎？是共伯未嘗有見弒之事，武公未嘗有篡弒之惡也〔註43〕。

朱子對《鄘風·柏舟》的小序辯解說「此事無所見於他書」〔註44〕，呂祖謙據一篇是非難斷的小序來解詩，又據以辯駁衛武公沒有篡弒之惡，頗爲無據。這就如同在流沙上植樹，樹要麼被流沙埋沒，要麼被大風連根拔起，要麼就在缺乏水分和營養的沙堆上乾死。

〔註41〕 《呂氏家塾讀詩記》卷二三《桑扈之什·賓之初筵》，頁22a～22b。
〔註42〕 《鄘風·柏舟》小序曰：「共姜自誓也。衛世子共伯蚤死，其妻守義，父母欲奪而嫁之，誓而弗許，故作是詩以絕之。」詩曰：「汎彼柏舟，在彼中河。髧彼兩髦，實維我儀，之死矢靡它。母也天只，不諒人只。汎彼柏舟，在彼河側。髧彼兩髦，實維我特，之死矢靡慝，母也天只，不諒人只。」《呂氏家塾讀詩記》卷五《鄘風·柏舟》，頁1a～3a。
〔註43〕 《呂氏家塾讀詩記》卷五《鄘風·柏舟》，頁2b～3a。
〔註44〕 《詩序辨說》，《朱子全書》第一冊，頁364。

第二節　《呂氏家塾讀詩記》的影響

朱子《詩集傳》被定爲科舉考試的官方解釋之後，經歷了元代及明初的興盛，直到明中後期才開始遭到大規模的駁難。不過，在今天文學性的觀照之下，《詩集傳》又再次放出光彩，研究《詩集傳》的學者也不斷有新的研究成果。相比之下，呂祖謙的《讀詩記》要寂寞得多。因爲呂祖謙對毛、鄭以及宋代學者的繼承很多，以序解《詩》，加上他的學術體系磅礴宏闊，《讀詩記》中的《詩》學觀念在明代中期和清代經歷了短暫的復興之後，在今天文學性視野的審視之下，又再次被束之高閣〔註 45〕。兩書的命運隨著學術思想的變遷而代有沉浮。

也許以現在的眼光來看，《讀詩記》在歷史上放出的光彩並不是十分耀眼，而且所影響到的學者群體也不如《詩集傳》那樣巨大。但是，《讀詩記》的價值和影響並未因此而被忽略。

一、《讀詩記》保留了數量巨大的宋代解《詩》文字，當其所引用的諸多著作相繼亡佚，《讀詩記》便成爲一個十分寶貴的輯佚來源。正如我們在前面所提到的，邱漢生先生鉤沉王安石《詩義》、束景南先生輯出朱子早期的《詩集解》，都把此書作爲最主要的輯佚來源。像這樣的《詩》學材料，還相當多，如董逌的《廣川詩故》、劉彝《七經中義》中的《詩》說等等。

二、《讀詩記》問世之後，仿作之書甚多，如續作此書的戴溪《續呂氏家塾讀詩記》、同爲集解體的嚴粲《詩緝》〔註 46〕、段昌武《毛詩集解》〔註 47〕，這是《讀詩記》在著書體裁上對後世的影響。就其中的內容來說，在復古思潮的影響下，《讀詩記》的書版也一再翻新，明、清學者往往把呂祖謙之說作爲駁難、攻擊廢序之說的利劍，如明人李芳先作《讀詩私記》，所釋大抵從毛、鄭，毛、鄭有所難通，則參之以呂祖謙《讀詩記》、嚴粲《詩緝》〔註 48〕。又如，清人朱鶴齡作《詩經通義》，力主小序，駁廢序之非，於漢用毛、鄭，唐用孔穎達，宋用歐陽修、蘇轍、呂祖謙、嚴粲，清用陳啓

〔註45〕 這段論述參考了姚永輝《朱熹與呂祖謙關於詩經的四大論辯平議》的相關論述，頁 52。
〔註46〕 《四庫全書總目》卷一五《詩緝》條：「是書以呂祖謙《讀詩記》爲主，而雜採諸說以明之。舊說有未安者，則別以己意闡發」，頁 125 中。
〔註47〕 《詩經學纂要》第二十一《宋學》：「段昌武亦本呂氏之說，著《毛詩集解》，而詞義較爲淺顯」，頁 188。
〔註48〕 《詩經學纂要》第二十一《宋學》，頁 193。

源說〔註49〕。

三、我們需要注意的是，從《讀詩記》的性質和讀者範圍來看，《讀詩記》在宋代所產生的影響要遠遠大於在元、明、清產生的影響。《讀詩記》本是用以教育家塾子弟的讀本，所以在宋代「說者愈多，同異紛紜，爭立門戶，無復推讓祖述之意，則學者無所適從，而或反以為病」這個大環境之下〔註50〕，《讀詩記》「兼總眾說，巨細不遺，挈領持綱，首尾該貫。既足以息夫同異之爭，而其述作之體，則雖融會通徹，渾然若出於一家之言」。這部書一版再版，有著十分轟動的效應。所以，很多祖述此書之作相繼出現，而且其教材的性質也得以充分體現。嚴粲、劉光祖等人〔註51〕，均以《讀詩記》教育子弟。而且，尤其值得我們注意的是，呂祖謙的《詩》學觀還影響到朱子。在《詩集傳》中，朱子共引用了三十餘條呂祖謙的《詩》說，而且還有隱性的影響，比如給《風》、《雅》分「經」、「傳」。宋代之後，學術隨政治環境而產生了很大的變化。由於科舉考試、學術思想等原因，呂祖謙的《讀詩記》自元、明以來就很少有人用以教授子弟，所以清人胡鳳丹非常感慨地說「特宋時學者尚絕重是書，今則《集傳》風行，而呂氏書至有皓首迄未寓目者，況童蒙乎？」〔註52〕所以，我們論定《讀詩記》的影響時要注意分清它所歷經的時代以及這一時代之下的學術思想，才能得出比較公允的結論。

第三節　全文思路之回顧

《讀詩記》是經呂祖謙精心編纂而成的一部《詩》學著作，這部書比較完整地呈現了呂祖謙的《詩》學理念。在呂祖謙的視野中，《詩經》中有溫柔敦厚之教，有興觀群怨之旨，是關涉天下風教和興衰治亂的重要經典。

呂祖謙編修此書是在晚年臥病期間，因而更能體現他晚年的學術思想。呂祖謙受伊洛學派影響很深，但道學思想並不是其學術體系的全部。全祖望說：「宋乾淳以後，學派分而為三：朱學也，呂學也，陸學也。三家同時，皆

〔註49〕《詩經學纂要》第二十二《清學》，頁197。
〔註50〕此為朱子《呂氏家塾讀詩記序》中之語，下句所引同。
〔註51〕《直齋書錄解題》卷三《山堂疑問》條：「起居郎簡池劉光祖德修撰。慶元中，謫居房陵，與其子講說諸經，因筆記之。以其所問於《詩》為多，遂取呂氏《讀詩記》盡觀之，而釋以己意，附《疑問》之後。」頁83～84。
〔註52〕〔清〕胡鳳丹：《呂氏家塾讀詩記序》，同治《金華叢書》本《呂氏家塾讀詩記》卷首。

不甚合。朱學以格物致知，陸學以明心，呂學則兼取其長，而復以中原文獻之統潤色之。」這爲後世學者尋繹呂祖謙的學術體系提供了思路。所以，我們需要借助呂祖謙的著作，對呂祖謙的「中原文獻之傳」進行定位，重新探索呂祖謙不入《道學傳》的原因，進而推斷呂祖謙學術思想的概貌和側重。一位學者的觀念並不是靜止的，而是隨著年齡和閱歷的增長不斷擴大或轉型的，這一點我們已經從呂祖謙治《春秋》的四部書中有所感悟。只有分析了變化的弧線，我們才能敏感地發現，《讀詩記》在前後兩稿中所存在的巨大差異以及造成這些差異的原因。

《讀詩記》本是用來教育家塾子弟的一部《詩》學的教材。不過，呂祖謙在其注解之中賦予了很多內容，如性理之學、典章制度、史學等等諸多方面，這也就使得我們不能僅僅將《讀詩記》視爲一部家塾教育的範本。當前學者對呂祖謙以序解《詩》的研究比較集中，認爲呂祖謙有很強的宗毛傾向，這固然是無可厚非的。但是，這種分析卻忽略了呂祖謙對鄭玄、王安石等學者以禮解《詩》傳統的繼承。《讀詩記》中對於名物制度的解釋觸目皆是，呂祖謙不可能毫無目的地大量引用這些文字。當我們再審視呂祖謙學術體系中的史學思想和他對制度之學的認同，我們便會恍然大悟，正是在對《毛詩》名物制度的闡釋當中，呂祖謙同王安石一樣，寄予了宋代士大夫「回覆上古三代之治」的理想，他期望以禮治天下而不空言性理，所以他解《詩》的內在理路是禮制而非性理之學，他對鄭玄和王安石以禮解《詩》之方法的繼承是《讀詩記》的隱密內核。

當然，《讀詩記》也不是沒有缺憾，只是我們對這些缺憾要多些寬容，因爲《讀詩記》是在病中進行修訂，修訂稿沒有完成，呂祖謙就去世了。因此，我們評價其特點，給它挑毛病，不能太苛刻。至於那些機械性、淺層次的錯誤，我們亦應本著「躬自厚而薄責於人」的態度，用自己的學識知道它們何以致誤即可，而沒有必要大肆批評。對於呂祖謙不可能避免的錯誤，我們也應當秉承實事求是的原則做出述評。

呂祖謙在修養上、氣度上的宏闊，使得他的學術體系廣博而精深。撰寫這篇論文的這段時間以來，我一直被呂祖謙的長者風範和廣博學識所感染。我深信，不管是之前對朱子的研究也好，還是當前對呂祖謙及其詩學的研究也好，內之成己，外之成物，都會成爲我學識和性情的積澱。

附錄 1　呂祖謙解《詩》材料匯輯

凡　例

1. 集錄的目的在於匯輯呂祖謙直接論述《詩》義的相關材料，將其匯爲一處以更直觀地展現呂祖謙《詩》說的獨創性及其《詩》學觀念。

2. 匯輯取材於兩書：第一，在《呂氏家塾讀詩記》（簡稱《讀詩記》，以《四部叢刊》影印鐵琴銅劍樓藏宋本爲底本，另以《呂祖謙全集》本作爲參校）卷一「條例」中，呂祖謙說「諸家或未備，頗以己說足之，錄於每條之後，比諸家解低一字寫」，這些「己說」是呂祖謙最重要的《詩》說材料；第二，呂祖謙之從子呂喬年所編《麗澤論說集錄》（簡稱《集錄》，以浙江古籍出版社《呂祖謙全集》本爲底本，另以文淵閣《四庫全書》本、《續金華叢書》本作爲參校）卷三《門人所記詩說拾遺》收集了門人所記的呂祖謙《詩》說若干條。來自《讀詩記》者置前，來自《集錄》者置後。兩者均在最後一條標注出處。

3. 呂祖謙以己意解《詩》的材料比較零散，因而這個匯輯在編排上按程頤《詩解》的形式進行文字梳理，以篇章爲單位，以其出現的先後順序依次排列。

4. 《讀詩記》中的呂祖謙《詩》說前用〔　〕來標明其具體位置。如：

　　〔詩譜後〕檜至平王之初，武公滅之……（《檜風》）

　　〔小序〕「美反正，刺淫泆」，此兩語煩贅……（《氓》）

　　〔二章〕以樸樕爲禮意，其若薪芻之饋之類。（《野有死麕》）

5. 如果呂祖謙己說在文章的最後，而且是在申說或闡發全詩之義，則標以〔篇末〕；若僅申說卒章之義，則以卒章之數標之。如《王風·中谷有蓷》共三章，在該篇的最後，呂祖謙說「『啜其泣矣，何嗟及矣』言事已至此，末如之何也」，是在申說卒章（第三章）之義，則此處標以〔三章〕：

〔篇末〕曰「干城」，曰「好仇」，曰「腹心」……。（《兔罝》）

〔三章〕「啜其泣矣，何嗟及矣」言事已至此……。（《中谷有蓷》）

6. 呂祖謙《詩》說正文用宋體，其中如另有雙行小字，則用楷體標出，不加括號。

7. 《讀詩記》的「己說」如涉及到呂祖謙述評所引某家之說，則將此家之說放在（　）內以便於觀覽；如正文中沒有引用此家之說，則付之闕如。如：

「洵」當從毛傳（洵，遠也）……。（《擊鼓》）

卷一　綱領

〔風雅頌〕王道之盛，陳列國之詩以觀民風，其可采者，大師播之音律以風天下，如《汝墳》、《江有汜》之在二《南》是也。禮、樂出於一，故不得國別為風爾。（以上《讀詩記》，共一則）

1.《詩》者，人之性情而已，必先得詩人之心，然後玩之易入。2.《詩》三百篇，大要近人情而已。3.看《詩》且須諷詠，此最治心之法。4. 看《詩》者，欲懲穿鑿之弊，欲只以平易觀之。若有意要平易，便不平易。5. 今之言《詩》者，字為之訓，句為之釋，少有全得一篇之意者。6. 上蔡曰：「善乎明道之言詩也，未嘗章解而句釋也，優游吟諷，抑揚舒疾之閒，而聽者已渙然心得矣。」7.《詩》有六體，須逐篇一一求之。有兼得者，有偏得一二者。8. 「興於詩」，興，發乎此也。9. 看《詩》須是以情體之。如看《關雎》詩，須識得正心，一毫過之，便是私心。如「窈窕淑女，寤寐求之」，此樂也，過之則為淫；「求之不得，輾轉反側」，此哀也，過之則為傷。天生蒸民，有物必有則，自有準則在人心，不可過也。10. 凡觀《詩》，須先識聖賢所說大條例，如孟子言「不以文害辭，不以辭害意」，又《大序》言「言之不足，故嗟嘆之」，又橫渠言「置心平易始知《詩》」之類，皆是。11. 前人於《詩》，有舉之者，

有釋之者。舉之者，斷章取義；釋之者，則如《大學》之《淇奧》，乃正釋詩之法也。又，《詩》體寬，不可泥著，然亦不可只便讀過。若只便讀過，亦不見其言外之意趣。（以上《集錄》，共十一則）

卷二　周南

《大序》及關雎

〔大序〕魯、齊、韓、毛師讀既異，義亦不同。以魯、齊、韓之義尙可見者較之，獨《毛詩》率與經傳合。《關雎》正風之首，三家者乃以爲刺，歐陽氏曰：《關雎》，齊、魯、韓三家皆以爲康王政衰之詩。《前漢‧杜欽傳》曰：「佩玉晏鳴，《關雎》歎之。」瓚曰：「此魯詩也。」後漢明帝詔曰：「昔應門失守，《關雎》刺世。」注：薛君《韓詩章句》曰：「人君退朝，后妃御見有度，應門擊柝，鼓人上堂。今內傾于色，故詠《關雎》，說淑女以刺時。」餘可知矣，是則《毛詩》之義，最爲得其眞也。間有反覆煩重，時失經旨，如《葛覃》、《卷耳》之類，蘇氏以爲非一人之辭，蓋近之。至於止存其首一言而盡去其餘，則失之易矣。〔一章〕《關雎》具風、比、興三義，一篇皆言后妃之德以風動天下。首章以雎鳩發興，後二章皆以荇菜發興。至於雎鳩之和靜，荇菜之柔順，則又取以爲比也。風之義易見，惟興與比相近而難辨。興多兼比，比不兼興。意有餘者，興也；直比之者，比也。興之兼比者徒以爲比，則失其意味矣，興之不兼比者誤以爲比，則失之穿鑿矣。如《殷其雷》，偶聞雷而有感行者之未歸，非可以比類求也。孔氏曰：「毛氏特言興也，爲其理隱故也。」今從毛氏例，特書「興」以別之，餘皆不書。〔篇末〕后妃之德，坤德也。「關關雎鳩，在河之洲」，擬諸形容者也。「窈窕淑女，君子好逑」，咏嘆其眞王者之良匹也。唯天下之至靜，爲能配天下之至健也。萬化之原，一本諸此。未得之也，如之何其勿憂？既得之也，如之何其勿樂也？「悠哉悠哉，輾轉反側」，憂之不過其則也。「琴瑟友之」、「鍾鼓樂之」，樂之不過其則也。所謂「樂而不淫，哀而不傷」者也。「友」亦樂也，鍾鼓有時而奏，琴瑟無時而不在側，若朋友然，故曰「友」。（以上《讀詩記》，共三則）

常人之情，以謂今之事皆不如古，懷其舊俗，而不達於消息盈虛之理，此所謂不達於事變者也。達於事變，則能得時措之宜，方可懷其舊俗。若唯

知舊俗之是懷，而不達於事變，則是王莽行井田之類也。序中此兩語亦有理。
（以上《集錄》，共一則）

葛覃

〔小序〕《關雎》，后妃之德也，而所以成德者必有本也。曷謂本？《葛覃》所陳是也。後之講師徒見序稱「后妃之本」而不知所謂，乃爲「在父母家，志在女功」之說以附益之。殊不知是詩皆述既爲后妃之事，貴而勤儉，乃爲可稱。若在室而服女功，固其常耳，不必詠歌也。（以上《讀詩記》，共一則）

「言告師氏，言告言歸。」歸，一事耳，再三諄復，序謂「尊敬師傅」，蓋得之。（以上《集錄》，共一則）

卷耳

〔小序〕夫婦一體也，位雖不同，而志不可不同。求師取友，婦人固無與乎此，而好善之志則不可不同也。崇德報功，后妃固無與乎此，而體羣臣之志則不可不同也。「知子之來之，雜佩以贈之」，「知子之好之，雜佩以報之」，婦人之志如是，其夫斯能好善矣。「我姑酌彼金罍，維以不永懷」、「我姑酌彼兕觥，維以不永傷」，后妃之志如是，王者斯能體羣臣矣。室有轑釜之聲則門無嘉客，況后妃心志之所形見者乎。〔一章〕毛氏以「周行」爲周之列位，自左氏以來，其傳舊矣。然以經解經，則不若呂氏之說也（呂氏說曰：酒醴，婦人之職。臣下之勤勞，君必有以勞之，因采卷耳而有所感，念及酒醴之用以勞人。賢者不當使之遠行從役，此首章所以言「嗟我懷人，寘彼周行」，周行，周道也。《大東》詩曰「佻佻公子，行彼周行」，行亦道也）。〔二章〕行役之懷傷未易解也，我姑且酌酒以勞之，維以少寬其思，使不永懷，不永傷而已。（以上《讀詩記》，共三則）

「采采卷耳，不盈傾筐。嗟我懷人，寘彼周行。」「周行」猶道周也。方采卷耳之際，未盈傾筐，忽思賢人，更無意采卷耳，故且寘之道周。後三章說賢人在道路、深山、窮谷中，僕馬疲倦勞苦之態，后妃處深宮中，豈識此事？今乃纖悉曲折，若親經歷者，蓋思之既深，體之既至，故不出深宮而自知之。「云何吁矣」，蓋謂賢者當此之時，不知其如何歎息也。（以上《集錄》，共一則）

樛木

〔一章〕后妃如此，樂哉君子，可謂「福履綏之」矣。漢之二趙、隋之獨孤、唐之武后，其禍至於亡國，則《樛木》之后妃，詩人安得不深嘉而屢嘆之乎？（以上《讀詩記》，共一則）

「能逮下」者，有相際接之象，觀於《樛木》可見。（以上《集錄》，共一則）

螽斯

大抵人看《詩》，不比諸經，須是諷詠詩人之言，觀其氣象。凡不妬忌，則自有和平樂易氣象；才說妬忌，無非乖爭陵犯。試以妬忌者看，則見不妬忌者盡在和氣中。如觀唐武后、漢趙昭儀傳，見其戕賊子孫，盡是「妬忌」兩字，則知此三章如在唐、虞以上。（以上《集錄》，共一則）

桃夭

〔一章〕「桃之夭夭，灼灼其華」，因時物以發興，且以比其華色也。既詠其華，又詠其實，又詠其葉，非有他義，蓋餘興未已，而反覆歌詠之爾。（以上《讀詩記》，共一則）

1.「桃之夭夭，灼灼其華。之子于歸，宜其室家」，非以艷色傾室家也。詩人感之子于歸，能宜其室家，豈非男女之以正哉？2.學《詩》貴於告往知來，如此詩只說「宜其家人」，《大學》又推而至於教國人。蓋詩人從上面看，故推而上之，知《桃夭》乃后妃之致；《大學》從下面看，故推而下之，可以教國人。此亦觀《詩》之一法也。（以上《集錄》，共二則）

兔罝

〔篇末〕曰「干城」，曰「好仇」，曰「腹心」，其辭浸重，亦嘆美無已之意爾。（以上《讀詩記》，共一則）

甯戚飯牛而扣角，自謂飯牛不足以容己也；朱買臣負薪以行歌，自謂負薪不足以容己也。非飯牛不足容甯戚，蓋齊之風化小，甯戚所以不安於飯牛；非負薪不足容買臣，蓋漢之風化小，買臣所以不安於負薪。蓋文王之時，人才眾多，無不在風化中，兔罝之人，雖皆可為公侯之用，然觀其「椓之丁丁」、「施于中逵」、「施于中林」，雍容閒暇，但知己身為兔罝，而不自知其才之可以為公侯之用，則文王之風化可知矣。（以上《集錄》，共一則）

漢廣

《漢廣》，一章已知游女之不可求矣，二章、三章復思「秣其馬」、「秣其駒」，蓋義理未勝，故雖明知其不可求，而慾念數起也。窒慾之道，當寬而不迫，譬如治水，驟遏而急絕之，則橫流而不可制矣。故詩人不禁慾之起，而速禮之復，每章有秣馬、秣駒之思，是不禁慾之起也。終之以「不可泳思」、「不可方思」，是速禮之復也。心一復則慾一衰，至於再，至於三，則人慾都亡而純乎天理矣。嗚呼，《漢廣》一詩，其窒慾之大用歟？（以上《集錄》，共一則）

卷三　召南

鵲巢

〔小序〕三百篇之義，首句當時所作，或國史得詩之時，載其事以示後人，其下則說詩者之辭也。說詩者非一人，其時先後亦不同，以毛傳考之，有毛氏已見其說者，時在先也；有毛氏不見其說者，時在後也。《關雎》之義，其末曰「不淫其色」，毛傳亦曰「后妃說樂君子之德，無不和諧，又不淫其色」，然則《關雎》之義，皆毛公所已見也。《鵲巢》之義，其末曰「德如鳲鳩，乃可以配焉」，毛傳止曰「鳲鳩不自為巢，居鵲之成巢」，未嘗言鳲鳩之德，然則《鵲巢》之義，有毛公所不見者也，意者後之為毛學者如衛宏之徒附益之耳。毛傳尚簡，義之已明者固不重出，義之未明者亦必申言，如《鳲鳩》之義，雖刺不壹，而其旨未明，故傳必言「鳲鳩之養其子，平均如一」以訓釋之。今《鵲巢》之義，止云「德如鳲鳩」，而未知鳩之德若何，使毛公果見此語，傳豈應略不及之乎？詩人本取鳩居鵲巢，以比夫人坐享成業，蓋非有婦德者殆無以堪之也。若又考鳲鳩之情性以比其德，詩中固亦包此意，但是說出於毛公之後，決無可疑也。（以上《讀詩記》，共一則）

居已成之鵲巢，受百兩之厚禮，為夫人者自思，苟無純靜均一之德，其何以堪之？（以上《集錄》，共一則）

采蘋

〔小序〕自天子之后妃，至於大夫之妻，共由一道，因其所處之廣狹而有斂舒焉。〔篇末〕采之，盛之，湘之，奠之，所為者非一端，所歷者非一所矣，煩而不厭，久而不懈，循其序而有常，積其誠而益厚，然後祭事成焉。

季女之少，若未足以勝此，而實尸此者，以其有齊敬之心也。大夫之妻未必果少，特言苟持敬，則雖少女猶足以當大事云爾。《采蘩》以職言，舉其綱也；《采蘋》以法度言，詳其目也，尊卑之辨也。（以上《讀詩記》，共二則）

羔羊

〔一章〕惟其出入皆可從迹，則仰不媿，俯不怍，而從容自得，毛、鄭蓋一說也（毛氏曰：委蛇，行可從迹也。鄭氏曰：委蛇，委曲自得之貌）。（以上《讀詩記》，共一則）

摽有梅

〔篇末〕是詩也，其辭汲汲如將失之，豈習亂而喜始治者邪？（以上《讀詩記》，共一則）

江有汜

〔篇末〕「以」如「不使大臣怨乎不以」之「以」，「與」如「暴虎馮河，吾不與也」之「與」，「過」如「過從」之「過」，「不我過」言不我顧也。一章曰「其後也悔」，二章曰「其後也處」，三章曰「其嘯也歌」，始則悔寤，中則相安，終則相歡，言之序也。（以上《讀詩記》，共一則）

野有死麕

〔二章〕以樸樕爲禮意，其若致薪蒭之饋之類。〔篇末〕此詩三章皆言貞女惡無禮而拒之，其辭初猶緩而後益切。曰「有女懷春，吉士誘之」，言非不懷婚姻，必待吉士以禮道之。雖拒無禮，其辭猶巽也。曰「有女如玉」，則正言其貞潔不可犯矣，其辭漸切也。至於其末，見侵益迫，拒之益切矣。毛、鄭以「誘」爲「道」，《儀禮·射禮》亦先有誘射，皆謂以禮道之，古人固有此訓詁也。歐陽氏誤以「誘」爲「挑誘」之「誘」，遂謂「彼女懷春，吉士遂誘而汙以非禮」，殊不知是詩方惡無禮，豈有爲挑誘之汙行，而尚名之「吉士」者乎？（以上《讀詩記》，共二則）

何彼襛矣

〔篇末〕肅雝者王姬，而曰「王姬之車」，不敢指切之也。「平王之孫，齊侯之子」，其辭匹敵，則不驕亢可知也。此詩爲美王姬而作，自應先稱王姬，至末章則反覆歌詠之，非有它義也。（以上《讀詩記》，共一則）

騶虞

〔小序〕《麟趾》，《關雎》之應；《騶虞》，《鵲巢》之應。意者文王之時，二物應感而至，故詩人以發興歟？〔篇末〕「彼茁者葭」、「彼茁者蓬」，記蒐田之時，蓋曹子桓所謂「勾芒司節，和風扇物」、「草淺獸肥」之時也。「一發五豝」、「一發五豵」，獸之多而取之鮮也。反三隅而觀之，則天壤之間，和氣充塞，庶類蕃殖，交於萬物有道，而恩足以及禽獸者皆可見矣。化育之仁，其何以形容，曰「于嗟乎騶虞」，非騶虞自然不勉之仁，殆不足以當之也。（以上《讀詩記》，共二則）

卷四　邶風

柏舟

〔一章〕「汎彼柏舟，亦汎其流」，如舟之汎汎無所倚薄也。〔三章〕「不可選也」，言威儀閑習，自有常度，不可選擇以避禍也。翟方進謂馮參：「君侯以王舅見廢，不得在公卿位，今五侯至尊貴也，與之並列，宜少詘節卑體，視有所宗。而君侯盛修容貌，以威嚴加之，此非所以下五侯而自益者也。」參性好禮儀，不改其常操。（以上《讀詩記》，共二則）

「汎彼柏舟，亦汎其流」，如賈誼所謂「汎乎如不繫之舟」也。當此之時，使賈誼之徒處之，不免有高舉遠引，放意林泉之意，而仁人則不爾也。「我心匪鑒，不可以茹」，茹，納也。仁人之心，好其所好，惡其所惡，非如鑒之妍醜皆納，漠然無心也。漠然無心，則異端之槁木死灰者爾。「亦有兄弟，不可以據」，凡在朝之人，皆可謂之兄弟。言其皆為習俗所奪，亦不可依據也。然仁人終不肯坐視，故猶往告之。薄，淺也。淺言之且怒，況深言之乎？「憂心悄悄」，此見仁人之憂也。常人有憂，則荒亂煩惑；仁人處之，但悄悄然，荀子所謂「喜則和而理，憂則靜而理」是也。「日居月諸，胡迭而微」，言日往月來，世事轉短促微小，常人見此，亦皆有憂，但不如仁人憂之在身而近且切也。四方之廣，非不能奮飛而隨我所適也，但仁人不忍棄去爾。（以上《集錄》，共一則）

綠衣

序言「莊姜傷己」，深得其意。傷己者，非但悲傷而已，又自反其己之未至，後兩章尤深切。綠絲乃女所治，則上僭亦己之所致；絺綌所以來風，則

上僭亦德薄之所招。至此，蓋無復忿疾其夫與妾之意，但事事皆引咎於己，而自傷不至古人爾。（以上《集錄》，共一則）

日月

〔一章〕觀《碩人》之詩，則莊姜初來即不見答，非始有恩意而後忘之也。「古」不當訓「故」。〔篇末〕《左傳》曰：「子叔姬妃齊昭公，生舍。叔姬無寵，舍無威。」夫人見薄，則冢嗣之位望亦輕，此國本所以傾搖也。莊姜既不見答，則桓公之位何能有定乎？反覆言之，蓋推原禍亂之由而非爲己私也。「俾也可忘」，謂若思莊公恩義之薄，嫡庶不定之禍，誠使我可忘，而我自不忍忘之也。末章不欲咎莊公，徒自傷父母養我不終而已。「報我不述」，言莊公之所以報我，不欲稱述之矣，亦不欲咎莊公也。（以上《讀詩記》，共二則）

終風

〔二章〕陰風終日，意其止矣，不旋日而又曀焉，厭苦之辭也。〔篇末〕驟雨迅雷，其止可待。至於曀曀之陰，虺虺之雷，則殊未有開霽之期也。「願言則嚏」，汝念我則我嚏矣，母子之間，感通本無間也。「願言則懷」，汝念我則我懷矣，母子之間，恩意本易復也。（以上《讀詩記》，共二則）

擊鼓

〔二章〕「從孫子仲，平陳與宋」，言所從者乃孫子仲也，則輕其帥可知矣。〔五章〕「于嗟闊兮」，承上章「死生契闊」之文而足成其義，言始欲死生勤苦共之，今乃不得相依以生也。「洵」當從毛傳（洵，遠也），言遠去而不得伸此志也。（以上《讀詩記》，共二則）

雄雉

〔四章〕婦人思其君子之切，而知其未得歸也，於是復自解曰：「凡百君子，我婦人不知孰爲德行也，但不忮害，不貪求，則何所用而不善，雖久處軍旅之間，固未害也。」（以上《讀詩記》，共二則）

匏有苦葉

〔篇末〕此詩刺宣公之淫亂，然一章、二章、四章皆以物爲比而不正言其事，三章雖言昏禮，特舉士之歸妻，蓋不欲斥言之，而以小喻大也，所謂「主文而譎諫」也。（以上《讀詩記》，共一則）

谷風

〔二章〕韓愈《譴瘧鬼》詩云「白石爲門畿」，蓋以「畿」爲門閾也，必有所據，可以發明毛氏之說。〔三章〕涇，新昏也；渭，舊室也。涇、渭既合，則清濁易惑。於洲渚淺處視之，渭之清猶可見也。詩人多述土風，此衛詩而遠引涇、渭者，蓋涇濁渭清天下所共知，如云海鹹河淡也。（以上《讀詩記》，共二則）

此詩大抵極敘婦人之忠厚，深言夫之薄惡也。「行道遲遲，中心有違。不遠伊邇，薄送我畿」，婦人自言我被棄逐，戀戀不忍去，所以「行道遲遲，中心有違」。違，不安也，而夫送我乃不遠而近，送我至于門域。以我之厚，責彼之薄也。「誰謂荼苦」至「如兄如弟」，伊川之說爲善，云：「荼至苦也，乃以爲甘。新昏非禮之正也，反好之如兄弟。」「涇以渭濁」至「不我屑以」，既看得涇水濁，愈見得渭水湜湜然清潔可喜，此所以「宴爾新昏，不我屑以」也。「我有旨蓄」至「以我御窮」，鄭氏說似未暢。蓋言春夏之菜雖美，到冬月則無菜矣，故必藏其菜以備多月用。新昏如今雖美，到窮困之時則背汝矣，何如不逐我，留待窮困時用乎？此尤見其窮困不忍去之意。「凡民有喪，匍匐救之」，如鄭氏說，謂凡民有喪禍之事，鄰里亦盡往救之，況我於君子家事之難易乎？是以疏喻親。然意不相屬，當從伊川說。伊川云：「周睦其鄰里鄉黨，莫不盡其道。」蓋語簡，人不易曉其意。蓋謂此章舊婦追述其在夫家時之勤勞，不問淺深，不問有無，皆向前去做。東鄰西舍有緩急時，不惜頭面去捄助。如此辛苦，皆是爲汝，乃忍棄我乎？（以上《集錄》，共一則）

旄丘

〔一章〕葛始生，其節蹙而密，既長，其節闊而疎。黎人見葛之長，感歲時之久，而衛猶未見救爾。〔三章〕蒙戎，狐裘之貌，晉士蒍曰「狐裘蒙茸」。黎侯所寓在衛東，羈旅之久，見衛之大夫過者甚多，終莫有動心者，故歎而言曰：「非衛大夫之車不來東也，特無與我同患難者耳。」（以上《讀詩記》，共二則）

「狐裘蒙戎」止「褎如充耳」，我流離顛沛如此，而汝之衣服尊盛如此，何不救我而使之復國乎？「叔兮伯兮」云者，尊之至，望之切也。（以上《集錄》，共一則）

簡兮

〔一章〕萬舞，二舞之總名也。干舞者，武舞之別名也；籥舞者，文舞之別名也，文舞又謂之羽舞。鄭康成據《公羊傳》以萬舞爲干舞，蓋公羊釋經之誤也。《春秋》書「萬入去籥」，言文、武二舞俱入，以仲遂之喪，於二舞之中去其有聲者，故去籥焉。文舞舞羽吹籥。公羊乃以萬舞爲武舞，與籥舞對言之，失經意矣。若萬舞止爲武舞，則此詩與《商頌》何爲獨言萬舞，而不及文舞耶？左氏載考仲子之宮將萬焉，婦人之廟亦不應獨用武舞也，然則萬舞爲二舞之總名明矣。〔三章〕西方，指西周也。《晉語》齊姜氏引「西方之書」，韋昭以爲周亦西周也。周既東遷而衰，每思其全盛之時，文獻之美也。作詩者嘆碩人之賢，謂山則有榛，隰則有苓，唯西周（此處的「周」，原作「州」，據上下文意及文淵閣《四庫全書》本《呂氏家塾讀詩記》改）然後有此等人物也。「云誰之思，西方美人」，見碩人而慨然有懷西周之賢士大夫也。「彼美人兮，西方之人兮」，指碩人也，嗟美其眞西周之人，而非今世之人也。江左諸人喜言中朝名臣，亦此意也。（以上《讀詩記》，共二則）

泉水

〔一章〕諸姬非必俱嫁於此國，蓋有所思而欲與親者謀，乃人情之常，亦非必眞得相見也。〔三章〕「還車」猶言回轅，不必云嫁時所乘之車也。「不瑕有害」，謂歸衛不爲過差有害，自恕之辭也。（以上《讀詩記》，共二則）

北門

二章、三章，此有以見其時世之敗亂，而人各營私自便，才有人肯出來理會公家事，則凡事盡推與之，更不計其多寡。及入自外，又被室人交相摧譴。他人處此，何以堪之，必翻然遠去而自潔其身。然忠臣之計卻不出此，只自開解，知其不可奈何而安之若命爾，退惰之心至此而不生。吾於《北門》，見忠臣之至。（以上《集錄》，共一則）

北風

〔篇末〕「惠而好我，携手同行」，蓋泉涸，魚相與處于陸，相呴以濕，相濡以沫之時也。同車，不必指貴者，特恊韻耳。（以上《讀詩記》，共一則）

靜女

〔篇末〕此詩刺衛君無道，夫人無德，故述古者賢君賢妃之相與。一章言賢妃有德有容，事其君子，逡巡待唱於後宮幽閒之地，蓋靜之至也。愛而不見，則搔首踟躕，猶《關雎》「求之不得，寤寐思服」，蓋思之切也。橫渠謂後宮西北乃城隅，必有所據，當考。二章言賢妃貽以彤管女史之法戒，彤管之光華與其容色之美皆可說懌，則所說者不專以其色也。三章之義難通，橫渠之說（自牧歸荑，牧，牧地也，不耕種之地則多草木根芽，如旬人供菜蔬之屬，因以贈夫人也。歸荑以備籩豆，供豆實。）差近。《大過》九二「枯楊生稊」，鄭康成《易》作「荑」，然則所謂荑者，凡草木根芽皆是，非獨茅也。田官獻新物於君，所歸之荑，信芳美而且異於常，乃用之以答彤管之贈，蓋所以贈之者，非其女色之為美，亦惟德美之人是貽耳。（以上《讀詩記》，共二則）

新臺

〔篇末〕「籧篨」、「戚施」，蓋國人惡宣公而以惡疾指之。不能俯者，籧篨之疾證；不能仰者，戚施之疾證，非於此取義也。（以上《讀詩記》，共一則）

卷五·鄘風

柏舟

〔篇末〕《史記》載共伯，釐侯世子。釐侯已葬，武公襲攻共伯，共伯入釐侯羨自殺。按武公在位五十五年，《國語》又稱武公年九十有五猶箴儆于國，計其初即位，其齒蓋已四十餘矣，使果弒共伯而篡立，則共伯見弒之時，其齒又加長於武公，安得謂之蚤死乎？髦者，子事父母之飾，諸侯既小歛則脫之。《史記》謂釐侯已葬而共伯自殺，則是時共伯既脫髦矣。詩安得猶謂之「髧彼兩髦」乎？是共伯未嘗有見弒之事，武公未嘗有篡弒之惡也。（以上《讀詩記》，共一則）

牆有茨

〔一章〕中冓，當從應劭、顏師古說（《前漢·梁王共傳》：「聽中冓之言。」應劭曰：「中冓，材冓在堂之中也。」師古曰：「冓，謂舍之交積材木也。應說近之。」），蓋闈內隱奧之處也。中冓之言，若曰閨門之言也。（以上《讀詩記》，共一則）

君子偕老

〔篇末〕一章之末云「子之不淑，云如之何」，責之也；二章之末云「胡然而天也，胡然而帝也」，問之也；汝盍自省容服尊嚴，胡然如天乎？胡然如帝乎？三章之末云「展如之人兮，邦之媛也」，惜之也。辭益婉而意益深矣。（以上《讀詩記》）

桑中

〔小序〕《桑中》、《溱洧》諸篇，幾於勸矣，夫子取之何也？曰：詩之體不同，有直刺之者，《新臺》之類是也；有微諷之者，《君子偕老》之類是也；有鋪陳其事，不加一辭而意自見者，此類是也。或曰：後世狹邪之樂府，冒之以此詩之序，豈不可乎？曰：仲尼謂「《詩》三百，一言以蔽之，曰『思無邪』」，詩人以無邪之思作之，學者亦以無邪之思觀之，閔惜懲創之意，隱然自見於言外矣。或曰：《樂記》所謂「桑間濮上之音」，安知非即此篇乎？曰：《詩》，雅樂也，祭祀、朝聘之所用也。桑間濮上之音，鄭、衛之樂也，世俗之所用也。雅、鄭不同部，其來尚矣。戰國之際，魏文侯與子夏言古樂、新樂、齊宣王與孟子言古樂、今樂，蓋皆別而言之。雖今之世，太常、教坊各有司局，初不相亂，況上而春秋之世，寧有編鄭、衛樂曲於雅音中之理乎？《桑中》、《溱洧》諸篇作於周道之衰，其聲雖已降於煩促，而猶止於中聲，荀卿獨能知之；其辭雖近於諷一勸百，然猶止於禮義，《大序》獨能知之。仲尼錄之於經，所以謹世變之始也。借使仲尼之前，雅、鄭果嘗厖雜，自衛反魯正樂之時，所當正者，無大於此矣。唐明皇令胡部與鄭、衛之聲合奏，談俗樂者尚非之，曾謂仲尼反使雅、鄭合奏乎？《論語》答顏子之問，迺孔子治天下之大綱也，於鄭聲亟欲放之，豈有刪詩示萬世，反收鄭聲以備六藝乎？（以上《讀詩記》，共一則）

《桑中》之詩，刺奔也。其公室淫亂，男女相奔，所謂云誰之思，期於桑中，要於上宮，送於淇上。想見當時之人，其爲惡期於幽遠，豈欲人知之。然其思其期、要處送處，一一張露洞見，如在目前，皆不得而揜蔽。信乎，誠之不可掩也。衛詩三十有九，其淫亂者十有一，陳、鄭之風亦然。其可鄙可恥如此，何爲載之於《詩》耶？蓋聖人之心與天爲一，雖其詩之辭似乎淫佚，而其詩之意則未嘗淫佚，《桑中》之詩可見也。如《易》曰「崇高莫大乎富貴」、「聖人之大寶曰仁」，聖人未嘗以富貴、寶位自嫌，故說時不見有嫌，

故自然道得安穩。若後世之人以是自嫌者，宜乎其爲可鄙可恥而不敢言也。（以上《集錄》，共一則）

定之方中

〔一章〕爰，於也。他日於此伐琴瑟。〔二章〕「升彼虛矣」，以領略其大勢；「降觀于桑」，以細察其土宜。（以上《讀詩記》，共二則）

蝃蝀

〔一章〕「女子有行，遠父母兄弟」，此詩及《泉水》、《竹竿》辭同而意不同。此詩蓋國人疾淫奔者，言女子終當適人，非久在家者，何爲而犯禮也？《泉水》、《竹竿》，蓋衛女思家，言女子分當適人，雖欲常在父母兄弟之側，有所不可得也。一則欲常居家而不可得，一則欲亟去家而不能得，其善惡可見矣。（以上《讀詩記》，共一則）

相鼠

〔篇末〕《相鼠》之惡無禮，何其如是之甚也？蓋溺於淫亂之俗、不如是不足以自拔也，疾惡不深則遷善不力。（以上《讀詩記》）

載馳

〔二章〕許人既不以我歸衛，則我亦不能旋反於衛矣。爲許人者，盍亦視爾父子兄弟之間有災患不臧，其心如之何，則我之思不遠矣。「不閟」，謂曉然易見，初不閟也。〔四章〕「女子善懷，亦各有行」，言女子雖多懷思，然今之所以迫切者，亦各有道，他人不知，則以爲女子情性之常而尤之也。「眾稚且狂」，非眞指許人以爲穉狂，蓋言我憂患如此之迫切，彼方且尤我之歸，意者眾人其幼穉乎，其狂惑乎？不然何其不相體悉，不識緩急，一至於是也？（以上《讀詩記》，共二則）

1.「大夫君子，無我有尤。百爾所思，不如我所之。」變風發乎情，止乎禮義。許穆夫人欲歸唁衛侯，情也。大夫尤之者，以禮義責之也。卒章謂「百爾所思，不如我所之」，是大夫之禮義，不能奪夫人之情也。禮義不能止，其何以謂之「止乎禮義」邪？蓋詩人意在言外，許穆夫人切於唁衛，舉許國之人不能奪其情，然而終不敢往，此所謂「止乎禮義」也。2.觀此詩，須見得言外之意。許穆夫人於兄弟則仁之至，終能以義自克，則義之盡也。一章，言其思想之切。夫人居深閨之中，雖未嘗驅馳適衛，而思衛之切，其道路之

經歷，山川之跋涉，馬行之遲速，常如在目前。許大夫雖爲我適衛，其跋涉則勞矣，然我不得歸，終不能解我此心之憂，此章最見其思之切。四章，蝱，治病之物。自不病者觀之，採蝱若可緩；自病者觀之，採蝱爲甚急。夫人之思衛，自無家難者觀之，若可緩；自有家難者觀之，爲甚急。夫人舉此以譬之最切。大抵平居以義責人不難，而能體人之情爲難。今許人徒知以義止夫人之行，而不思夫人之於兄弟篤厚如此。雖女子善懷，亦是人各有所見而行之。五章，言作詩時在四、五月之間，國破民流，徒見麥芃芃然在野，與《王風・黍離》意同。夫人思控告大邦，不知誰可因依，又不知誰能極力救之。大抵邈然不以宗國爲念者，固不足論，惟許夫人思衛之情如此之切，終能自克而不歸，所以見其賢。（以上《集錄》，共二則）

卷六・衛風

淇奧

　　《淇奧》之詩，美武公具美質，而又假切磋琢磨之力也。釋者謂武公不自足其德，非也。「瞻彼淇奧，綠竹猗猗」，以況武公之德也。夫竹之猗猗，其枝葉之茂盛，然日未嘗不加長，何則？其生意未嘗絕也。武公之德雖美，然而未嘗不切磋琢磨，則其德之日進，猶竹之日加茂也。使武公之生，一日不加切磋琢磨之力，是猶竹之生意絕於一日，其可哉？譬夫人之身，使血氣一日而不運，則人之生也止於今日。武公之德，一日而不假於規諫，則其德也，亦止於此而已耳。是則德之進無止法，非不自足其德也。觀其始章則曰「如切如磋，如琢如磨」，則是武公之進德，猶可指其跡而議也。及其次章則曰「充耳琇瑩，會弁如星」，但見其衣服之盛，威儀之美，而進德之跡，蓋已泯然而不可知，非若首章猶見斧鑿痕也。詩人之辭，亦有序矣。非特此也，前二章「瑟兮僩兮」至於「有匪君子，終不可諼兮」，言見其威儀容貌之盛而不忍忘也。至第三章，則變其文而不言，是何也？此武公德之成也，金錫圭璧，質已渾然，至於「寬兮綽兮，倚重較兮。善戲謔兮，不爲虐兮」，則武公之德爲益至，從容中道，而從心不踰矩矣。武公之德既成，斯民之在其德中，如在春風和氣中，則又非昔日之不可忘也。夫言不可忘猶可忘也，至於不知其不可忘，則民也與武公之德俱化矣。故人言不可忘恩，不若任其恩而不自知；人言不敢背德，不若任其德而不自知。然則，第三章之意，非「終不可諼兮」之言可盡也。（以上《集錄》，共一則）

考槃

〔篇末〕「考槃在澗，碩人之寬」，非所謂山澤之儒形容甚癯者也。「軸」之義未詳，以上兩章觀之，蘇氏說（軸，盤桓不行，從容自廣之謂也）差近，但未見訓詁所出耳。（以上《讀詩記》，共一則）

氓

〔小序〕「美反正，刺淫泆」，此兩語煩贅，見棄而悔，乃人情之常，何美之有？〔一章〕氓假貿絲而來即我謀，本謀挈是女而歸也。及氓之歸，是女乃遲遲未行，送之於野，謂之曰：「匪我愆期也，子無良媒以往來道達，故我行計未成耳。」（以上《讀詩記》，共二則）

自首章至「以爾車來，以我賄遷」，皆我求合太急，所以後見棄。「總角之宴，言笑晏晏。信誓旦旦，不思其反。反是不思，亦已焉哉」，易合者必易離，離者，合之反也。小人甘以壞，壞者，甘之反也，如寒暑之相對，無可疑者。樂其甘而不思其壞，此其所以雖自咎而終無及歟？（以上《集錄》，共一則）

芄蘭

〔二章〕「能不我甲」，言但能不我親狎，妄自尊大而已。（以上《讀詩記》，共一則）

河廣

〔小序〕《說苑》曰：「宋襄公爲太子，請於桓公曰：『請使目夷立。』公曰：『何故？』對曰：『臣之舅在衛，愛臣。若終立，則不可以往。』」味此詩而推其母子之心，蓋不相遠，所載似可信也。不曰欲見母，而曰欲見舅者，恐傷其父之意也。母之慈，子之孝，皆止於義而不敢過焉。不幸處母子之變者，可以觀矣。（以上《讀詩記》，共一則）

《河廣》一詩，襄公之母，遭桓公見出在衛，後襄公立，其母思其子之切，顧義而不敢歸，故作是詩。天下之事，力不可爲而不爲，此理之常；力可爲而不敢爲，方是顧義。然又有一說，大抵尊卑上下之分，又須是彼此相全。襄公之母，得罪於先君而出也。然蒯聵不能顧義而求進，終至於父子相拒，是固子不能全其爲子之道，然亦蒯聵不能全其子也。今襄公之母卻能顧義不歸宋，終使襄公不得罪於名教者，母實全之也。（以上《集錄》，共一則）

伯兮

〔小序〕「爲王前驅」，特詩中之一語，非大義也。〔二章〕膏所以膏首面，沐蓋潘也。《左氏傳》「遺之潘沐」，杜預注云「潘，米汁，可以沐頭。」魯遣展喜以膏沐勞齊師，則膏非專婦人用也。（以上《讀詩記》，共二則）

卷七　王風

君子于役

〔小序〕攷經文，不見「思其危難以風」之意。（以上《讀詩記》，共一則）

人之思親，亦有兩端。後世見其親之行役不歸，則歸咎於君上。此詩當時雖行役之久，不敢歸咎於君，但言今既不得便歸，苟在彼得無饑渴之患足矣。此蓋詩人忠厚之情。（以上《集錄》，共一則）

揚之水

此詩有閔、怨兩義。王道盛行之時，如長江大河，渾浩流蕩，蛟龍魚鱉，無不奔走運轉於其間；及王道衰，王澤不行，如不流之水，雖以人揚之，而束薪亦爲之不流。「彼其之子」，雖指諸侯說，大意謂當時強有力者皆不爲之使，故勞佚不均，非特怨之，亦所以閔之也。平王戌申，政與晉平公城杞相類。如晉文公、悼公之時，諸侯服從，以伯中國，安有城戍母家之事？（以上《集錄》，共一則）

中谷有蓷

〔二章〕古者謂死喪飢饉皆曰「不淑」，蓋以吉慶爲善事，凶禍爲不善事，雖今人語猶然。〔三章〕「啜其泣矣，何嗟及矣」，言事已至此，未如之何也。（以上《讀詩記》，共二則）

兔爰

〔一章〕《孟子》曰「雉兔者往焉」，蓋采捕於野者多得雉兔，因以名之。此詩亦因所見而爲比也，兔之大以比諸侯，雉之小，周人以自比也，言諸侯之背叛者恣睢自如，而周人反受其禍也。（以上《讀詩記》，共一則）

葛藟

〔一章〕葛藟生非其地，猶宗族失所依也。（以上《讀詩記》，共一則）

采葛

〔篇末〕毛氏所謂「事雖小」（葛所以爲絺綌也，事雖小，一日不見於君，憂懼於讒也），蓋通三章言之。葛之爲絺綌，蕭之共祭祀，艾之療疾，特訓釋三物見采之由，不於此取義也。鄭氏所箋，失傳意矣。（以上《讀詩記》，共一則）

大車

〔小序〕此詩所謂陳古，其猶在於文、武、成、康之後歟？蓋唯能止其奔，未能革其心，與《行露》之詩異矣，亦僅勝於東遷之時而已。（以上《讀詩記》）

卷八　鄭風

緇衣

〔小序〕此詩武公入仕于周，而周人美之也。若鄭人所作，何爲三章皆言「適子之館」乎？好賢如《緇衣》，所謂「賢」，即謂武公父子也。後之講師習其讀而不知其義，誤以爲稱武公之好賢，遂曰「明有國善善之功」，失其旨矣。（以上《讀詩記》，共一則）

將仲子

〔一章〕五家爲鄰，五鄰爲里，皆有地域溝樹之，故曰「無踰我里」、「無折我樹杞」。〔篇末〕「將仲子兮，無踰我里，無折我樹杞」，辭雖拒仲，而意則與之，如侍人僚相告昭公以去季氏之謀，公執戈以懼之之類。「豈敢愛之，畏我父母」，則於段非有所不忍也。「仲可懷也，父母之言，亦可畏也」，則拳拳於而叔不得已於姜氏者可見矣。「畏我諸兄」、「畏人之多言」，特迫於宗族、國人之議論，非愛段也。具文見意，而莊公之情得矣。（以上《讀詩記》，共二則）

「無踰我里」，非謂其恐傷害吾兄弟也，不欲明受殺弟之名而陽拒之也。「仲可懷也」，感其馨忠而不覺形之於辭氣也。多言可畏，謂未可遽治，而必待其惡稔也。深味三章之意，則莊公之心，不待言而見矣。（以上《集錄》，共一則）

叔于田

　　楊氏以毀譽不公釋之，固然也，然尚有未盡處。民之良心，本自不泯，叔段之美好仁武，一時之僞飾耳，尚能使民之信愛若此，使莊公眞有此三者，何患民之不向慕邪？而民乃不從，亦可見其無以致之矣，此所以深可刺。然民之從段，固未害其良心，因莊公之不德，而使斯民誤從其似者，則又可傷耳。（以上《集錄》，共一則）

大叔于田

　　〔篇末〕鷙鳥將擊，必匿其形。二詩所載段之輕淺如此，宜其爲莊公之所易也。詩人乃若憂其不能制者，豈其未得莊公之情也哉？憂之云者，兄弟之心也，欲止其惡者也，涕泣而道之者也；易之云者，仇敵之心也；欲養其惡者也，談笑而道之者也。詩人直以兄弟之心爲莊公憂耳，豈知其他哉？（以上《讀詩記》，共一則）

清人

　　〔篇末〕師久不歸，無所聊賴，姑遊戲以自樂也。投石超距，勝之兆也；左旋右抽，潰之兆也。不言已潰而言將潰，其辭深，其情危矣。（以上《讀詩記》，共一則）

遵大路

　　〔篇末〕武公之朝，蓋多君子矣，至於莊公，尚權謀，專武力，氣象一變。左右前後，無非祭仲、高渠彌、祝聃之徒也，君子安得不去之乎？「不寁故也」、「不寁好也」，詩人豈徒勉君子遲遲其行也，感於事變而懷其舊者，亦深矣。（以上《讀詩記》，共一則）

女曰雞鳴

　　〔一章〕昧，晦也。旦，明也。昧旦，天欲旦，晦明未辨之時也。《列子》曰：「將旦昧爽之交，日夕昏明之際。」（以上《讀詩記》，共一則）

有女同車

　　〔篇末〕不借助於大國而自求多福，忽非奮然誠有是志也。蓋其爲人，淺狹而多所拘攣，暗滯而動皆疑畏，浮易而不知審量，子子然以文義自喜，而國勢人情與其身之安危，皆懵然莫之察也，適足以取亡而已矣。使忽誠有

是志而深求其實，則質之弱固可強，而所以持國者固無待於外助也。惟其爲善有名而無情，所以卒見嗤於祭仲，而爲詩人所閔。此功利之說所以多勝，而信道者所以益寡也。（以上《讀詩記》，共一則）

山有扶蘇

〔一章〕山宜有扶蘇者也，隰宜有荷華者也，朝宜有賢俊者也。今觀昭公之朝者，不見子都，乃見狂且焉，則昭公所美非美，可知矣。（以上《讀詩記》，共一則）

蘀兮

〔篇末〕昭公微弱孤危，其群臣相謂：國勢如槁葉之待衝風，難將及矣。叔乎，伯乎，盍各自謀，爾倡我，則我其和汝、要汝矣。要，謂要結也。蓋君不能倡，故其下自相倡和也。（以上《讀詩記》，共一則）

狡童

〔篇末〕賢者於忽懇懇如此，而忽不之察焉，上下可謂不交矣。疎其可親，親其可疎，斯其所以亡也。（以上《讀詩記》，共一則）

子衿

禮聞來學，不聞往教。學者本當自力於學，今見學校廢，便自放慢，而賢者憂傷之意反甚於學者。「悠悠我心」者，甚憂其無以度日也。縱我不往教，子猶宜一來，況我未嘗不往乎？「一日不見，如三月兮」，甚言其無所用心之難也。學者能深味乎此，庶乎其感動矣。（以上《集錄》，共一則）

揚之水

〔篇末〕「無信人之言」，非教之以不信人言也。忽既微弱，強公子復多，其臣大抵懷二心而外市，僅有一二人實心向之者，乃暗於情僞，不知所倚，故提耳而告之也。（以上《讀詩記》，共一則）

野有蔓草

〔小序〕「君之澤不下流」，蓋講師見零露之語，從而附益之。（以上《讀詩記》，共一則）

溱洧

〔一章〕「蘭」即今之蘭（陸璣《疏》曰：其莖葉似藥草澤蘭，廣而長節，節中赤，高四五尺。漢諸池苑及許昌宮中皆種之。可著粉中藏衣，著書中辟白魚），「勺藥」即今之勺藥（陸璣《疏》曰：今藥草勺藥無香氣，未審今何草），陸璣必指爲他物，蓋泥毛公香草之言，必欲求香於柯葉，置其花而不論爾。（以上《讀詩記》，共一則）

《溱洧》居《鄭風》之終，蓋男子有厭欲之心，是其風將變處。（以上《集錄》，共一則）

卷九　齊風

還

〔篇末〕當是時，齊以遊畋成俗，詩人載其馳驅而相遇也，意氣飛動，鬱鬱見於眉睫之間，染其神者深矣，夫豈一朝一夕所能反哉？周遷商民，既歷三紀之後，《畢命》猶不敢忘其憂，良有以也。（以上《讀詩記》，共一則）

此詩雖刺田獵之荒，常人但知其荒，而不知其於田獵中自有精神。三章之詩，不見說其荒，但見其洋洋自得之趣。大凡天下事，各有精神，雖賤事亦皆然，自可默識。（以上《集錄》，共一則）

著

〔一章〕《前漢·地理志》載齊之風俗曰：「『俟我於著乎而』，此亦其舒緩之體也。」雖非此篇意之所主，然廣谷大川異制，民生其間異俗，剛柔輕重遲速異齊，五味異和，器械異制，衣服異宜，皆學者所當觀也。「詩可以觀」，其此類歟？〔篇末〕昏禮，壻往婦家親迎，既奠鴈御輪，壻乃先往俟于門外。婦至，壻揖婦以入。及寢門，揖入，升自西階。齊人既不親迎，故但行婦至壻家之禮。「俟我於著乎而」，此《昏禮》所謂「壻俟于門外，婦至，壻揖婦以入」之時也。「俟我於庭乎而」，庭在大門之內，寢門之外，此《昏禮》所謂「及寢門，揖入」之時也。「俟我於堂乎而」，升階而後至堂，此《昏禮》所謂「升自西階」之時也。壻道婦入，故於著、於庭、於堂，每節皆俟之也。（以上《讀詩記》，共二則）

東方未明

〔小序〕「號令不時」，此一語贅，蓋見詩中有「自公令之」之文，而妄附益之爾。（以上《讀詩記》，共一則）

南山

〔三章〕鞠，養也。納之不正，則容有不敢制者。今魯侯既以正禮納文姜，當蚤裁制之，曷為又養其姦而至於極也，故後章曰「曷又極止」。（以上《讀詩記》，共一則）

甫田

〔二章〕「驕驕」、「桀桀」，皆稂莠侵陵嘉穀之狀。〔三章〕苟由其道而循其序，則小者俄而大，微者俄而著，厥德脩罔覺，非計功求獲者所能與也。（以上《讀詩記》，共二則）

載馳

〔二章〕「齊子豈弟」，蓋於此而樂易也，美惡不嫌同辭。（以上《讀詩記》，共一則）

猗嗟

〔篇末〕「四矢反兮，以禦亂兮」，蓋稱莊公弓矢之精可以禦亂，觀其以金僕姑射南宮長萬則可見矣。說者或謂詩人諷莊公當用以禦亂，非也。是詩譏刺之意皆在章外。一章嘆其威儀技藝之美也，二章復嘆其威儀技藝宜為我甥也，三章復嘆其威儀技藝可以禦亂也，嗟嘆再三而莊公所大闕者，不言可見矣。（以上《讀詩記》，共一則）

卷十 魏風

陟岵

〔二章〕母尚恩，故曰「無棄」，言無棄母而不歸也。（以上《讀詩記》，共一則）

十畝之間

〔篇末〕橫渠指桑地為場圃，合於古制，但又謂魏地侵削，外無井受之田，徒有近郭園廛而已，則似不然，果如是，民將何所食乎？政使周制果家

賦園廛十畝，魏既削小，豈容尚守古法，容或數家共之也，況詩所謂十畝者，特甚言之爾，未可以爲定數也。（以上《讀詩記》，共一則）

《十畝之間》，刺國小而不能居，此舊說也。雖然，國雖小，視人君之處心何如耳。湯之國也七十里爾，文王之國百里爾，當時不聞湯、文之民以其國爲小也。湯、文國雖狹，其心之處民則廣矣、大矣。魏國褊小，其君之心，亦能廣大而容民乎？想其心焦然不寧，自處既狹，其處民亦狹，而斯民始有不足。大抵詩人作詩，比物極佳，「桑者閑閑」、「桑者泄泄」，見國人往來如此之繁，則以其褊小而民不散。譬之滄海之大，山林之廣，魚鱉鳥獸，不見其多；苟畜之小沼，聚之樊籠，則掉尾相並，鳴號終日。此無他，水少而地狹也。「閑閑」、「泄泄」，其國之小可知矣。國雖小，處於心者不可以小也。顏子之在陋巷，郊外之田二畝，豈能比於魏哉？然而克己復禮，使天下皆歸仁，其氣象以二畝處之而有餘也。詩人之意，又當以是觀之。（以上《集錄》，共一則）

伐檀

〔一章〕「坎坎伐檀兮，寘之河之干兮，河水清且漣猗」，悠然於河之干，遺佚而不怨，阨窮而不閔者也。國人見君子在下者如此，小人在位者如彼，乃責之曰：「汝未嘗稼穡，禾何爲而積？汝未嘗狩獵，貆何爲而來？汝獨不見夫彼河干之君子，義不素餐，親伐檀以自食者乎？」此特旁觀者之辭，若所謂伐檀之君子，方且陶陶不改其樂，豈較短量長者哉？（以上《讀詩記》，共一則）

碩鼠

〔一章〕「三歲貫女」，蓋言魏君掊克，民當去之久矣，姑事之至於三歲而莫我肯顧也，猶《書》所謂「天惟五年，須暇之」之意也。（以上《讀詩記》，共一則）

「無食我黍」，言汝勿重斂，他處甚好，我將去之。「將」者，欲去，其實不去。譬之以鼠，怨憤極矣，猶且不忍去，所以見忠愛之深也。「貫」，事也。「號」，泣也。「誰之永號」，言他處無復號泣也。（以上《集錄》，共一則）

卷十一　唐風

蟋蟀

〔篇末〕是詩欲僖公之自虞樂，而曰「無已太康」、「好樂無荒」，無乃太早計乎？凡人之情，解其拘者或失於縱，廣其儉者或流於奢，故疾未已，而新疾復生者多矣。信矣！《唐風》之憂深思遠也。（以上《讀詩記》，共一則）

山有樞

〔篇末〕詩人豈眞欲昭公馳驅飲樂者哉？蓋曰是物也，行且爲他人所有，曾不若及今爲樂之爲愈，其激發感切之者深矣，非勸其爲樂也。呂祿棄軍，其姑呂嬃悉出珠玉寶器散堂下，曰：「毋爲他人守也。」（毋，原作「母」，據《史記・呂太后本紀》改）乃此詩之意也，末章尤可見。（以上《讀詩記》，共一則）

綢繆

〔篇末〕三星見，則非昏姻之時，「在天」、「在隅」、「在戶」，隨所見而互言之，不必以爲時之先後。方束薪而見三星，慨然有感於男女失時，而其不期而見，又似於男女適然相遇也，故歎息而言曰：「是夕也，男女儻相見，其樂當如何？」曰「良人」，曰「粲者」，蓋互爲男女之辭，以極其思望之情。（以上《讀詩記》，共一則）

杕杜

〔篇末〕杜雖特生，然此詩方云「其葉湑湑」，「其葉菁菁」，即非以比晉君不親宗族也，蓋言晉公室枝葉彫落，曾杕杜之不如也。「獨行踽踽」，言孤立無親。「豈無他人，不如我同父」，言他人之不足恃。「嗟行之人，胡不比焉。人無兄弟，胡不佽焉」，言苟以它人爲可恃，則嗟彼行道之人，胡不自相親比也？凡人無兄弟者，胡不外求佽助也。蓋深曉晉君以行道之人必不相親比，苟非兄弟，必不相佽助。信乎，「豈無他人，不如我同父」也。（以上《讀詩記》，共一則）

無衣

〔篇末〕喬琳爲朱泚吏部尙書，選人白前所注某官不便，琳答曰：「足下謂此選竟便乎？」朱泚雖有吏部選而不可謂之便。晉國雖有冕服，苟無天子之命，亦不可謂之「安且吉」、「安且燠」也。琳之爲泚臣，王師復振，且夕誅滅，宜其發此言。若武公之篡，當東周之衰，雖以枝代宗，豈即有禍。是詩之作，乃其中心誠有所大不安也。玩其辭氣，與劉仁恭求長安本色之語異矣。仲尼錄之，所以見秉彝之不可殄滅，而王綱之猶可舉也。以《史記》、《左傳》考之，平王二十六年，晉昭侯封季弟成師於曲沃，專封而王不問，一失也；平王三十二年，潘父弒昭侯，欲納成師，而王又不問，二失也；平王四十七年，曲沃莊公弒晉孝侯，而王又不問，三失也；桓王二年，曲沃莊伯攻晉，王非特不能討曲沃，反使尹氏、武氏助之，及曲沃叛王，王尙能命虢伐曲沃，立晉哀侯，使其初師出以正，豈止於此乎？四失也；桓王十三年，曲沃武公弒晉小子侯，王雖不能即討，明年猶能命虢仲立晉哀侯之弟緡于晉，又明年猶能命虢仲、芮伯、梁伯、荀侯、賈伯伐曲沃，至是武公篡晉，僖王反受賂，命之爲諸侯，五失也。以此五失觀之，則禮樂征伐移於諸侯，降於大夫，竊於陪臣，其所由來者漸矣。（以上《讀詩記》，共一則）

晉武公始篡宗國而有之，以枝葉而伐本根，雖能請命，無救於逆。國人美之，而聖人存之，何也？篡人之國，以請命於天子之使，遽從而錫之，是賞篡之道也。且武公非不自有章服，待周之錫然後安，則當是時，晉雖強大，王命未嘗不重也，而周王自視以爲輕，始從而命之，周自輕之也。聖人惜周之名器，姑存之以爲戒焉。《通鑑》首載始命趙、韓、魏爲諸侯，亦得此意。（以上《集錄》，共一則）

采苓

〔篇末〕「采苓」、「采苦」、「采葑」，不曰郊野而曰「首陽」者，興采聽之當遠也。孔子曰：「浸潤之譖，膚受之愬，不行焉，可謂遠也已矣。」不輕聽易動而徐觀其是非，惟遠者能之。毛氏以采苓爲細事，首陽爲幽辟，孔氏引而伸之，謂讒言之起，由君數問小事於小人。雖求之太過，然實天下之名言也，故附見焉。（以上《讀詩記》，共一則）

卷十二　秦風

車鄰

〔二章〕「既見君子，並坐鼓瑟」，簡易相親之俗也。「今者不樂，逝者其耋」，悲壯感慨之氣也。秦之強以此，而止於爲秦者亦以此。（以上《讀詩記》，共一則）

蒹葭

〔篇末〕此詩全篇皆比，猶《鶴鳴》之類。「所謂伊人」，猶曰所謂此理也，蓋指周禮也。襄公所以未能用周禮者，疑其迂爾。若孝公所云「安能邑邑待數十百年以成帝王也」，故詩人諷之以禮甚易且近，特人求之非其道爾。（以上《讀詩記》，共一則）

終南

〔一章〕「其君也哉」猶《書》所謂「孺子王矣」，戒之之辭也。（以上《讀詩記》，共一則）

黃鳥

〔二章〕訓「防」爲「當」者，蓋如隄防之防水。（以上《讀詩記》，共一則）

晨風

〔一章〕此詩亦如《權輿》，刺康公與賢者有始而無終。「未見君子，憂心欽欽」，言康公初立，想望賢者如是之切也。「如何如何，忘我實多」，責其不能終也。〔篇末〕秦之寡恩於《晨風》、《權輿》二詩見之。（以上《讀詩記》，共二則）

卷十三　陳風

宛丘

〔一章〕「湯」雖訓「蕩」（首章「子之湯兮」，毛傳：湯，蕩也），與徑斥爲淫蕩者辭氣緩急猶不同。「洵有情兮，而無望兮」，從容不迫而諷切之者深矣。（以上《讀詩記》，共一則）

衡門

　　陳僖公以國小民寡，處心不大，委靡懦弱，愿而無立志，故詩人作《衡門》之詩以開導之。自後世而觀，弱則必將振之以強，狹則必將振之以廣。今詩人之誘僖公，不告之以闢土地、朝秦楚之說，而取其近而易曉者言之。蓋僖公所以愿而無立者，正由安於卑小，不敢以廣大自期，若更誘之以廣大之事，是適投其所畏也。況弱之中，自有強之理，不必於弱之外求之；狹之中，自有廣之理，不必於狹之外求之。天下之理，隨處皆足，僖公之國雖小，然其中至理本無欠闕，若能取足於其中，亦自有餘。且九仞之門，固是廣大，校之衡門之小，其出入則一也。使僖公知此理，則衡門之下亦可以棲遲。長江大河，固可以游泳，然以澗溪之水言之，其游泳亦一也。使僖公知此理，則泌之洋洋亦，可以樂饑。僖公正不必以國小自卑也。若後二章，又是詩人反覆誘僖公取足於內，不必向外去求。（以上《集錄》，共一則）

墓門

　　〔篇末〕墓門幽深之地，興其惡也。墟墓之間，荊棘最難去，非用斧不足以除之。佗之惡大矣，非嚴師傅痛培擊之，亦莫能去其惡也。「墓門有梅，有鴞萃止」，言佗之性質本非惡，為師傅所累也。《左傳》載佗勸陳侯許鄭平，親仁善鄰之言，中於事理，蓋非昏愚者。陳侯不許，卒見侵伐，既而徐思佗言，復與鄭和，遣佗往鄭涖盟。佗與鄭伯盟，歃如忘，洩伯料其必不免。考其歲月讒數年爾，而蠱惑變壞如是，此詩人之所傷也。（以上《讀詩記》，共一則）

月出

　　〔篇末〕此詩用字聲牙，意者其方言歟？（以上《讀詩記》，共一則）

株林

　　〔篇末〕首章鄭氏文義皆善，但不當以為靈公舐拒之辭。彼相戲於朝，猶不知恥，亦何舐拒之有？蓋國人問靈公胡為乎株林而從夏南乎，詩人則為之隱曰：「靈公非適株林從夏南，乃他有所往爾。」然而駕我乘馬，則舍於株野矣，乘我乘駒，則又食於株矣，雖欲為之隱，亦不可得也。（以上《讀詩記》，共一則）

澤陂

〔篇末〕變風始於《雞鳴》，終於《澤陂》，凡一百二十八篇，而男女夫婦之詩四十有九，抑何多耶？曰：有天地然後有萬物，有萬物然後有男女，有男女然後有夫婦，有夫婦然後有父子，有父子然後有君臣，有君臣然後有上下，有上下然後禮義有所錯。男女者，三綱之本，萬事之先也。正風之所以為正者，舉其正者以勸之也；變風之所以為變者，舉其不正者以戒之也。道之升降，時之治亂，俗之汙隆，民之死生，於是乎在。錄之煩悉，篇之複重，亦何疑哉？（以上《讀詩記》，共一則）

卷十四　檜風

〔詩譜後〕檜至平王之初，武公滅之。其風之變，固在於東遷之前，然未必知其為夷、厲之世也。（以上《讀詩記》，共一則）

素冠

〔篇末〕鄭康成、王肅皆以素冠為大祥之冠，蓋引《喪服小記》「除成喪者，其祭也朝服縞冠」之文，其說誤矣。唯其不能三年，是以嗟傷不見既練之冠，若除喪之縞冠，雖使短喪，其除之也，蓋亦服是冠矣。至於二章之素衣，鄭說猶不通，朝服、緇衣、素裳，初無素衣之制，遂轉衣為裳，其牽合益甚矣。三章之素韠，於既練之服雖無所攷，觀詩者當亦得其大意，不必委曲瑣細，拘於禮文，況為鄭說者既曰「衣者，衣裳之大名」，則為毛說者亦曰「韠從裳色，衣裳既素，則必有素韠，豈不可乎？」孔氏又謂「經傳未有以布為素者」，殊不知經傳以色白為素，如「繪事後素」之類多矣，不必專以帛為素也。（以上《讀詩記》，共一則）

隰有萇楚

〔篇末〕「夭」如「厥草惟夭」之「夭」，謂萇楚始生之時也。「隰有萇楚，猗儺其枝」，柔弱牽蔓，蓋如人之多慾者矣，反思始茁其牙，未有牽蔓之時，生意沃沃然，蓋甚可愛也，此所謂「赤子之心」也。此檜君未有知識、未有室家之時也。曰「無知」、「無家」、「無室」者，蓋疾其君之多慾，故其辭過而激。（以上《讀詩記》，共一則）

匪風

〔篇末〕《匪風》、《下泉》，思周道之詩，獨作於曹、檜，何也？曰：政出天子，則強不陵弱，各得其所；政出諸侯，則徵發之煩，共億之困，侵伐之暴，唯小國偏受其害，所以睠懷宗周爲獨切也。戰國時，房喜謂韓王曰：「大國惡有天子，而小國利之。」以此二詩驗之，其理益明。賈誼欲眾建諸侯而少其力，雖其言略而不精，亦可謂少知治體矣。（以上《讀詩記》，共一則）

卷十五　曹風

蜉蝣

〔篇末〕曹之賢者見其君危亡將至，猶驕浮自喜而莫可告語也，曰：「吾憂吾君危亡近在且夕，儻無所依，其於我歸處乎？」蓋欲如楚芋尹申亥舍靈王於家之爲也。彼曹君方潔其衣服，志氣揚揚，而賢者已憫之如亡國喪家之人，可哀也哉！《表記》曰：「君子不以口譽人則民作忠，故君子問人之寒則衣之，問人之飢則食之，稱人之美則爵之，《國風》曰：『心之憂矣，於我歸說。』」雖別有所指，然文義正如此也。（以上《讀詩記》，共一則）

「蜉蝣之羽，衣裳楚楚。心之憂矣，於我歸處。」蜉蝣朝生暮死，猶且潔其羽翼，譬小人雖潔其衣服，能得幾時？小人正自得，而君子預憂其不可倚。言君此時無所歸，且來我處居。《語》曰「朋友死，無所歸，曰『於我殯』」，此類也。三章同。（以上《集錄》，共一則）

下泉

〔篇末〕《匪風》、《下泉》雖皆思周道之詩，然《匪風》作於東遷之前，此一時也；《下泉》作於齊桓之後，此又一時也。（以上《讀詩記》，共一則）

卷十六　豳風

七月

〔三章〕「八月載績，載玄載黃。我朱孔陽，爲公子裳」，孔穎達謂：「績麻爲布，民自衣之。玄黃之色，施於祭服，朱則爲公子之裳。」非也。古者冕用麻，而服用絲，如玄冕豈不用玄乎？〔四章〕貉，狐貉之居也。戎狄之貉所以得名者，亦以五穀不生，狐貍之所聚也。讀作「貉道」之「貉」亦通。

〔五章〕豳詩陳先公風化，而載其民言曰「嗟我婦子，曰為改歲，入此室處」，則三正之通于民俗尚矣，商、周特舉而迭用之爾。〔八章〕豳之先公，國容未備，無君民之間，故曰「朋酒斯饗，曰殺羔羊」、「躋彼公堂」、「萬壽無疆」。（以上《讀詩記》，共四則）

鴟鴞

〔一章〕鸋鴂，鴟鴞之別名。郭景純、陸農師所解，皆得之《方言》，云：「自關而東，謂桑飛曰寧鴂。」此乃陸璣《疏》所謂「巧婦似黃雀而小」，其名偶與鴟鴞之別名同，與《爾雅》之所載，實兩物也。毛、鄭誤指以解詩，歐陽氏雖知其失，乃併與《爾雅》非之，蓋未考郭景純之注耳。「恩斯勤斯，鬻子之憫斯」，言我恩愛勤苦，育養此子，誠可憫惻也。周公謂管、蔡為子者，為周家語殷民之辭也。（以上《讀詩記》，共一則）

東山

〔一章〕「勿士行枚」，亦歸士之情也。自幸全身而歸，願勿從事於行陳也，所謂「序其情而閔其勞也」。毛氏傳「我心西悲」，雖不合經旨，然可謂知周公之心矣。〔四章〕婦人掃洒以待夫之至，顧見苦瓜繫於栗薪，因感其夫久匏繫於外，嘆曰「自我不見，今三年矣」。（以上《讀詩記》，共二則）

伐柯

〔小序〕觀《金縢》所載，二公之知周公，至矣。今曰「朝廷」（小序：《伐柯》，美周公也。周大夫刺朝廷之不知也），則二公亦與焉。蓋大臣與國同體者也，主未悟而事未回，國人所當責，而二公所當受也。（以上《讀詩記》，共一則）

九罭

〔篇末〕成王既發金縢，悔悟而迎周公，其言曰：「惟朕小子其新逆（「新」原作「心」，據《尚書・金縢》改）逆，我國家禮亦宜之」，此正國人之所望於朝廷者也。首章曰「我覯之子，袞衣繡裳」，卒章曰「是以有袞衣兮，無以我公歸兮」，所謂「禮亦宜之」者也，乃此篇之大指也。說詩者徒見「信宿」兩字偶相屬，遂以為「過宿曰信」之「信」，故其釋二章、三章，或以為西人語東人，或以為東人自相語，而不見國人深望乎上誠懇切至之意，求一字之通而失一篇之旨。學者苟能玩味程氏之說（公既征而歸，則未得其所，

蓋朝廷未以師保重禮往逆也，使公不得其所，於女信安處矣，則深責在朝廷之人也），則詩人之心可見矣。凡詩之體，初言者本意也，再言者協韻也。「於女信處」本意也，「於女信宿」協韻也。詩亦有初淺後深，初緩後急者，然大率後章多是協韻。（以上《讀詩記》，共一則）

狼跋

「狼跋其胡，載疐其尾。」說者以狼比周公，非也。言時世艱難，進退皆不可爾。「公孫碩膚，赤舄几几。」凡人進退不能之時，必須皇惑不寧，而周公方且膚體豐碩，容儀恬然。看此二句，可見周公氣象。大凡胸中寬大者，雖處艱難之時，亦不能移其寬大。孟郊詩曰「出門如有礙，誰云天地寬」，只是孟郊胸中自窄狹耳。（以上《集錄》，共一則）

卷十七　小雅　鹿鳴之什

正小雅說　正大雅說附

按《楚辭》，屈原《離騷》謂之經，自宋玉《九辯》以下皆謂之傳。以此例考之，《鹿鳴》以下，《小雅》之經也；《六月》以下，《小雅》之傳也；《文王》以下，《大雅》之經也；《民勞》以下，大雅之傳也。孔氏謂「凡書非正經者謂之傳」，善矣！又謂「未知此傳在何書」，則非也。（以上《讀詩記》，共一則）

四牡

〔一章〕「周道」或以為通途，或以為大路，蓋疑文王遣使所之者非一國，不止於周之境內，故為是說。抑不知使臣初發，蓋自周道以往，故以周道言之，況正《小雅》實兼文、武之治，由武王之時論之，則溥天之下莫非周道矣。（以上《讀詩記》，共一則）

《四牡》、《鴇羽》二詩，詩語大率相似，然所以有說與怨之異者，無他焉，其說，以上知其勤，故說耳；其怨，以下自言其勞，故怨耳。（以上《集錄》，共一則）

皇皇者華

〔小序〕孔氏之說（臣之出使，當光顯其君，常不辱命於彼），作詩之意也；程氏之說（天子遣使四方以觀省風俗，采察善惡，訪問疾苦，宣道化於

天下，下國蒙被聲教，是以光華），用詩之意也。作是詩以遣使臣在文王時，至於周公制禮作樂之後，凡遣使臣，無不用是詩以遣之也。二家之說雖有廣狹，其義一也。〔二章〕諏、謀、度、詢，必咨於周，而詩文乃云「周爰咨諏」者，古語多倒也。歐陽氏諸說（歐陽氏曰：周詳訪問以博採廣聞，不徒將一事出也。李氏曰：周者，周徧其所而詢問之。朱氏曰：使臣自以每懷靡及，故廣詢博訪，以補其不及，而盡其職也。范氏曰：王者遣使於四方，教之以咨諏善道，將以廣聰明也。夫臣欲助其君之德，必求賢者以自助，故臣能從善則可以善君矣，臣能聽諫則可以諫君矣，未有不自治而能治人者也），詩中亦兼有此意，然毛傳（忠信爲周）乃經之本旨也。（以上《讀詩記》，共二則）

常棣

　　〔一章〕「常棣之華，鄂不韡韡」，諸家文義雖小不同，然詩中皆包此意，學者所當徧察熟味也。〔二章〕疎其所親，而親其所疎，此失其本心者也，故此詩反覆言朋友之不如兄弟，蓋示之以親疎之分，使之反循其本也。本心既得，則由親及疎，秩然有序。兄弟之親既篤，而朋友之義亦敦矣，初非薄於朋友也。苟雜施而不孫，雖曰厚於朋友，如無源之水，朝滿夕除，胡可保哉？或曰人之在難，朋友亦可以坐視歟？曰「每有良朋，況也永嘆」，則非不憂憫，但視兄弟急難爲有差等耳，詩人之辭，容有抑揚。然《常棣》周公作也，聖人之言，小大高下皆宜，而前後左右不相悖。〔五章〕王氏之說（友生約我以禮義者也，「雖有兄弟，不如友生」，有禮義然後無失其愛兄弟之常心，友生約其外，妻子調其內，則兄弟加親矣，故曰「妻子好合，如鼓瑟琴。兄弟既翕，和樂且湛。」）雖非經旨，亦學者所當知也。〔八章〕告人以兄弟之當親，未有不以爲然者也。苟非是究是圖，實從事於此，則亦未有誠知其然者也。不誠知其然，則所知者特其名而已矣，凡學蓋莫不然。（以上《讀詩記》，共四則）

　　「死喪之威，兄弟孔懷。原隰裒矣，兄弟求矣。」朋友於生有所求則懷之，死則無所求，唯兄弟不然。原隰，前後無援之地，當是患難之時，唯兄弟然後相求。且如人夜出不歸，唯兄弟則求尋之。「儐爾籩豆，飲酒之飫。兄弟既具，和樂且孺。」雖盤饌畢備，而兄弟不集，畢竟不樂。「妻子好合」至「和樂且湛」。後人釋詩，皆以人爲私妻子，然後兄弟不和，此後人以私心觀之也。三代盛時，兄弟妻子，孰厚孰薄？「宜爾室家，樂爾妻帑。是究是圖，亶其然乎。」大抵爲家之道，兄弟不和，妻帑亦不樂。樂妻帑，和兄弟，固

一事也。須子細思之，此理然乎，不然乎？（以上《集錄》，共一則）

伐木

〔首章〕興之兼賦、比者也。（《伐木》首章：「伐木丁丁，鳥鳴嚶嚶。出自幽谷，遷于喬木。嚶其鳴矣，求其友聲。相彼鳥矣，猶求友聲，矧伊人矣，不求友生。神之聽之，終和且平。」毛氏曰：興也。）（以上《讀詩記》，共一則）

出車

〔三章〕一章言車徒始集於郊牧，殷勤告語之以天子之命，南仲受文王之命，文王受天子之命，故南仲語其眾曰：「我所以來此統眾者，其命蓋自天子而下也。」使之裝載，勉其體悉王事以赴其急；二章言方欲治兵之時，眾車並列於郊，此車設旐，彼車建旄，各事整飭，戎容既備，肅然無譁，為將者指其旛旐而言曰：「彼旛旐斯，胡不旆旆而飛揚也。」雖治兵之時，建而不旆，然以將士憂懼之心觀之，亦若旌旗隨人意而不舒也。古者出師以喪禮處之，命下之日，士皆涕泣。夫子之言行三軍，亦曰「臨事而懼」，皆此意也。三章言既已治兵，大將傳天子之命以令軍眾，於是彭彭然張其車乘，央央然旆其旂旐，威靈氣焰，赫然動人。兵事以哀敬為本，而所尚則威。二章之戒懼，三章之奮揚，並行而不相悖也。軍禮雖無所攷，以《左傳》聘禮攷之，則治兵之時，建而不旆，受命則張而旆之，在道之時則歛而不旆，將戰之時則張而旆之。《左傳》平丘之會，晉治兵于邾南，革車四千乘，建而不旆。壬申復旆之，諸侯畏之。杜預曰：「軍將戰則旆，故曳旆以恐之。」此治兵不旆，將戰張旆之驗也。聘禮，使者載旜，帥、上介、眾介以受命于朝，遂行歛旜，及所聘之竟，張旜而誓。使之旜猶軍之旂旐也，使聽命於朝猶軍聽命於野也，使載旜而受命猶軍張旆而聽命也，使既行而歛旜猶軍在道而歛旆也，使及所聘之竟而張旜猶軍將戰而張旆也。〔四章〕《采薇》之所謂往，遣戍時也；此詩之所謂往，在道時也。《采薇》之所謂來，戍畢時也；此詩之所謂來，歸而在道時也。〔五章〕薄，語辭也。「喓喓草蟲」以下六句，說者以《草蟲》之詩有之，遂亦以為室家之語。觀其斷句曰「赫赫南仲，薄伐西戎」，其辭奮張，豈室家思望之語乎？「毋逝我梁，毋發我笱，我躬不閱，遑恤我後」，兩見於《谷風》、《小弁》之詩，其一夫婦也，其一父子也。（以上《讀詩記》，共三則）

觀《出車》之詩，見文王所以爲至德也。紂何人哉，文王何人哉，不言可知矣。然文王事紂，亦與事堯、舜、禹、湯之君之心無異。蓋文王之心，但見紂之爲天子，欲爲臣盡臣道而已，初不見紂之難事也。味其辭曰「自天子所，謂我來矣」，其見天子之尊嚴如此。其曰「天子命我，城彼朔方」，其敬奉天子之威命如此。其曰「王事多難，不遑啓居」，「王事靡盬，不遑啓處」，其憂勤王家，切切如此，所謂有事君之小心，非文王而誰耶？此一詩之大意也。（以上《集錄》，共一則）

魚麗

〔五章〕「旨」即所謂「嘉」也，物雖嘉、旨，然陸產或不如水產之盛，澤物不如山物之蕃，猶未可以言「偕」也。〔六章〕「有」即所謂「偕」也，物雖盛多而偕有，必適當其時，然後盡善。所謂「時」者，不專爲用之之時也。苟非國家閒暇內外無故，則物雖盛，不能全其樂也。（以上《讀詩記》，共二則）

卷十八　小雅　南陔之什

由庚

〔篇末〕《六月》序《小雅》諸篇，《魚麗》之後，初一曰《南陔》，次二曰《白華》，次三曰《華黍》，次四曰《由庚》，次五曰《南有嘉魚》，次六曰《崇丘》，次七曰《南山有臺》，次八曰《由儀》，與鄉飲酒禮、燕禮奏樂之序皆合，鄉飲酒禮：笙入，樂《南陔》、《白華》、《華黍》，乃間歌《魚麗》，笙《由庚》，歌《南有嘉魚》，笙《崇丘》，歌《南山有臺》，笙《由儀》。燕禮亦然。間歌之次，正與《六月》之序同，以孔氏之說（據《六月》序，《由庚》本在《華黍》之下，其義不備論於此而與《崇丘》同處者，以其是成王之詩，故下從其類）考之，則毛公降《由庚》、《崇丘》下從《由儀》耳。此孔子之舊也。蘇氏復《南陔之什》既得之矣，而《由庚》、《崇丘》尚仍毛氏之舊，今釐正之。董氏以爲笙入者有聲而無詩，朱氏曰：意篇題之下必有譜焉，如投壺魯鼓、薛鼓之節而亡之耳。其說不爲無理，然《國語》叔孫穆子聘晉，伶簫詠歌《鹿鳴》之三，《鹿鳴》三篇既可與簫相和而歌，則《南陔》以下，豈不可與笙相和而歌乎？（以上《讀詩記》，共一則）

南有嘉魚

〔一章〕嘉魚羣然入於網，罩之又罩，取之不竭，興得賢之多也。賢才多寡繫君上之好惡，樂與賢則眾多，不樂與賢則亦從而衰少矣。「君子有酒，嘉賓式燕以樂」，道其樂與賢之心也。〔三章〕瓠有甘有苦，甘瓠則可食者也，樛木下垂以興君，瓠之甘者以興賢，「南有樛木，甘瓠纍之」，言相與固結而不可解也。（以上《讀詩記》，共二則）

南山有臺

〔一章〕賢才之盛多如此，樂哉！王者誠可爲邦家之基矣，誠可以萬壽無期矣，五章反覆詠嘆之，樂之至也。（以上《讀詩記》，共一則）

蓼蕭

〔二章〕四海諸侯，遠近大小親疎亦不齊矣，而王者德施之普，各稱其分，莫不滿足，所謂「其德不爽」也。苟有心於其間，豈能無偏黨差忒哉？〔三章〕天子之待諸侯，甚燕樂而豈弟也。兄弟，自同姓諸侯親者言之，四海諸侯莫不在其中矣。諸侯既被天子之燕樂，於是祝頌之曰：「庶幾天子，宜兄宜弟，無不親睦，有令善之德，壽而且樂乎！」亦爲同姓諸侯善頌之辭，以見其疎也。〔四章〕《韓奕》之二章曰「王錫韓侯，鞗革金厄」，三章曰「其贈維何，乘馬路車」，即其事也。（以上《讀詩記》，共三則）

卷十九　小雅　彤弓之什

彤弓

〔小序〕所謂專征（范氏曰：先王知天下諸侯之不可無長，故爲之方伯連帥以維之。其有功則賜之弓矢，使專征伐以正諸夏。此王室之所以尊也。不然，則強凌弱，大并小，而莫之制，天子之政令有所不行，故曰「《彤弓》廢則諸夏衰矣」）者，如四夷入邊，臣子篡弑，不容待報者。其他則九伐之灋，乃大司馬所職，非諸侯所專也，與後世強臣拜表輒行者異矣。〔一章〕「彤弓弨兮，受言藏之」，言其重也，受弓人所獻，藏之王府，以待有功，不敢輕予人，如《說命》「惟衣裳在笥」之意也。「我有嘉賓，中心貺之」，言其誠也，中心實欲貺之，非由外也。「鐘鼓既設，一朝饗之」，言其速也。以王府寶藏之弓，一朝舉以畀之，未嘗有遲留顧惜之意也。後世視府藏爲己

私分，至有以武庫兵賜弄臣者，則與「受言藏之」者異矣。賞賜非出於利誘，則迫於事勢，至有朝賜鐵券而暮屠戮者，則與「中心貺之」者異矣。屯膏吝賞，功臣解體，至有印刓而不忍予者，則與「一朝饗之」者異矣。（以上《讀詩記》，共二則）

六月

〔四章〕「日月爲常，交龍爲旂」之類，皆幟之文也，鳥章特其一爾。詩之所指乃所建之旗，鄭氏所箋乃所服之號（鄭氏曰：織，徽織也，將帥以下衣皆著焉），初非一物，以其古之軍制，故附見焉。〔六章〕《酒誥》曰「矧大史友、內史友」，君固以臣爲友也，蓋其親近者也。（以上《讀詩記》，共二則）

采芑

「薄言采芑，于彼新田，于此菑畝」，言宣王長養收拾人才，不問新舊而皆登進之也。「方叔涖止」，雖人才盛多，又必有元老以統率之，則各得其用。「其車三千，師干之試」，干，扞也。此言出師之意。「方叔率止，乘其四騏。四騏翼翼，路車有奭。簟茀魚服，鉤膺鞗革」，此止說方叔威儀車服之盛，而人瞻仰尊敬，便可見其必能成功，非是閑言語。「薄言采芑」止「有瑲葱珩」，下闕。「鴥彼飛隼」，當征伐，故喻人才以鷹隼熊羆。「其飛戾天，亦集爰止。方叔戾止，其車三千，師干之試」，言其實也。「方叔率止，鉦人伐鼓，陳師鞠旅。顯允方叔，伐鼓淵淵」，進。「振旅闐闐」，退□整。「蠢爾蠻荊，大邦爲讎，蠻荊來威」，此章方叔宿望如此，又有平玁狁之威，先聲臨之，宜其來威也。蠻荊，南也；玁狁，北也。（以上《集錄》，共一則，此則文字闕漏甚多，幾不成文）

車攻

〔三章〕敖，山名。晉師救鄭在敖、鄗之間，士季設七覆于敖前，則敖山之下平曠可以屯兵，翳薈可以設伏，所謂「東有甫草」，即此地也。宣王之往東都以會諸侯爲主，因田獵以選車徒，而二章、三章先言田獵者，蓋有司先爲戒具，以待會同畢而田獵也。〔五章〕此章以下言既會同而田獵也。（以上《讀詩記》，共二則）

吉日

〔篇末〕《車攻》、《吉日》皆以蒐狩爲言，何也？蓋蒐狩之禮，所以見王賦之復焉，所以見軍實之盛焉，所以見師律之嚴焉，所以見上下之情焉，所以見綜理之周焉，欲明文、武之功業者，觀諸此足矣。（以上《讀詩記》，共一則）

鴻鴈

〔一章〕還定安集之政，必不遺窮民然後爲至，故曰「爰及矜人，哀此鰥寡」。「爰及」者，不遺之辭也。孔氏謂「既安集萬民，然後及之」則誤矣，文王發政施仁，必先斯四者。〔三章〕此非以不知爲慍，蓋深嘆此心知之者鮮也。當時君臣其於民惻怛深厚如此，斯其所以中興與？（以上《讀詩記》，共二則）

庭燎

〔篇末〕宣王將朝而屢問，其志雖勤，然未能安定凝止，躍然有喜事之心焉，斯其所以不能常也。（以上《讀詩記》，共一則）

數問「夜如何其」，雖是勤，必竟把來做事被他動了，正如小兒欲看戲，徹夜不睡。大要只要心使事，不要事使心，宣王未免以事使心者也。（以上《集錄》，共一則）

沔水

〔一章〕諸侯之於天子，如沔水之朝宗，其常理也。所以如飛隼載飛載止，去來不常者，其必有所以矣。「嗟我兄弟，邦人諸友」，固皆願安寧，莫肯念亂，況誰無父母，豈不顧惜乎？然則其未服者，蓋必有甚不得已也。此深規宣王使之自反也。〔三章〕前章言諸侯之不服者，可憂如是，則其服從者，保持之尤不可不力也。當諸侯向背未定之際，有恪守侯度如中陵之隼者，夫豈易得？民之訛言，乃欲誣汙之，寧可不深懲痛治以保持之乎？若不懲之，則諸侯皆不自堅，各相語曰：「我友其敬戒矣，讒言其將興矣。」雖爲諸侯相語之辭，實則規宣王當屏絕讒慝，使忠順者安意肆志而無所懼也。讒人在朝，乃諸侯疑畏之本，故於卒章明言之。（以上《讀詩記》，共二則）

序以爲規宣王也，甚得詩意。規者，謂言在此而意寓於彼者也。宣王始會諸侯於東都之時，諸侯皆至。其後有至有不至者，以宣王信讒，故詩人規之，將以微意動之而使之自悟。「沔彼流水，朝宗于海」，喻諸侯之必朝王，

猶水之必朝海也。然而或朝，或不朝，如隼之載飛載止，必有故也。「嗟我兄弟，邦人諸友。莫肯念亂，誰無父母」，此諸侯自相謂曰：「人情誰不欲安靜，誰不欲保其父母者，何苦不朝王？」第二章重復言之，又曰：「我思念彼諸侯要來，又不來朝，則失臣職矣。我甚爲之憂，中心常不能釋。」此兩章但言諸侯義合朝王，而或不來是如何？莫是宣王有失德所致，然未敢明言。第三章則云，譬如飛隼，何故至中路而止，莫是緣聞民之訛言，後不敢來？於是又警之曰：「我同列諸侯敬之，讒言將興矣。」此章始言諸侯之所以不來之意。大率此詩之辭，卻只是諸侯自相警戒，而意則所以規宣王，使之自悟。毛、鄭謂前二章諸侯自相責之辭，後章所以責王。歐公謂三章皆諸侯責王之辭。若然則非規也，乃刺也。詩人之意，使宣王自反，曰：諸侯既是人人不是喜亂，人人欲保父母，何故不來？又或未至中路而止，是如何？必是己有失德，所以不敢來耳。且如唐代宗之時，魚朝恩之徒在內，故李光弼輩欲朝京師，而久不敢進。然既云「民之訛言」，則是訛言已興，卻又謂恐讒言將興，此又見詩人忠厚之至。蓋恐宣王聞之，遷善之心必沮，故但言汝所聽者未必是，自今當敬之，讒言其將興矣。庶宣王聞之，唯恐讒言之興，遷善愈速耳。此詩人深意也。（以上《集錄》，共一則）

鶴鳴

〔一章〕此詩既不見所指，諸家雖互有所長（陸氏《草木疏》曰：鶴其鳴高亮，聞八九里。鄭氏曰：皋澤中水溢出所爲坎，自外數至九，喻深遠也。范氏曰：檀，木之堅者也，是美木也。呂氏曰：落葉穢雜。李氏曰：《鶴鳴》二章，殊無一句序己意，其詩最爲難曉），然未必得詩人之意也。今存其訓故以待知者。毛氏最在眾說之先（「鶴鳴于九皋，聲聞于野」，言身隱而名著也。良魚在淵，小魚在渚，何樂於彼園之觀乎！尚有樹檀，而下其蘀。「他山之石，可以爲錯」，石可以琢玉，舉賢用滯，則可以治國），恐其傳有自，亦附注焉。（以上《讀詩記》，共一則）

卷二十　小雅　祈父之什

祈父

〔篇末〕讀是詩見宣王變古制者二焉。前兩章既刺其以宿衛之士從征役矣，末章復曰「祈父，亶不聰。胡轉予于恤，有母之尸饔。」有親老而無它

兄弟，其當免役征，在古必有成法，故責其不聰，其意謂此法人皆聞之，彼
司馬獨不聞乎？乃驅吾從戎，使吾親不免薪水之勞也。責司馬者，不敢斥宣
王也。越勾踐伐吳，大徇於軍曰：「有父母耆老而無昆弟者以告。」勾踐親
命之曰：「我有大事，子有父母耆老，而子爲我死，子之父母將轉於溝壑，
子爲禮已重矣。子歸，沒而父母之世。後若有事，吾與子圖之。」勾踐尚能
辦此，況周之盛時乎！其有定制必矣。太子晉諫靈王之辭曰：「厲始革典，
十四王矣。」又曰：「自我先王厲、宣、幽、平而貪天禍，至于今未弭。」
宣王中興之主也，至與幽、厲並數之，其辭雖過，觀是詩所刺，則子晉之言，
豈無所自歟？（以上《讀詩記》，共一則）

白駒

〔篇末〕「所謂伊人，於焉逍遙」、「於焉嘉客」，斯人也，何人也？蓋廊
廟之人也。所謂伊人，乃於此而逍遙乎，乃於此而爲嘉客乎？既幸其來以爲
榮，復深嘆其所處非其地也。其言雖含畜而未發，其辭氣則慘然而不樂矣。
至三章明言之矣，賢者賁然來我之舍，去朝適野，時事蓋可知矣。爾公爾侯，
猶逸豫無期而不知懼乎？於是乎與賢者決別。「慎爾優游」，言善自保護，無
以優游自逸，而失衛生之節也；「勉爾遁思」者，言勉哉行矣，自重也，皆決
別之辭也。仰而慨然責公卿，俯而眷然別賢者，其情意至今可識也。四章疑
其遂忘世也，故勉之曰：「毋金玉爾音，而有遐心」，此雖祝其音問無絕，亦
以君臣之義微諷之。（以上《讀詩記》，共一則）

「爾公爾侯，逸豫無期」，言此賢者之德，本合爲公爲侯，今乃置之閑地，
而無用之之期乎？（以上《集錄》，共一則）

黃鳥

〔一章〕宣王之末，民有失所者，意他國之可居也，及其至彼，則又不
若故鄉焉，故思而欲歸。使民如此，亦異於還定安集之時矣。〔二章〕人之所
以相依者，以其明足以知其緩急休戚故也，不可與明，則不可與處矣。（以上
《讀詩記》，共二則）

斯干

〔小序〕《斯干》、《無羊》，皆宣王初年之詩，乃次於刺詩之後，何也？
蓋宣王晚歲雖怠於政，然中興周室之大德，豈可以是而掩之乎？故復取此二

篇以終之也。宣王之《大雅》有美無刺，《大雅》言大體者也。論其大體，則宣王固一世之賢君也。〔篇末〕一章總述其宮室之面勢，而願其親睦；二章、三章述其作室之意與營築之狀，至於風雨攸除，鳥鼠攸去，則宮室成矣，故四章言望其外，則雄壯軒翥如此；五章言觀其內，則高明深廣如此。望其外則未入也，故曰「君子攸躋」，言其方升也；觀其內則已入也，故曰「君子攸寧」，言其既處也；六章已下，皆禱頌之辭。（以上《讀詩記》，共二則）

無羊

〔篇末〕以《斯干》、《無羊》之卒章觀之，所願乎上者子孫昌盛，所願乎下者歲熟民滋，皆不願乎其外也。彼秦、漢好大喜功之主，肯以是爲可願哉？（以上《讀詩記》，共一則）

節南山

〔小序〕按《左傳》韓宣子來聘，季武子賦《節》之卒章，杜氏謂取「式訛爾心，以畜萬邦」之義。然則，此詩在古止名《節》也。〔三章〕「空我師」，如空其國、空其地之類，蓋曰人之類將滅矣，甚言之也。〔四章〕「式夷式已，無小人殆」，謂尹氏所與圖事者也。「瑣瑣姻亞，則無膴仕」，謂尹以親暱而置之高位者也。〔五章〕鞠訩、大戾，匪降自天，皆尹氏爲之也。民罹其害，無可奈何，而歸之於天也。在民視之則難，在幽王爲之則易。進賢而退姦，蓋爲國之至理，而二者之情狀，惟平其心者則見之也。幽王如幡然用其至，則尹氏必不居位，而民之怨息矣。幽王如坦然平其心，則尹氏自不能逃其罪，而民之惡怒遠矣，夫何難哉！〔六章〕前章既言去尹氏之易，此章復言王終不能去，反使之長惡不已，或者其天意乎？故曰：「不弔昊天，亂靡有定。式月斯生，俾民不寧，憂心如酲」，言亂之甚，憂之極也。秉國成者其誰乎，何爲不自爲政，卒使尹氏之勞我百姓也？蓋深尤幽王之專任尹氏也。「誰」云者，不敢斥王之辭也。〔七章〕此章言幽王既不悟，賢者有去而已，於是駕彼四牡而將行。「四牡項領」，則馬之肥壯固可惟意所適也，然我瞻四方，則蹙蹙靡所騁。蓋本根病則枝葉皆瘁，是以無可往之地也。〔九章〕此章篇將終矣，故復嘆曰：「昊天其使尹氏不平乎，我王其不得安寧乎？今尹氏不懲創其惡，覆怨正人之攻己者，方且報復而未已，吾是以憂吾君之不得寧也。」此憂豈爲身哉！〔十章〕此章篇終矣，故窮其亂本而歸之王心焉。致亂者雖尹氏，而用尹氏者，則王心之蔽也。（以上《讀詩記》，共八則）

「弗躬弗親，庶民弗信。弗問弗仕，勿罔君子」，言幽王不自親政，枉教百姓怨嗟，枉得惡名，何如躬親爲治，勿爲小人所欺。當時非無君子，但弗問弗仕，他卻厚誣說道無君子。此章最見詩人忠厚，不忍歸過於君之意。「方茂爾惡，相爾矛矣」一章，言大臣私相疾惡則如矛盾，及其好時則依舊相醻。或好或惡，皆是只理會私情，更不以國家爲意。末章言所以作誦，蓋以窮究王致亂之由，又勸幽王當自化其心，不必他求，而萬邦皆在畜養中。自今觀之，幽王之時，世亂如此，小人得志如此，非痛掃除，如何革亂爲治？今家父所以教幽王畜養萬邦者，止在於一轉其心耳。此二句極有意味，學者所宜詳玩。（以上《集錄》，共一則）

正月

〔一章〕凡譸張爲幻以罔上惑眾者，皆謂之訛言。〔九章〕前章既言周之必亡矣，此章懷不能已，復誨幽王曰：「此何等時，乃棄賢者不以自助乎？無至於傾覆而誨之也。」〔十三章〕勞役之甚者，又就其間自較其輕重，故曰「土國城漕，我獨南行」；困苦之甚者，又就其間自較其淺深，故曰「哿矣富人，哀此惸獨」。使民至是，蓋甚可憐矣。（以上《讀詩記》，共三則）

「正月繁霜，我心憂傷」，正月是夏之四月。四月有霜，是天道之亂。「民之訛言，亦孔之將」，是人道之亂。天人俱亂，人皆不憂，我獨京京憂之。「哀我小心，癙憂以痒」，詩人以爲世人皆不憂，而我獨憂之，莫是我心膽小，太過慮乎？詩人見眾人不憂，自疑如此。民今方殆，視天夢夢然似無分曉。天即幽王也。「既克有定，靡人弗勝」，言天定，無人不勝，所以如此夢夢然無分曉者，蓋天之未定耳。天之未定，即幽王良心之未定也。「有皇上帝，伊誰云憎」，天只徧覆包涵，他何嘗憎惡人？言幽王良心本不害人，有所蔽惑，所以如此。「具曰予聖，誰知烏之雌雄」，此言老成人自說，縱使我全是聖人，誰辨得此等閑事？「謂天蓋高，不敢不跼。謂地蓋厚，不敢不蹐」，此一章見詩人與當時人所見不同。當時人以高爲卑，慢易如此；詩人憂心之切，看寬卻狹，如無容身息足處。「終踰絕險，曾是不意」，言若能如此，終可以踰險，何往不可，奈何幽王曾於此不以介意。「魚在於沼，亦匪克樂。潛雖伏矣，亦孔之炤」，若魚在池沼中，自以爲樂，不知己在人圈檻中，雖尋得一縫罅安身，亦不逃人所見。譬如時人生在亂世，不可謂禍不及身，既生此世，雖身有遠近，位有小大，同此禍患，如何不憂？此所以謂「亦匪克樂」也。「哿矣富人，哀此惸獨」，幽王之時，大夫以爲我雖可憂如此，然在

我下者更可憂，我已爲僥倖矣。大抵人處憂患時，退一步思量則可以自解。此乃處憂患之大法。（以上《集錄》，共一則）

雨無正

〔四章〕「蟄御」如揚雄爲郎於哀、平之世是也。（以上《讀詩記》，共一則）

「舍彼有罪，既伏其辜。若此無罪，淪胥以鋪」，言幽王之政，無常如此。「曾我蟄御，憯憯日瘁」，小臣尙如此憂，其憂可知，若高力士爲明皇憂是也。（以上《集錄》，共一則）

卷二十一　小雅　小旻之什

小宛

〔一章〕「念昔先人」，憫周室之將亡，念其開創之人也。其人孰謂？即文王、武王二人也。〔五章〕獄事以輕爲善，以重爲不善。（以上《讀詩記》，共二則）

小弁

〔八章〕唐德宗將廢太子，李泌諫之，且曰：「願陛下還宮勿露此意，左右聞之，將樹功於舒王，太子危矣。」「君子無易由言，耳屬于垣」之謂也。《小弁》之作，太子既廢矣，而猶云爾者，蓋推本亂之所由生，言語以爲階也。（以上《讀詩記》，共一則）

巧言

〔四章〕善人易搖而難立，護之當如護柔木；讒言易入而難忘，聽之當如聽行路之言。人之聽往來行路之言者，或歌或詈，如風過耳，心焉嘗數之乎？「蛇蛇碩言，出自口矣。巧言如簧，顏之厚矣」，既不爲其所惑，坐見其情態也。〔六章〕詩人指讒人言曰：「彼何人也，其居至陋，其力至怯，乃主爲亂階，況加以微尰之病，則其所謂勇者，亦何所至哉？爲謀雖曰大且多，爾所居之徒幾何，則爲之謀者亦不眾也。」此非特賤讒人之辭，蓋言其本易驅除，特王不悟耳。（以上《讀詩記》，共二則）

此詩首言「昊天」、「父母」，人之疾痛，必呼天地父母。「僭始既涵」，僭，未確之言。讒人必掉冷語爲地，君子不容著之則讒不成。「君子如怒，

亂庶遄沮。君子如祉，亂庶遄已。君子屢盟，亂是用長」，多疑少決，讒之
所以入也，劉向謂「持狐疑之心者，來讒賊之口；操不斷之意者，開羣枉之
門」是也。「匪其止共」，共，敬也。言非能止於恭敬，但爲王之病耳。「奕
奕寢廟」至「遇犬獲之」，此四者皆難事，人尚能之，況讒言易辨乎。「荏染
柔木」至「心焉數之」，「柔木」以喻讒佞，言讒言之成，君子自植之耳，使
聽之如行路之言，何足數哉？「彼何人斯」至「爾居徒幾何」，謂讒人其實
無能爲，王所以聽爾者，皆天也，與孟子所謂「臧氏之子，焉能使予不遇」
同意。（以上《集錄》，共一則）

何人斯

〔五章〕謂汝行之緩乎，何爲不少舍息而見我也？謂汝行之急乎，何爲
復有暇而脂車也？（以上《讀詩記》，共一則）

暴公不敢入蘇公之門，此固是爲惡者有所慊，然猶勝匿怨而友其人者，
此見古人之猶厚。（以上《集錄》，共一則）

谷風

〔一章〕朋友之義出於天，其相求本非以利害也，故窮達若一，不知其
義，則利害而已耳，離合安可常哉？玩「習習谷風，維風及雨」之辭，其義
蓋可識矣。〔二章〕叔向見司馬侯之子，撫而泣之，曰：「自此其父之死，吾
蔑與比而事君矣。昔者此其父始之，我終之；我始之，夫子終之，無不可。」
所謂「維風及頹」，此其一端也。（以上《讀詩記》，共二則）

四月

〔二章〕秋日、冬日，猶云秋時、冬時也。（以上《讀詩記》，共一則）

「四月維夏，六月徂暑」，「秋日淒淒」，「冬日烈烈」，大凡世亂，亦有
好時節都不見得了，故不言春，止言秋、冬、夏而已。「滔滔江漢，南國之
紀」，此論天下之大勢，言今世雖亂，然終歸於治，猶江、漢雖滔滔，然終
歸於海。「盡瘁以仕，寧莫我有」，此一轉也，謂世既終當治，我但盡瘁事王，
終有顧我者矣。「匪鶉匪鳶」至「潛逃於淵」，夫臣之於君，子之於父，無所
逃於天地之閒，今既仕矣，何所往哉？「山有蕨薇」至「維以告哀」，草木
之微，尚得其所，我卻如此，雖然，不可悔也。此詩之作，獨以告哀而已。
（以上《集錄》，共一則）

卷二十二　小雅　北山之什

北山

〔五章〕號，呼也。「或不知叫號」，謂深居安逸，雖外之叫呼，亦不知也。（以上《讀詩記》，共一則）

小明

〔四章〕上三章皆悔仕亂世，厭於勞役，欲安處休息而不可得，故每章有懷歸之歎。至是知不可去矣，則與其同列自相勞苦曰：「嗟爾君子，無恒欲安處也，苟靜恭於位，惟正直之道是與，則神將佑之矣，何必去哉。」卒章又申言之也。（以上《讀詩記》，共一則）

「豈不懷歸，畏此罪罟」，治世則去就由君子，亂世則去就由朝廷。「念我獨兮，我事孔庶」，平時則小人專其利，亂世則君子任其責。「無恒安處」，言去住不能，只有坐而守死。若就此中討道理，但正直靖共，神自福汝矣。此兩章，勉同類也。（以上《集錄》，共一則）

鼓鐘

〔三章〕「淮有三洲」，作詩者賦其當時所見也。（以上《讀詩記》，共一則）

楚茨

〔三章〕「為俎孔碩」，謂薦孰也；「或燔或炙」，謂從獻也。鄭氏以為一事，誤矣。燔肉與肝炙，豈得謂之「孔碩」乎？味《坊記》之言，則三代之祭祀，洋洋乎其可識矣。〔五章〕孔氏論特牲、少牢禮（《特牲》、《少牢禮》皆曰「祝執俎以出」，是歸賓客之俎也。又《特牲》曰「祝命徹胙俎，豆籩設于東序下」，所以留同姓燕也），祝致尸意，告主人以利成之說，既得之矣。其下又云「天子尊，節文備，祝先致尸意於主人，乃致主人意告尸」，此乃牽合以附鄭氏之說，初無據也。（以上《讀詩記》，共二則）

信南山

〔小序〕劉氏釋序之意（長樂劉氏曰：天下之土，昔為水之所洰，而禹決九州，距四海，濬畎澮距川，暨稷奏庶艱食，蒸民乃粒，萬邦作乂，弼成五服，至于五千。州十有二師，外薄四海，咸建五長，是田法成於禹、稷久

矣。夏道衰微，而公劉紹興后稷之業；商道廢墜，而大王、王季緒理公劉之遺，文、武既有天下，而周公輔弼成王，廣五服爲九服，推后稷之法以踐禹功，遂成畎澮於天下。至於幽王，政煩賦重，田萊多荒，飢饉降喪，民卒流亡（「卒」下原衍一「卒」字，據《呂祖謙全集》本刪），則畎畝不脩於天下，是以夫間之遂不距於溝，畛下之溝不距于洫，涂下之洫不距于澮，道下之澮不距于川，路下之川不距于海，是所謂「不能脩成王之業，疆理天下以奉禹功」也。疆理者，川自六鄉而距于海，路自荒服而達于畿之謂也）善矣，但詩之「曾孫」，蓋泛指周之盛王，周自后稷教民播種，故詩言後王務農者，皆本之后稷而謂之曾孫。（以上《讀詩記》，共一則）

甫田

〔一章〕今者，指周盛王之時也，言周王適南畝以勞農，見農夫散布田野，或耘或耔，而其黍稷薿薿然而盛，乃相助而休息之，又於間進其髦俊者以勞勉之。古者士出於農，而工商不與焉。管仲曰：「農之子恒爲農，野處而不暱其秀。民之能爲士者，必足賴也。」「秀民」即詩所謂「髦士」也。〔三章〕此章言省耕之時，王者在上，耕者在下，田畯往來其間，勸勞而撫摩之，熙然其若一家也。「攘其左右，嘗其旨否」，曰「攘」者，喜之甚而取之疾，以言其相親無間也。見其禾之易治，竟畝如一，預知其收穫，終當善而且多矣。「曾孫不怒，農夫克敏」者，言農夫能敏於田事如此，王者無由譴怒也。不曰「喜」而曰「不怒」者，若不敏於農則怒矣。蓋其喜怒欣戚，專在於農也。洛人稱張全義曰：「張公他無所好，見嘉穀大繭則喜爾」，正此意也。〔四章〕溥天之下，莫非王土，王土所生，莫非曾孫之稼也。鄭氏以「稅」言之，陋矣。「執訊獲醜」，戰士之慶也；「黍稷稻粱」，農夫之慶也。蓋農夫視黍稷稻粱之豐，以爲天下之美盡在此矣，不知其他也。此詩後二章皆述前二章之意，三章所言述首章「今適南畝」勞農之事也，故曰「曾孫來止」，「田畯至喜」，四章所言，述二章「以御田祖」祈福之事也，故曰「報以介福，萬壽無疆」。自「曾孫之稼」以下，所謂大福也。（以上《讀詩記》，共三則）

大田

〔一章〕「大田多稼」，總言之也；「既種既戒」以下至於卒章，自始及末，以次陳之也。稼雖有如嫁女有所生之訓，不必訓稼爲種也。〔四章〕來南方則用騂牲，來北方則用黑牲。獨舉騂、黑者，孔氏所謂「略舉二方，以爲韻句」是也。（以上《讀詩記》，共二則）

瞻彼洛矣

〔一章〕《職方氏》「河西曰雍州……其浸渭洛」，故毛傳以洛爲宗周之浸水。洛水雖出於京兆上洛西山，然其流尙微，此詩所謂洛，蓋指東都也。（以上《讀詩記》，共一則）

卷二十三　小雅　桑扈之什

桑扈

〔四章〕兕觥如《卷耳》罍、觥並陳，則不必指爲罰爵。如此詩則指爲罰爵也。彼者，指古之人也。（以上《讀詩記》，共一則）

鴛鴦

〔二章〕此詩獨以鴛鴦爲興者，詩人偶見人之掩捕，適有所感耳。梁，橋梁、魚梁皆是，不必專以爲石絕水之梁也。（以上《讀詩記》，共一則）

青蠅

〔一章〕「營營青蠅，止于樊」，行且至于几席、盤杆之間矣，蓋憂之也。（以上《讀詩記》，共一則）

賓之初筵

〔一章〕按，大射儀雖前期三日張大侯，然不繫左下綱，與鄉射同，雖不言將射命張侯，遂繫左下綱亦可互見也。鄭氏偶忘互相備之例，遂以爲舉鵠而棲之於侯。殊不知舉二尺之鵠，安得謂之「大侯既抗」乎？〔四章〕燕禮，賓醉北面坐，取其薦脯以降，奏陔賓所，執脯以賜鍾人於門內霤，遂出，卿大夫皆出，所謂「既醉而出」也。「並受其福」，當取劉執中、鄭康成兩說合觀之（長樂劉氏曰：但見側其弁俄然而頹矣。鄭氏曰：賓醉既出，與主人俱有美譽，醉至若此，是伐誅其德也），其義乃足。〔篇末〕淳于髡說齊威王曰：「賜酒大王之前，執法在傍，御史在後。」秦王、趙王會澠池，秦王請趙王鼓瑟，秦御史前書曰：「某年某月日，秦王與趙王會飲，趙王鼓瑟。」藺相如請秦王擊缶，顧召趙御史書之曰：「某年某月日，秦王爲趙王擊缶。」。此古人君燕飲之制猶存於戰國者也。「或立之監」，即執法也。《鄉射》注所謂「立司正以監察儀法」者也。「或佐之史」，即御史也，董氏所謂「佐之史以書之」者也。劉執中解此章雖多牽強忿激（長樂劉氏曰：幽王飲酒，必與羣眾小人

男女弗間，而立監命史，俾臨視巡省在會之人，罔得弗醉也。眾醉則淫亂邪惡，穢雜褻瀆，百醜興焉，而王用以為娛。不醉則不為百醜，無以娛於王，反恥而罰之，俾之必醉。眾皆醉矣，淫亂邪惡，穢雜褻瀆，無所弗至。「勿從謂」，告之也，或恥而弗為矣，「無俾大怠」者，謂湎于酒、荒于色、悖于禮、瀆于義，皆大懈于厥政者。常人則以為憂，幽王則以為樂，故立史監戒其勿言，幸其昏迷而大怠，用以為歡焉。「匪言勿言」者，厥有醉劇而才於淫穢，巧于悖亂，匪可以言者則褒而美之，用以為樂，慎勿言其非，恐愧厥心而弗復肯為，故云「匪言勿言」也。其醉而善於悖亂違拂人倫之事，謂之「匪由」。由，道也。匪由之人，常常延納，勿語于外，留之以為吾王一笑之歡也。有敢道及醉人之非者，罰以童羖。羖無童者，俾之必出，所以困其不能慎言也。是以有不得已而與其燕飲者，心知其非，而口不敢言，又恥於其身亦為淫亂，故三爵之後，洋洋然昏矣，醉矣，睡而不寤矣，不識不知矣，矧敢多飲而又寤哉！此二句，武公所以自處也。幽王繼宣王至治之後，未易遽失其天下，其不道不如是之甚，申侯豈能殺之也。蓋由諸侯嫉怒，無有救之者，是足以見其詳焉。嗚呼！禽獸之所弗為，而幽王為之，其滅亡乃自取之也，又豈申侯所能為也哉！），失詩人溫柔敦厚之意，然論酗酒之害，深切詳明，故并錄之。（以上《讀詩記》，共三則）

采菽

〔一章〕上公之服九章，玄者，衣之色也；袞者，畫之於衣，九章之第一章也；黼者，繡之於裳，九章之第八章也。玄袞及黼，皆謂上公之服也。（以上《讀詩記》，共一則）

角弓

〔五章〕言民不知長少之義，慢老而虐之，父兄反聽於子弟，所謂「老馬反為駒」也。彼慢老者獨能長少而不老乎，所謂「不顧其後」也。其快意不顧，如食者但知稱其饇飽之欲，酌者但知多取，曾不少加斟量也。〔六章〕親親長長之道，乃民之良心，非由外鑠也，宜其與屬而不可解也。〔七章〕王之不肯降心下與族人者，以其居於驕慢而不可移也，「婁驕」猶所謂「屢空」，言其驕之非一也。〔篇末〕一章戒王無信讒佞而遠九族；二章言王苟遠之，非徒王族之乖離也，民皆將化之矣；三章、四章、五章遂言民皆化之，兄弟宗族始則相病，已而相怨、相爭奪而不止，已而暴蔑其尊老而不顧俗之薄極矣，

皆王化之也。六章復嘆世衰族薄，王又從而導之，猶教猱升木，以塗附塗，宜其易也。因慨然而思上之化下，速於影響。導之以惡，既易如此，況於有善道以化之，小民其有不與屬者乎？七章言風俗薄惡，宗族乖離，其勢雖雨雪瀌瀌之可畏，王苟篤於親，則洸然如雪之見日，群慝眾怨無復存矣。奈何其不肯降心，而式居婁驕也。惟其驕，所以不降，惟其不降，所以九族不親，惟其九族不親，所以天下化之。驕者，其病本也；八章申言「雨雪浮浮，見晛曰流」，其易消如此，奈何王方且視宗族如髦蠻而不之顧，則浮浮之雪，豈有消流之望乎？詩人之所憂也。（以上《讀詩記》，共四則）

「騂騂角弓，翩其反矣」，此兩句乃一詩之大旨。角弓之為物，可攀而來者也。言角弓苟暫無人攀，則翩然而反去矣。九族親之則來，疏之則遠，義亦猶此。（以上《集錄》，共一則。此條《集錄》誤在《菀柳》後，今從《讀詩記》定其次第。）

菀柳

〔三章〕前二章猶欲靖以待幽王之改，然後往朝。此章言幽王之心不可測度，不知其悛改之期也，故嘆曰：「曷為予靖以待之乎，幽王方且自居以凶暴驕矜，其惡日熾也。」於是乎絕意於王室矣。「居以凶矜」即《角弓》所謂「式居婁驕」也。傅說告高宗曰：「惟厥攸居，政事惟醇。」自古聖賢之論治亂，每言夫居焉。（以上《讀詩記》，共一則）

天敘有典，君臣本合，自有相親道理，自非大無道之世，猶不忍捨去，惓惓之心，有加無已。如此詩皆惓惓望君之意，庶幾安靖。次章氣象，比前稍薄；末章則厭棄之矣。人君讀此詩，亦當自警。人情雖不忍輕棄君，君亦不可全倚靠民，至於大無道，則人情厭棄矣。（以上《集錄》，共一則）

卷二十四　小雅　都人士之什

黍苗

〔篇末〕天子，子萬姓者也；大臣，慮四方者也；方伯，分一面者也。申伯之體勢不重，則無以鎮定南服。召穆公身為卿士，豈得辭其憂責哉？宣王雖深居九重，宵旰之慮，固未嘗一日忘之也，必待召公告厥成功，而王心始寧焉，此真知職分者也。彼憂幽王近不能察犬戎之禍，以復宗周，何暇經

略江淮之間乎？此詩人所以思古也。（以上《讀詩記》，共一則）

隰桑

〔三章〕是詩三以隰桑爲興，皆形容樂見賢者之精神情意也。〔篇末〕先知覺後知，先覺覺後覺，賢者宜有以告眾人，眾人固無以告賢者也。是詩方思賢者而遽欲謂之，何其犯分躐等歟？蓋慕用之極，與賢者爲一體，思竭吾忠愛以裨補之，其中其否，有所不知也。（以上《讀詩記》，共二則）

漸漸之石

〔一章〕解經不必改字，鄭氏以「勞」爲「遼」，非也，然孔氏之說（孔氏曰：王肅云言遠征戎狄，戍役不息，乃更漸漸之高石，長遠之山川，維其勞苦也），讀詩者所當知。〔三章〕長樂劉氏之說（一章：「漸漸之石，維其高矣」者，謂所歷之路石皆廉利，傷人之足，割馬之蹄，不可以踐履也。不獨漸漸之石而已，其高峻峭拔，非攀緣則不可以登。今五谿之路，莫不如此也。「山川悠遠，維其勞矣」者，其山窮者，川斷之也：其川盡者，山間之也。重重相間，遠不可極，不曰悠遠乎？……困之陟降之勞，瘃以山嵐之氣，既病且死，莫保生還，故不皇言於朝覲也。三章：中國有豕，純黑爲常。南蠻有豕，無非白蹢也，謂四足連肚皆白……記征夫遠行之所見也。深入蠻夷之域，爲山川之所困，雨水之所淫，戰敵未捷，病役相仍，救其生命之不暇，何皇及於他事哉？）其辭切而哀，若作於熙寧安南敗事之前，則既其文而未既其實，深可懼也；若作於熙寧安南敗事之後，則三折肱知爲良醫，深可信也。雖未知其爲何時，要皆有益於學者，故特錄之。（以上《讀詩記》，共二則）

卷二十五 大雅 文王之什

文王

〔小序〕按《呂氏春秋》，「周公旦乃作詩曰『文王在上，於昭于天。周雖舊邦，其命惟新』，以繩文王之德。」熟味此詩，信非周公莫能作也。〔五章〕蓋者忠愛之篤，進退無己也，故謂之忠蓋。〔六章〕王者代天理物，操典禮命討之柄，以臨天下，故曰「配命」，又曰「配上帝」。〔七章〕「宣昭義問」，所謂闢四門，明四目，達四聰，蓋天命之大，非小知偏學所能與也。

又虞度商之興亡自天者，其敬其怠，瞭然可識，愈敬懼而不敢怠矣。（以上《讀詩記》，共四則）

大明

〔一章〕「天位殷適，使不挾四方」，則下章所陳，眷顧周家，有加無已者，非天私我有周也，栽者培之，傾者覆之，因其材而篤焉耳。〔七章〕紂以天子之威，如林之眾來戰，武王方眇然諸侯而起，苟較強弱而計眾寡，其心必疑貳矣。然當是時，武王方一心以奉天討，若上帝實臨之，較計之私，豈得而容哉？曰「上帝臨女，無貳爾心」，蓋設為勉之之辭，以形容武王奉天討之心也。（以上《讀詩記》，共二則）

緜

〔二章〕「來朝走馬」，形容其初遷之時，略地相宅，精神風采也。鄭氏以為避惡早且疾，苟如是之迫遽，則豈杖策去邠雍容之氣象哉？〔八章〕軍國之容雖備，然大王猶未敢輕用其民也，故不敢殄絕所慍之夷狄，亦不隕廢其聘問之禮。蓋寒暑之節，龍蛇之蟄，未有不積而能施，不屈而能伸者也。重以王季，三以文王，畜之可謂厚矣，然猶有樂天之事焉。至於王業光大而不可掩，郊關之內，鬱鬱蔥蔥，輪蹄輻湊，則昆夷不待攘斥，自奉頭鼠竄之不暇矣，是固消長之理也。此章或以為專指大王，或以為專指文王，義皆未安。孟子曰：「文王事昆夷。」文王猶事昆夷，則大王安得有「昆夷駾矣，維其喙矣」之事乎？《皇矣》之詩曰：「帝省其山，柞棫斯拔。松柏斯兌，帝作邦作對，自大伯王季。」然則「柞棫拔矣，行道兌矣」，安可專指以為文王之詩乎？蓋總敘周家王業積施屈伸之理，始於大王，而終於文王耳。〔九章〕虞芮質厥成，則道化行矣。文王蹴然震動，深省其所自生者，懼無以致之也。「予曰有疏附，予曰有先後，予曰有奔奏，予曰有禦侮」，言我無以致此，是皆諸臣之力爾。德盛而不居，此文王與人為善也，至公無我也，於穆不已也。（以上《讀詩記》，共三則）

棫樸

〔三章〕「淠彼涇舟，烝徒楫之」，以興「文王于邁，六師及之」之速也。（以上《讀詩記》，共一則）

旱麓

〔小序〕「周之先祖」以下，皆講師所附麗，此篇師傳以爲文王之詩，故有「大王、王季，申以百福干祿」之說，於理雖無害，然「干祿百福」之語則不辭矣。〔一章〕《緜》之八章曰「柞棫拔矣，行道兌矣」，《皇矣》之三章曰「帝省其山，柞棫斯拔，松柏斯兌」，皆以山林之茂，見王業之盛也，故《周語》言此章之義曰：「夫旱麓之榛楛殖，故君子得以易樂干祿焉。若夫山林匱竭，林麓散亡，藪澤肆既，民力彫盡，田疇荒蕪，資用乏匱，君子將險哀之不暇，而何易樂之有焉？」然則所謂「榛楛濟濟」者，蓋當時所見之實也。至於詩人發興，則《周語》不能盡其義，當如程氏說（瞻彼旱山之榛楛，草木得麓之氣，濟濟茂盛，興此周家之豈弟君子，承其先祖豈弟之道，所以興盛受福也）。〔二章〕申上章干祿之義也。〔三章〕作人之盛，至於如鳶飛魚躍，非積累薰陶久且熟者則不能，然其來蓋有自矣，此序所謂「受祖」也。〔四章〕先祖遺子孫之業莫大於人材，故前章言作人，後章以報祀繼之。（以上《讀詩記》，共五則）

思齊

〔二章〕毫髮不愧於隱微，然後近者孚，故「神罔時怨，神罔時恫」，始可以「刑于寡妻」。〔三章〕聖人，神、人之主也。如前章所載神人孚格，可謂得爲主之道矣。欲求所以孚格者，當於此章觀之。〔四章〕戎疾，大患難也，羑里之囚是也，昆夷、玁狁之難則其餘也。文王之德如上章所陳，故雖遭大難而不失其聖，光大而不可毀缺，所謂「肆戎疾不殄，烈假不瑕」也。〔五章〕聖人流澤萬世者，莫大於作人，所以續天地生生之大德也，故此詩以是終焉。文王之無斁，孔子之誨人不倦，其心一也。典謨作於虞、夏，其稱堯、舜、禹、皋陶已「曰若稽古」，則此詩追述文王以爲古之人，復何疑哉？（以上《讀詩記》，共四則）

皇矣

〔二章〕《周頌》曰「岐有夷之行」，周自太王以來，世以平夷爲治，民串習其平夷，歸往之者，載路而不絕。民歸之，則天命之矣。〔六章〕用兵必有根本之地，文王駐兵於國都，以爲三軍之鎮，故曰「依其在京」。〔七章〕「不長夏以革」，雖難強通，然與「不大聲以色」立文既同，訓詁亦當相類。「聲以色」謂聲音與笑貌也，「夏以革」謂侈大與變革也。不大聲以色，則

不事外飾矣；不長夏以革，則不縱私意矣。無外飾，無私意，此明德之實也。
（以上《讀詩記》，共三則）

靈臺

〔小序〕所以謂之「靈臺」者，不過如孟子之說而已（孟子曰：文王以民力爲臺爲沼，而民歡樂之，謂其臺曰「靈臺」，謂其沼曰「靈沼」，樂其有麋鹿魚鼈。古之人與民皆樂，故能樂也）。自「文王受命，而民樂其有靈德」以下，皆講師之贅說也。按《武成》：「文王誕膺天命，以撫方夏。惟九年大統未集，予小子其承厥志。」「誕膺天命」，即此序所謂「文王受命」也。「以撫方夏」，即三分天下有其二之時也。「惟九年大統未集」，言既三分天下有其二，九年而崩也。若以《靈臺》之作，在此九年之間，雖非詩人大意所存，然尚無害。漢儒因此遂以爲受命稱王，而以《靈臺》爲天子之制，則悖理甚矣。《泰誓》三篇，紂尚在之時，武王之稱文王止曰「文考」而已。至《大誥》、《武成》追王之後，始曰「文考文王」。此文王生前不稱王之明驗也。武王牧野誓師所告者，不過司徒、司馬、司空，猶未備天子六卿之制，豈有文王之時已僭天子之臺哉？〔一章〕文王之作臺，主於望氛祲，觀民俗，以察天人之意，因以疏瀹精神，宣節勞逸，蓋一弛一張，無非事也。楚椒舉曰：「先王之爲臺榭也，榭不過講軍實，臺不過望氛祥，故榭度於大卒之居，臺度於臨觀之高。其所不奪穡地，其爲不匱財用，其事不煩官業，其日不廢時務，瘠磽之地，於是乎爲之；城守之木，於是乎用之；官僚之暇，於是乎臨之；四時之隙，於是乎成之，故周詩曰：『經始靈臺，經之營之。庶民攻之，不日成之。經始勿亟，庶民子來。王在靈囿，麀鹿攸伏。』」其言得之矣。毛、鄭以此詩爲五章章四句，或以爲前二章章六句，後二章章四句，於文義甚協。若愈於毛、鄭，今觀椒舉舉詩，止於「麀鹿攸伏」，蓋全舉前二章之文也。若以首章爲章六句，則椒舉所引詩末二句在它章矣，然則章句其傳甚遠，未易以意改也。〔四章〕於，嘆辭也。《樂記》曰：「論倫無患，樂之情也。」鄭氏以「論」爲「倫」，蓋本諸此。或疑《靈臺》之詩，敘臺池苑囿，與民同樂，胡爲以辟雍學校勦入之？彼蓋未嘗深考三代人君與士大夫甚親，遊宴之瞽御，征行之扈衛，無所往而不與髦俊俱焉。樂正司業，父師司成，則樂者固學士之所常隸也，夫豈有二事哉？〔五章〕樂者，矇瞍之事也，聞鼉鼓之聲，知矇瞍方奏其事也。前三章樂文王有臺池鳥獸之樂也，後二章樂

文王有鍾鼓之樂也，皆民樂之辭也。（以上《讀詩記》，共四則）

　　深味一篇之旨，而想夫文王在靈臺之時，俯仰萬物之動，殆無一不在泰和之中，如「維樅」、「維鏞」之類，是樂之有聲者；「攸伏」、「鶴鶴」之類，乃樂之無聲者，皆爲天地和氣所動而不能自已。然此詩之氣象，非胸中廣大而無所偏累者，未易觀此。（以上《集錄》，共一則）

下武

　　〔一章〕下者，繼上之辭也。《下武》之「繼文」，即《頌》所謂「嗣武受之」也。武王一戎衣而天下大定，其樂曰《大武》，故言周王業之成，必曰「武」焉。（以上《讀詩記》，共一則）

文王有聲

　　〔四章〕王公，如《易》所謂「王公設險，以守其國」，蓋統言之也。〔八章〕孫與子特互言之，皆謂子孫也。序言「武王繼伐」，而此詩未嘗一言及武王之伐功，何耶？定都而無思不服，創業而詒厥子孫，故非大告武成之前所能致也。詩人之作，蓋有本末具載、精粗兼舉者矣，亦有言其意而略其事者矣，不可以一體求也。（以上《讀詩記》，共二則）

卷二十六　大雅　生民之什

生民

　　〔五章〕人事盡處，即是天理。「有相之道」，當合鄭箋、橫渠之說觀之。（鄭氏曰：「后稷之掌稼穡，有助之道，謂若神助之力。」張氏曰：「有相之道，贊化育之一端也。今農民未見致力於田者，或有一耕即種，其收即天幸也。殊不知壤細即能蕃殖，粒之大者無過於豆，如土又倍於粒，則必透風不能生，十必失其四、五矣。此人力之不盡也，惟后稷則盡人力之助。」）（以上《讀詩記》，共一則）

行葦

　　〔小序〕自「周家忠厚」以下，論成周盛德至治則得之，然非此詩之義也。意者講師見序有「忠厚」之語而附益之歟？〔一章〕此詩毛氏七章，二章章六句，五章章四句，鄭氏析爲八章。以文義考之，當從毛氏。一章以行葦興兄弟，宜作六句；二章言陳設，宜作四句；三章言燕樂，宜作六句；後

四章則不可增損，毛、鄭所同也。「敦彼行葦，方苞方體，維葉泥泥」，其可使牛羊踐履之乎，戚戚兄弟，其可疏遠而不親近之乎？忠厚之意藹然，蓋見於言語之外矣。下章之燕樂，皆所以樂乎此也。毛氏以「戚戚」爲內相親，唯體之深者爲能識之。〔四章〕此兩章鄭玄以爲將養老，大射擇士，王肅以爲燕射，以詩之所敍考之《儀禮》，王肅之說是也。孔穎達難王肅燕射之說，謂燕射旅酬之後乃爲之，不當設文於「曾孫爲主」之上，豈先爲燕射而後酌酒哉？遂從鄭氏以爲大射，抑不知此篇乃成周燕宗族、兄弟之詩，非大射擇士時也。按《儀禮》燕射如鄉射之禮，射雖畢而飲未終，舉觶無算爵，獻酌尚多，言酌大斗、祈黃耇於既射之後，亦豈不可乎？然學者讀此詩，當深挹順弟和樂之風以自陶冶，若一一拘牽禮文，則其味薄矣。〔五章〕「四鍭既均」，泛言射者也，故繼之曰「序賓以賢」。「四鍭如樹」，專言勝者也，故繼之曰「序賓以不侮」。〔六章〕酌大斗而祈黃耇飲之也，頌禱與乞言皆在其中矣，不必專指一端也。〔七章〕前章言成王厚酒醴以酌黃耇，此章言黃耇相導左右成王，庶其登壽考而介景福也。（以上《讀詩記》，共六則）

《行葦》一篇，見仁之全體。「方苞方體，其葉泥泥」，其生生之意，蓋自然而然，詳緩涵泳，忠厚和藹之氣見於言外。當此之時，仰觀俯察，莫非吾仁，千百載之下，猶可想見，況身親之乎！肆筵授几，重席緝御，其養老之際，一一和整如此，使有一分慢易之心，安能若是？凡此皆忠厚之實也。「曾孫維主」，凡前之所爲，蓋有曾孫以爲之主也，於此可以見其精神心術之運矣。「以祈黃耇」，願老者之壽考無已，非自求福也。（以上《集錄》，共一則）

既醉

〔小序〕「醉酒飽德」以下，皆講師附益之辭。〔三章〕周之追王，止於大王，則宗廟之祭，尸之尊者乃公尸也。自「既醉以酒」至「高朗令終」，皆祭畢而燕頌禱之辭也，自「令終有俶」至於卒章，皆追道祭之受福，以明頌禱之實也。〔五章〕成王與助祭者，威儀既得其宜，又有嗣子之孝，舉奠於後，其孝可謂源源不竭矣。神之錫汝以善，宜其永永不替也。（以上《讀詩記》，共三則）

此詩皆祝頌之詞。醉酒飽德，不須分酒德作兩事。羣臣宴飲，浹洽厭飫，德已在其中矣。「君子萬年」，欲成王長如此。「既醉以酒，爾殽既將」，德至於此妙矣。前一章猶自見德，此章但見其酒殽，德寓其中而化其德矣。「昭

明有融，高朗令終，令終有俶」，此三句皆欲其光明之無窮，終而復始。「公尸嘉告」，此章尤妙。公尸，嘏祭者也，言與神明爲一而無閒。如神告享之，告享如何？以其籩豆靜嘉。「靜嘉」二字，最宜詳味，既言成王德之發越著見，籩豆之間，無非德也，如春被萬物，萬物皆有春意，無不光華。「朋友攸攝，攝以威儀」，助祭之臣，無不威儀，亦成王德著於助祭之臣者也。故繼之以「君子有孝子」，言籩豆助祭之臣如此，皆成王孝道之所致，以繳前二章。「室家之壼」，詩人推本而言成王之孝，由內而推廣之也。「君子萬年」，皆其臣願君之言，感君之深，故其言諄復而不能已。「釐爾女士，從以孫子」，漢、唐、晉、魏之臣，其贊君者，不以國富，則以兵強，不以疆土，則以祥瑞，皆侈言而無實。唯成王之臣深得其本，但欲成王得助祭之賢，其子孫隨而蕃衍也。（以上《集錄》，共一則）

假樂

〔篇末〕《泰誓》曰「友邦冢君」，《酒誥》曰「太史友、內史友」，則朋友者，合百辟卿士言之也。君燕其臣，臣媚其君，此上下交而爲泰之時也。泰之時，所憂者，怠荒而已，此詩所以終於「不解于位，民之攸塈」也。方嘉之，又規之者，蓋皋陶賡歌之意也。民之勞逸在下，而樞機在上，上逸則下勞矣，上勞則下逸矣。「不解于位」，乃民之所由休息也。（以上《讀詩記》，共一則）

公劉

〔一章〕毛、鄭以公劉居於邰，而遭夏人亂，辟難遷於豳，且以爲在邰有疆場積倉，爲夏人迫逐，乃棄而去。攷之是章，意象整暇，不見迫逐之事，以《國語》、《史記》參之，蓋自不窋已竄于西戎，至公劉而復興疆場積倉，內治既備，然後裹糧治兵，拓大境土，而遷都于豳焉。國都雖遷，向之疆場積倉，固在其封內也。呂祖儉附語：先兄己亥之秋復脩是書，至此而終。自《公劉》之次章，訖於終篇，則往歲所纂輯者，皆未及刊定。如小序之有所去取，諸家之未次先後，與今編條例多未合。今不敢復有所損益，姑從其舊以補是書之闕云。〔二章〕躋攀跋涉，賤者之事，非貴者所能堪也。公劉陟巘降原，其勞如此，視其何所佩服乎，則維玉及瑤，鞞琫容刀也。以如是之佩服，親如是之勞苦，斯其所以爲厚於民也歟？〔四章〕「食之飲之，君之宗之」，謂既饗燕而定經制，使上下相維也。公劉之爲君久矣，於此始曰「君

之」者，言公劉之整屬其民，上則皆統於君，下則各統於宗，其相維蓋如此也。古者建國立宗，其事相須。春秋之末，晉執蠻子以畀楚，楚司馬致邑立宗焉，以誘其遺民而盡俘以歸。當典刑廢壞垂盡之時，暫為詐諼之計，猶必立宗焉，前乎此者可知矣。〔六章〕「止旅迺密，芮鞫之即」，風氣日開，民編日眾，規摹日廣，有方興未艾之象焉，周之王業，既兆于此矣。（以上《讀詩記》，共四則）

一章「篤公劉」止「爰方啟行」，統論耕戰。二章「篤公劉」止「鞞琫容刀」，此章說遷都相宅，登降上下，習於勞苦，乃是雍容冠佩之貴人也。三章「篤公劉」止「于時語語」，四章「篤公劉，于京斯依。蹌蹌濟濟，俾筵俾几」，鋪筵几以告於神也。「既登乃依，乃造其曹」，曹，眾也。造，往也。「執豕于牢，酌之用匏」，饗神也。「食之飲之，君之宗之」，饗畢飲福，而因明尊君親上之義也。公劉雖立國大規在於耕戰，然教之端，禮之始，固已開於此際矣。五章「篤公劉」止「豳居允荒」，荒，大也。又度其西山之陽，以居生生之民。蓋生齒日益蕃衍，又度所以容之也。六章「篤公劉」止「芮鞫之即」，此章又言人民居處烝烝盛密，生生不已，又將即芮而居矣。此最可見「花半開」、「日將中」意思。（以上《集錄》，共一則）

卷阿

〔一章〕此章具賦、比、興三義，其作詩之由，當從朱氏（「豈弟君子」，指王也。矢，陳也。疑召公從成王遊於卷阿之上而賦其事，因遂歌以為戒）；其因卷阿、飄風而發興，當從毛氏（興也。卷，曲也。飄風，回風也。矢，陳也）；以卷阿、飄風而興求賢，因以虛中屈體，化養萬物為比，則當如鄭氏（大陵曰阿，有大陵卷然而曲，迴風從長養之方來入之，喻王當屈體以待賢者）、王氏（「有卷者阿」則虛中屈體之大陵，「飄風自南」則化養萬物之迴風。不虛中則風無自而入，不屈體則風無自而留。其為陵也不大，則其化養也不博。王之求賢，則亦如此而已）之說也，三說相須，其義始備。〔二章〕自此章以下，皆召公陳其詠歌之辭也。國家閑暇，君臣游衍，可謂伴奐而優游矣，所願乎成王者，惟充其性，似先公之克終而已。「俾爾」者，祝辭也；「彌爾性」者，祝其進益成就，至於無虧闕之地也；「似先公」者，召公，周之尊老，故其祝成王遠本先公，不忘舊也。祝之，所以戒之也。〔三章〕土宇既厚，惟祝其「彌爾性」，長為百神之主而已。天子者，百神之主

也，苟以逸欲虧其性，則天位難保，將無以主百神矣。上二句嘆而美之，下三句祝而戒之也，前後兩章亦然。〔四章〕自三章至此章，皆嘆美祝戒之辭。雖未及於求賢，然成王所以彌爾性而似先公、主百神而常純嘏者，果何以致之乎？其意蓋在其中矣。〔五章〕是詩雖戒求賢，然詠歌以道之，故其辭從容不迫，至此章始明言賢者之益焉。「有馮有翼」，自成王言之也。成王之左右前後，當有所馮依，有所輔翼，必多得有孝者、有德者，然後可也。「以引以翼」，自賢者言之也。有孝有德之人在王左右，以引以翼，然後王德罔愆，可以爲四方之法也。賢者之行非一端，必曰「有孝有德」，何也？蓋人主常與慈祥篤實之人處，其所以興起善端，涵養德性，鎮其躁而消其邪，日改月化，有不在言語之間者矣。故宣王之在內者唯云「張仲孝友」，而蕭望之亦謂張敞「材輕，非師傅之器」，皆此意也。〔六章〕此章與前章相承，「有馮有翼，有孝有德，以引以翼」則「顒顒卬卬，如圭如璋，令問令望」矣。〔七章〕自此以下，廣言人材之盛也。「亦集爰止」，言其萃聚也。〔八章〕「亦傅于天」，言布散也。〔十章〕高岡，顯地也；梧桐，嘉木也；鳳凰棲鳴其間，可謂得其所矣，故極言萋萋喈喈之盛、雝雝喈喈之樂以形容之。今王之車馬，既多既閑，苟得眾賢載之，其光華和樂，殆非形容所及也。有其時，有其具，召公所以欲成王勉乎此也。「矢詩不多，維以遂歌」者，召公言初陳詩以戒王，其辭本不多也，意不能已，遂歌而至於累章耳。（以上《讀詩記》，共九則）

民勞

〔一章〕一言而喪邦，曰「惟予言而莫予違」，則詭隨之人，誠覆邦家之人也。「無縱詭隨」，乃所以謹無良而遏寇虐也。小人不畏天明，苟縱而不遏，其爲惡，無所限極也。〔二章〕此章諫厲王遠小人、近君子也。（以上《讀詩記》，共二則）

板

〔六章〕亂雖極矣，道之者固有簡易之理，不作聰明爲邪僻以亂之，行其所無事，斯可矣。〔七章〕前章告以爲治之本，此章告以爲治之輔也。（以上《讀詩記》，共二則）

「上帝板板」，亂世天道反覆，善而反禍，惡而反福者有矣。「出話不然，爲猶不遠」，屬王所出號令，盡善而無其實，如出恤民之令而無恤民之實。雖

曰無善，其言猶未遠道也，使屬王就其言之善而行之，何遠之有？凡伯幸其言之未離道，故猶可諫告也。「辭之輯矣，民之洽矣」，謂就其言之善而使之輯，則民無不和合矣。「我雖異事，及爾同寮」，凡伯謂我雖與汝臣異事，異事謂爾不憂國，我憂國也，以與爾同官，故告示爾。蓋當屬王監謗之時，不敢與他人語。所可與語者，同寮而已。前二章已告屬王，此章告大臣。「我言維服，勿以爲笑」，亂世出一善言，人皆笑之。凡伯欲言，恐其同寮之非笑也，故先自言我言可以佩服而行，汝勿笑我。當時之亂可知，猶慮其弗從也，又引古先民之言而質之。「老夫灌灌，小子蹻蹻」，老成者可與慮事，後生輩自以爲安。「匪我言耄，爾用憂謔」，亂世出一善言，人必以爲古老，我言初不古，爾卻假憂顏曰可憂，是謔我也。「威儀卒迷，善人載尸」，世亂不知上下顛倒，善人如祭祀之尸，不敢出善言。前一章猶自欲言，此章不可言矣。「民之方殿屎」，民方無告而呻吟，無一人揆度而拯救之。「喪亂蔑資」，民貧而恩惠不下。「天之牖民」，此章又勉屬王，謂世如此亂，天意轉治實容易。「攜無日益」，連上文言，天導民甚容易，見成有此道理，更不假增益。「無自立辟」，我所以不敢如此者，以民之自多邪僻也。「价人維藩」，此章又言何況見成有此幾人爲藩屏，不消費力。王若懷德，天下便寧無事矣。「無俾城壞，無獨斯畏」，言小人如今助成君惡，及至世亂，眾叛親離，他自不見，只有君自受憂禍爾。「敬天之怒」，此章又教屬王入道門路，主敬而言。若能敬，則出話必不肯爲不然矣。出話不然，只緣不知有天，而肆爲無忌憚之話也。若敬則無此，而易世爲三代矣。（以上《集錄》，共一則）

卷二十七　大雅　蕩之什

蕩

〔二章〕力言任之之堅也。〔三章〕無道之君，雄猜忌克，不責己而怨人，故曰「彊禦多懟」，其聞規諫，謾爲浮語以應之，而心不在焉，故曰「流言以對」。〔七章〕大命，國命也。（以上《讀詩記》，共三則）

抑

〔一章〕此詩以威儀爲主，乃自古論修身者之所同，蓋至切至近，莫過於此也。屬王非特自燕喪威儀，至使賢者皆不敢修飾，愚以求免，其時蓋可知矣。「人亦有言」者，時人之語也。〔二章〕動民以行，不以言。德行者，

不言而信，覺民之大者也，故曰「有覺德行，四國順之」。所謀不止於一身，而計天下之安危，所謀不止於一時，而監百世之損益，所謂大其謀也。既大而謀，以定其命矣，猶未敢輕出，復長慮却顧，思其所終，稽其所弊，然後以時而播告焉，故曰「訏謨定命，遠猶辰告」。用人也，修德也，出命也，治道之大端既備，又終之以威儀者，蓋本其切近者言之，以承前章之意也。〔五章〕柔者，遜順之辭也。〔六章〕由言，言之所由發也。〔七章〕思，語辭也。此章戒厲王以內外交修也。〔八章〕厲王不君，故戒以「君爾爲德，俾臧俾嘉」，欲其盡君德之善也。「淑慎爾止，不愆于儀」，此詩以威儀爲主，故屢言之。爾以善，而民以善應之，猶投桃報李，蓋必然之理。彼小人日導王爲不善，而欲民應之不悖，是猶童牛童羊而求其角，天下寧有此理哉？潰亂王聽，使至傾覆者，實此曹耳。〔九章〕此章言人之質有美有惡，故有可告語者，有不可告語者。若厲王，蓋不可告語矣，武公猶拳拳不能自已焉，下章所言是也。〔十章〕武公之於厲王厚矣，故不忍遽斷以爲不可告語，猶疑其未知臧否也。〔十一章〕「既耄」非謂其老也，猶今人責未更事者曰「既老大矣」，甚言之也。〔十二章〕《史記》載武公以宣王三十六年即位，《國語》亦稱武公年九十五「作《懿》以自儆」，韋昭謂《懿》即《抑》也。說者遂以爲此詩乃追刺厲王。今考其文，如曰「在于今，興迷亂于政」，曰「匪手携之，言示之事。匪面命之，言提其耳」，曰「聽用我謀，庶無大悔」，夫豈追刺之語乎？《史記》、《國語》殆未可據，一以詩爲正可也。（以上《讀詩記》，共十則）

　　「人亦有言」止「亦維斯戾」，此言亂世人多以避患爲心，哲人亦豈如是哉？但人亦意其無心於世而謂之愚爾。然庶人之愚乃其常病，而所以指哲人爲愚者，乃意其發於逃免譴戾之不得已爾。夫至使天下疑哲人爲愚，則爲厲王者固無以自解。萬一哲人亦有是心，而汲汲以自晦爲事，其視畎畝不忘君之氣象，亦迥然不同矣。此武公自警之意也。「無競維人」止「維民之則」，此章指示厲王以爲治之全體也。「其在于今」止「克共明刑」，此深責王之辭也，言王只顧目前之樂，更不爲可繼之道。此亦尚可，又豈可不敷求先王之所以爲先王，其識慮豈不過我遠甚，然尚共敬而明刑，況子孫乎！蓋武公度厲王之湛樂，其視繼紹甚輕，猶庶其或畏先王耳。「視爾友君子」止「矧可射思」，友君子者，同輩之稱也。視爾同輩，徒有意於柔輯外貌，然不出誠心，久必有過，故端其本而以不愧屋漏之理告之。「於乎小子」，稱「小子」者，蓋武公，王之叔父也。然此詩亦不正指王，皆假託而言之。（以上《集

錄》，共一則）

桑柔

〔八章〕善惡出於天下之同然者，蓋曉然易見也。不順之君，其所施為，其所任用，皆非天下之所謂善，乃自獨使之善耳，其肺腸不與人同，不可曉解，此民所以惑亂也。〔十四章〕厲王之朝，舉無信芮伯之言者，故告之曰：「予豈不知而妄發哉，如彼飛蟲，時亦弋獲，豈無一二或中者乎？」〔篇末〕此詩本屬王之亂在於用小人，故於聽任之際，屢致意焉。一章至四章，皆極言其亂也；五章告之以聽任之道，而憂其不能改也；六章復告以息民務農，而居位食祿者不可不審擇也；七章因前章息民務農之言，而深嘆喪亂飢饉之可哀也；八章言治亂之分，蓋其君向背用捨，所繇異路，思古而傷今也；九章言君暗於上，故譖毀之俗成於下，自傷處斯世之難也；十章言朝皆小人，安其危而利其菑，欲諫而不敢也；十一章言王弃君子而厚小人，民不堪命，而王不知也；十二章言治亂皆有所自來，治由君子，而亂由小人也；十三章言王之所以疎棄君子者，由小人之先入也；十四章至十六章，皆託與公卿儕輩言，以反覆諷切之也。（以上《讀詩記》，共三則）

菀，茂也。旬，陰也。劉，盡也。言周家基業之盛，如桑之菀然森茂，基業之傳於後，亦如桑之蔭於人。厲王用小人以斷喪其基業，亦如人將持採其桑葉而無復有餘也。基業壞則民受其病，桑葉盡則民無所芘，此必然之理也。然採桑之時，本不要暴露桑下之人；小人進用，本不要殘害天下。蓋採桑者雖為蠶設，而下之人自然無芘；小人雖止欲希爵位、務功名，然一敗我之國事，則自然殘害於天下。詳看前四句，其理自見。「國步蔑資」止「至今為梗」，大凡禍亂淺時，可以推原其亂之所自，故其疑亦有所止。至於禍亂深了，更無形跡，只見天下自至於大亂。蓋由小人浸漬而成之，而不可知其端由也。當時既推尋不得，卻反自疑，恐是君子之徒自有以致之。及究其心，又元不與人爭競。亂既不出於君子，必有任其罪者矣。芮伯方且不指其人，而謂誰生此災厲之階，其忠厚可想。「民有肅心，荓云不逮」，言民自有敬心，然而或不之敬者，是君自侮自慢，而使之不敬也。「好是稼穡，力民代食」，民之服田力穡，豈不甚勞？君若以為寶，民則以為好，謂其甘心代人君之力而奉養也。「靡有旅力，以念穹蒼」，大凡疾痛則呼天。前幾章尚有力呼天，至此則無力以呼天矣。此詩人形容國人困瘁之極也。「民之貪亂，寧為荼毒」

者，民豈有貪亂之心，然而民既遭亂，彷徨四顧，無處可逃，是以反貪其亂而不愛其身，便得陷於荼毒而死亦是一事。如今人困苦之極，則不愛死矣。嗟爾朋友，予豈本不知天下之事可以恣爲，但如飛蟲然，非不可以東西也，然飛而不已，則終不免有網羅之患矣。「既之陰女，反予來赫」者，語人之暴，責人之峻，而獲彼之怒者，理亦當然。今既溫存告諭，望其悔過，彼乃赫然忿怒以加我，此亂之所以不可捄也。（以上《集錄》，共一則）

雲漢

〔小序〕宣王之《小雅》始於《六月》，言其功也；其《大雅》始於《雲漢》，言其心也，無是心，安得有是功哉？（以上《讀詩記》，共一則）

崧高

〔一章〕甫、申，意者皆宣王時賢諸侯，同有功於王室者。甫雖不見於經，以文意考之，蓋當如此。鄭氏乃遠取訓夏贖刑之甫侯，殆非也。〔五章〕介圭在《周官》雖天子所服，《韓奕》曰「以其介圭，入覲于王」，則當是諸侯之瑞圭。蓋介之爲言大也，詩人特美大其圭而稱之，非《周官》之介圭也。〔六章〕是詩載封申伯如遷其私人，以崝其糧，莫不曲盡。宣王之待元舅，其恩意周浹，綜理微密，蓋如此也。〔八章〕「其風肆好」，蓋詩有六義，是篇雖雅，其間固有風之體也。（以上《讀詩記》，共四則）

烝民

〔一章〕惟皇上帝，降衷于下民，固莫不秉彝好德也。蓋有鍾氣之粹者焉，故曰「天監有周，昭假于下。保茲天子，生仲山甫。」〔二章〕「柔嘉維則」，不過其則也。過其則斯爲弱，不得謂之「柔嘉」矣。「令儀令色，小心翼翼」，言其表裏柔嘉也。「古訓是式，威儀是力」，言其學問進脩也。「天子是若，明命使賦」，言其發而措之事業也。此章蓋備舉仲山甫之德。〔三章〕仲山甫之職，外則總領諸侯，內則輔養君德；入則典司政本，出則經營四方。「式」云者，表率儀法之謂也。「保」云者，保其身體，傅之德義之謂也。此章蓋備舉仲山甫之職。〔四章〕明亦哲也，並言之，則明者哲之發，哲者明之實也。既明且哲，而後可以保身。甚矣，保身之難也！說者或謂仲山甫事宣王，則保身者，非全身遠害之謂，蓋誤矣。保身乃己事，豈爲治亂而增損哉？身體髮膚，受之父母，不敢毀傷，本非末節也。至於偷生徇私，養小失大，

如是而全身遠害，則君子賤之耳。仲山甫在宣王之時，羣臣之任遇莫先焉，而省察其身，奉事其主者，無一毫怠忽，信所謂「小心翼翼」矣。〔五章〕此言仲山甫之德剛柔不偏也，而二章首舉仲山甫之德，獨以「柔嘉維則」蔽之，《崧高》稱「申伯番番」，終論其德，亦曰「柔惠且直」，然則入德之方，其可知矣。（以上《讀詩記》，共五則）

韓奕

〔三章〕觀禮稱來朝之諸侯皆曰侯氏，然則此所謂侯氏，或者專指韓侯也歟？〔五章〕古者任遇方面之臣，既盡其禮，復恤其私，使之內外光顯，體安志平，然後能展布自竭，爲王室之屏翰。詩人述宣王能錫命諸侯，而因道其娶之盛，其意蓋在於此。而王室尊安，人情暇樂，亦莫不在其中矣。「靡國不到」，特言涉歷邦國之多，非必國國皆至也。〔六章〕春秋之時，城邢、城楚丘、城緣陵、城杞之類，皆合諸侯爲之。霸令尚如此，則周之盛時，命燕城韓，固常政也。（以上《讀詩記》，共三則）

江漢

〔一章〕胡氏辨江漢合流（勃海胡氏曰：杜預云：「《禹貢》漢水至大別南入江，在江夏界。」《疏》謂：「大別在盧江安豐縣。」按漢水入江，乃今漢陽軍之大別山，山之北，漢口是也。漢口亦曰沔口，亦曰夏口。江東即鄂州江夏郡也，至安豐一千五百里，豈江、漢相合，古今不同哉），既得之矣，但去淮夷絕遠，於經文頗不合。或者會江漢諸侯之師以伐之歟？〔三章〕淮夷在南，故極其遠而言之曰「至于南海」。〔四章〕肇，始也。自召康公之後，其風烈寂寥無聞矣，至穆公始復敏於從事，以繼其烈。（以上《讀詩記》，共三則）

瞻卬

〔六章〕前章曰「不弔不祥，威儀不類」，故此譬之曰「維其憂矣」、「維其幾矣」。前章曰「人之云亡，邦國殄瘁」，故此傷之曰「心之憂矣」、「心之悲矣」。〔七章〕克，能也。幽王之國勢，自人觀之則不可扶持，天則無不能鞏固也。雖然，所謂天者，亦豈可外求哉？（以上《讀詩記》，共二則）

召旻

〔二章〕「天降罪罟」，所謂天之降罔也。（以上《讀詩記》，共一則）

卷二十八　周頌　清廟之什

清廟

〔篇末〕《士虞禮》祝辭曰：「哀子某，哀顯相，夙興夜處不寧。」然則自主人之外，餘皆顯相也。成王，祭主也；周公及助祭之諸侯，皆顯相也。「濟濟多士」，廣言助祭之人，凡執事者皆在也。「秉文之德」，顯相多士，凡助祭者，莫不秉文之德也。「相維辟公，天子穆穆」，言顯相之肅雝，則成王穆然奉祭之氣象，不言可見矣。（以上《讀詩記》，共一則）

維天之命

〔篇末〕說詩者非惟有鑿說之害，亦有衍說之害。如此詩「曾孫篤之」，毛氏謂「能厚行之」，於文義未有害也。然詩人之意，本勉後人篤厚之而不忘，所謂「行」者，固亦在其中矣，但曰「曾孫篤之」，則意味深長，衍一「行」字，意味即短。至王氏遂云「篤力行而有所至」，說益詳而無復餘味矣。凡諸說皆當以此例之。（以上《讀詩記》，共一則）

維清

〔篇末〕周公宗祀文王於明堂，以配上帝，所謂「肇禋」，以文王配帝，始於此也。《大宗伯》曰：「以禋祀祀昊天上帝」。（以上《讀詩記》，共一則）

烈文

〔篇末〕「於乎！前王不忘」，如其自唐叔以下，實寵嘉之。（以上《讀詩記》，共一則）

天作

高山，岐山也。天下之山皆天為之也，天為岐山久矣，至太王然後治，故曰「太王荒之」。「彼作矣」，彼，太王也。岐山因太王而大，是太王之岐山，而非天之岐山也。「彼徂矣，岐有夷之行，子孫保之」，此三句乃一詩要處。後世因物思人，如峴山之類，以為人既亡，不可復見，所存唯陳跡耳。古人觀物則異於是，大王、文王雖往，而其坦易可行之道，昭然皆在，與山俱存而未嘗亡也，子孫保此足矣。學者能細繹此旨，推此氣象以觀書，則物物皆新，事事有生意矣。（以上《集錄》，共一則）

我將

〔篇末〕明堂祀上帝而文王配焉，故此詩雖文王之樂歌，必先言祀天，

而次言祀文王。「我將我享，維羊維牛，維天其右之」，言祀天也；「儀式文王之典，日靖四方，伊嘏文王，既右饗之」，言祀文王也。於天維庶其饗之，不敢加一辭焉；於文王則言儀式其典，日靖四方。天不待贊，法文王，所以法天也。卒章惟言「畏天之威」，而不及文王者，統於尊也。畏天，所以畏文王也，天與文王一也。（以上《讀詩記》，共一則）

時邁

〔篇末〕人之宗子，主一家者也，天之子，主天下者也。「時邁其邦」，人神莫不受職，則「昊天其子之」可知矣。（以上《讀詩記》，共一則）

卷二十九　周頌　臣工之什

臣工

〔篇末〕「明昭上帝，迄用康年」，言明昭上帝，監我有周，而常賜之豐年也。（以上《讀詩記》，共一則）

雝

〔篇末〕禮，不王不禘。周所以王天下，得行禘禮於大祖者，皆文王、武王之功也。故成王於禘之時，推其得禘之由，播之樂歌，以告大祖曰：「大哉，我皇考武王！綏予小子以已成之業，其君臣賢聖，再造區夏，所安者上及於皇天，用能昌大於後，居王位而行禘禮，而膺壽祉之多，是皆武王之力，而文王、大姒之所右助也，豈予小子所能致哉！」文、武雖同建王業，而武王實得天下，故歸功之言詳於武王，而卒章本之於文王、大姒焉。《閔予小子》之頌曰「遭家不造，嬛嬛在疚。於乎皇考，永世克孝」，故「皇考」者，武王之稱也。「烈考」與「文母」相配而言，故「烈考」者，文王之稱也。（以上《讀詩記》，共一則）

振鷺

後世如魏、晉、南北朝，其視前代之子孫，疑忌疾惡，必欲戕殺剪截，意不欲留之於世間，視之一如虵虺虎狼。今觀《振鷺》之詩，其於二王之後，看得一似振鷺。其曰「振鷺于飛，于彼西雝。我客戾止，亦有斯容」，味其辭意，其見二王後之來止，容儀可觀如此，更不見有可疑忌、可疾惡處，何其與後世所見，若是之異邪？又曰「在彼無惡，在此無斁。庶幾夙夜，以永終

譽」，蓋聖人動皆天理，奉行天討，是以在彼初無怨惡，在此初無厭斁。又「庶幾夙夜，以永終譽」，其念念不忘，更無已時。後世之人，小見淺慮，沮以私欲，而不能動之以天，若二王之後，望之豈能無怨惡不平之心，周公待之，豈能無厭斁懈倦之色？蘇東坡謂武王殺其父而封其子，使武庚非人也則可，其意以爲武庚其理當叛，是皆以世俗之心而度古人之心也。爲是說者，又豈知禹立於舜之朝不爲不孝，舜用鯀之子未嘗有嫌忌之心哉？知此則知此詩之意。（以上《集錄》，共一則）

卷三十　周頌　閔予小子之什

小毖

〔篇末〕「莫予荓蜂」，言莫如予前之使蜂自求辛螫，謂信管、蔡之時也。（以上《讀詩記》，共一則）

卷三十一　魯頌

有駜

〔篇末〕「有駜有駜」，興僖公有臣之壯盛也，所謂「君致其養，臣盡其忠」者，蓋莫不在其中矣。（以上《讀詩記》，共一則）

卷三十二　商頌

烈祖

〔篇末〕「及爾斯所」，言流慶無窮，今方於爾之所，其後蓋未艾也，所謂「申錫無疆」也。「亦有和羹，既戒既平」，《儀禮》載祭祀燕享，每始言「羹定」，蓋以羹熟爲節，然後行禮。定，即戒、平之謂也。此所謂「既載清酤」、「亦有和羹」，皆言祭之始也。「豐年穰穰」，言時和歲豐，祭禮得成，所謂「可以備物」者，得其一說也。（以上《讀詩記》，共一則）

玄鳥

〔篇末〕「武丁孫子」，指作頌之商王也。「武王靡不勝」而下，皆稱先代之盛，以勉時王也。（以上《讀詩記》，共一則）

長發

〔六章〕虔，敬也。「有虔秉鉞」，敬天討也。（以上《讀詩記》，共一則）

殷武

〔一章〕「罙入其阻，裒荊之旅」，謂入巢穴，其眾無所遁逃，窮而保聚，如勾踐棲於會稽之類也。（以上《讀詩記》，共一則）

附錄 2 《呂氏家塾讀詩記》重要版本序跋輯錄

淳熙九年江西漕臺刊本朱熹序

《詩》自齊、魯、韓氏之說不傳，而天下之學者盡宗毛氏。毛氏之學，傳者亦眾，而王述之類，今皆不存，則推衍毛說者，又獨鄭氏之《箋》而已。唐初諸儒爲作疏義，因譌踵陋，百千萬言，而不能有以出乎二氏之區域。至於本朝劉侍讀、歐陽公、王丞相、蘇黃門、河南程氏、橫渠張氏，始出己意，有所發明。雖其淺深得失有不能同，然自是之後，三百五篇之微詞奧義，乃可得而尋繹，蓋不待講於齊、魯、韓氏之傳，而學者已知《詩》之不專於毛、鄭矣。及其既久，求者益眾，說者愈多，同異紛紜，爭立門戶，無復推讓祖述之意，則學者無所適從，而或反以爲病。

今觀呂氏家塾之書，兼總眾說，巨細不遺，絜領持綱，首尾該貫，既足以息夫同異之爭，而其述作之體，則雖融會通徹，渾然若出於一家之言，而一字之訓，一事之義，亦未嘗不謹其說之所自。及其斷以己意，雖或超然出於前人意慮之表，而謙讓退託，未嘗敢有輕議前人之心也。嗚呼！如伯恭父者，眞可謂有意乎溫柔敦厚之教矣。學者以是讀之，則於可羣可怨之旨，其庶幾乎！雖然，此書所謂「朱氏」者，實熹少時淺陋之說，而伯恭父誤有取焉。其後歷時既久，自知其說有所未安，如雅鄭邪正之云者，或不免有所更定，則伯恭父反不能不置疑於其間，熹竊惑之。方將相與反復其說，以求眞是之歸，而伯恭父已下世矣。嗚呼，伯恭父已矣！若熹之衰頹汩沒，其勢又

安能復有所進，以獨決此論之是非乎！伯恭父之弟子約，既以是書授其兄之友丘侯宗卿，而宗卿將爲版本以傳永久，且以書屬熹敘之。熹不得辭也，迺略爲之說，因并附其所疑者，以與四方同志之士共之，而又以識予之悲恨云爾。

淳熙九年江西漕臺刊本尤袤跋

六經遭秦火，多斷缺，惟三百篇幸而獲全。漢興，言《詩》者三家，毛氏最著。後世求詩人之意於千百載之下，異論紛紜，莫知折衷。東萊呂伯共病之，因取諸儒之說，擇其善者，萃爲一書，間或斷以己意，於是學者始知所歸一。今東州士子，家寶其書，而編帙既多，傳寫易誤，建寧所刻，益又脫遺。其友丘漕宗卿惜其傳之未廣，始鋟木於江西漕台。噫！伯共自少年嚌嚌道眞，涵泳聖涯，至以此得疾且死。六經皆有論著未就，獨此書粗備，誠不可使其無傳。雖伯共之學不止於是，然使學者因是書以求先王所以厚人倫、美教化，君子之所以事君事父，則於聖學之門戶，豈小補哉！淳熙壬寅重陽後一日，錫山尤袤書。

《四部叢刊續編》影印淳熙九年刊本張元濟跋

此瞿氏鐵琴銅劍樓所藏宋孝宗時本也。天祿琳琅藏宋本二：一十二行，行二十二字；一十四行，行十九字，均與此不同。明嘉靖辛卯傅氏刊本有陸鈇序，稱「得宋本於豐存叔家」，余見有殘本亦十四行，行十九字，當出於天祿藏本之一。次爲萬曆癸丑陳氏刊本，有顧起元序，余未之見，得見者清嘉慶辛未聽彝堂刊本，前有顧序，後有南京吏部後學史樹德等九人銜名，是必從萬曆本出也。張氏《墨海金壺》、錢氏《經苑》、胡氏《金華叢書》，先後覆印，其源大抵出於嘉靖刊本。瞿氏以此與各本參校，行款獨與原書條例相合，文字亦無脫漏。張氏本凡脫十三條，萬曆本、聽彝堂本各脫十二條，錢、胡兩本各脫十條，獨嘉靖本源出宋刻，所脫者亦尚有九條。竊恐其所據之本不能無誤。然則是刻也，豈特駕眾本而上之，抑亦天水之名槧矣。海鹽張元濟。

眉山賀春卿刻本魏了翁後序

余昔東遊，聞諸友朋曰：「東萊呂公嘗讀書至『躬自厚而薄責於人』，若凝然以思。由是雖於僮僕間，亦未嘗有厲聲疾呼。」是知前輩講學大要，惟在切己省察，以克其偏，非以資口耳也。蓋不寧惟是，今觀其所編《讀詩記》，於其處人道之常者，固有以得其性情之正，其言天下之事，美盛德之形容，則又不待言而知。至於處乎人之不幸者，其言發於憂思怨哀之中，則必有以考其情性，參總眾說，凡以厚於美化者，尤切切致意焉。

姑以一義言之，《考槃》、《小宛》，臣之不得於其君者也，曰「獨寐寤言，永矢弗諼」，曰「明發不寐，有懷二人」；《小弁》、《凱風》，子之不得於其親也，曰「何辜于天，我罪伊何」，曰「母氏聖善，我無令人」；《燕燕》、《谷風》，婦之不得於其夫也，曰「先君之思，以勗寡人」，曰「不余昔者，伊余來塈」；《終風》之子，謔浪笑傲，而母曰「莫往莫來，悠悠我思」；《柏舟》之兄弟，不可以據而不遇者，則曰「靜言思之，不能奮飛」；《何人斯》之友，其心孔艱而遭讒者，則曰「及爾如貫，諒不我知」。嗚呼！其忠厚和平，優柔肫切，怨而不怒也；其待人輕約，責己重周，仁而不忮也。蓋不曰是亦不可以已也，是不殆於贅言也。凡以天理民彝自有不可者，吾知盡吾分焉耳矣，使其由此悔悟，幡然惟善道之歸，則固我所欲也。不我以也，我固若是小丈夫哉，悻悻然忿忮鄙吝發於詞色，去之惟恐不亟也。雖然，是特詩中一義耳，而是義也，觸類而長之，又不止是。今東萊於此，皆已反覆究圖，所以為學者求端用力之要，深切著明已矣。誠能味其所以言，而有以反求諸己，如荀卿氏所謂「為其人以思之，除其害以持養之」者（《荀子》原作「為其人以處之，除其害者以持養之」），殆將怡然泮然，以盡得於興觀羣怨之旨，而歆動鼓舞，有不能自已者矣。

某非能之，方將願學，因眉山賀春卿欲刊此書以廣其傳，而屬余敘之，姑以所聞見識諸末。自今或有進焉，則斯序也猶在所削。

明嘉靖十年傅鳳翱刻本陸釴序

余嘗讀呂氏《讀書記》、《大事記》，未睹《讀詩記》也。近得宋本於友人豐存叔，讀而愛之。其書宗毛氏以立訓，考註疏以纂言。剪綴諸家，如出一手，有司馬子長貫穿之巧；研精殫歲，融會渙釋，有杜元凱眞積之悟；緣物醜類，辯名正義，有鄭漁仲考據之精。茲余之所甚愛焉。迺柱史應臺傅公刻

于南昌郡。

刻成，或問余曰：今《詩》學宗朱氏《集傳》矣，刻呂氏何居？余應曰：子謂朱、呂異說，懼學者之多岐耶？夫三百篇微詞奧義，藐哉邈矣！齊、魯、韓、毛，譬則蹊徑之始分也，其適則同也；註疏所由以適也，譬則轍也；朱氏、呂氏蓋灼迷而導諸往也，譬則炬與幟也。呂宗毛氏，朱取三家，固各有攸指矣，安得宗朱而盡棄呂耶？朱說《記》採之，呂說《傳》亦採之，二子蓋同志友也，非若夫立異說以求勝也。善學者審異以致同，不善學者因同以求異，是故刻呂氏以存毛翼朱，求合經以致同而已矣。雖然，余於是竊疑焉。三家之詩，唐人已失其傳，雖有存焉者，譌矣。《毛詩》固未嘗亡也，後世經生尋墜緒之三家，不啻珠璧，棄未亡之毛氏直如弁髦，何哉？毛氏行而三家廢，君子既已惜之，《集傳》出而毛氏之學寖微，又奚爲莫之慨也？夫去古近者，言雖贖而似眞；離聖遠者，說雖詳而易淆，故曰「冢尺雖斷，可定鍾律」。毛氏殆未可輕訾也。或曰：然則將盡信毛氏，可乎？曰：余觀其釋《鴟鴞》合《金縢》，釋《北山》、《烝民》合《孟子》，《昊天成命》合《國語》，《碩人》、《清人》、《黃鳥》、《皇矣》合《左傳》，《由庚》諸篇合《儀禮》，其可尊信，視三家獨多。故呂氏之言曰「《毛詩》與經傳合，最得其眞」，朱子亦曰「其從來也遠，有傳據證驗不可廢者」。是故刻呂氏以存毛翼朱，求合經以致同而已矣。

呂氏凡二十二卷，乃《公劉》以後，編纂未就，其門人續成之，茲又斯文之遺憾云。嘉靖辛卯孟冬既望古鄞陸釴撰。

明萬曆陳龍光刻本顧起元序

東萊先生呂成公《讀詩記》，舊南雍、蜀省皆有刻，歲久夷漫，罕行於世。余家有藏本，南考功陳君取而諷焉，謀於寮蘇君、程君，授諸梓。既成，屬余以序。

余惟國家功令，立《詩》學宮，士所受以紫陽《集傳》爲宗，一切古注疏罷無肄，故成公所記，雖學士大夫心知好之，而不獲與紫陽偶。余間嘗反覆研味，參諸往志，得其說與文公異者，凡有四焉。文公取夾漈鄭氏詆諆小序之說，多斥毛、鄭，而以已意爲之序；成公則尊用小序，且謂《毛詩》率與經傳合，爲獨得其眞。其異一也。文公釋「思無邪」，謂勸善懲惡，究乃歸正，非作詩之人皆無邪；成公則直謂詩人以無邪之思作之云耳。其異二也。

文公以《桑中》、《溱洧》即是鄭、衛，二雅乃名爲雅；成公則謂二詩並是雅聲，彼桑間、濮上，聖人固已放之。其異三也。文公以二南，房中之樂；正大、小雅，朝廷之樂；《商頌》、《周頌》，宗廟之樂。《桑中》、《溱洧》之倫，不可以薦鬼神、御賓客；成公則謂凡詩皆雅樂也，祭祀、聘享皆用之，惟桑濮、鄭衛之音乃世俗所用，元不列于三百篇數。其異四也。余又嘗因此考之，而覺成公之說長。

《詩序》自毛萇、鄭玄、沈重、蕭統，皆以爲子夏作。韓文公謂子夏有不序《詩》之道三，疑漢儒所附托。伊川斷以小序作于當時國史，而大序非聖人不能。程大昌又辨「小序，古序也」兩語外，續而申之，依范曄洎衛宏所綴。諸說棼棼，迄無定論。然《詩》之有序也，猶聽訟之有證驗也。證驗必于其人與世之近者求之，以毛氏之源流子夏，貫穿先秦古書，自河間獻王已深知其精者，猶不足信，今用已見，隃度《靜女》、《采葛》諸詩，爲若後世子夜之歌、估客之樂者。鄭樵、章俊卿之論，是且奚據哉？有善有惡，《詩》詞固爾，作者之志，非美善則刺惡，何邪之有？故均一淫佚之辭也，書奔者之思則邪，書刺奔者之思則正。今第以辭而邪之，則《叔于田》本刺鄭莊也，而辭乃愛段；《揚之水》本刺晉昭也，而辭乃戴武，是直爲後世美新勸晉之嚆矢矣，聖人奚取焉，迺存之爲亂賊口實哉？《漢志》載衛地桑間、濮上之阻，男女亟聚會，聲色生焉。近代博南新鄭著錄言鄭聲淫者，謂鄭國作樂之聲過于淫，非謂鄭詩皆淫也，是以《樂記》曰「流僻、邪散、狄成、滌濫之音作而民淫亂」。夫聲與辭，其分固已皙矣。《青衿》安知非以刺學，《風雨》安知非以思賢，《有女同車》安知非以刺婚，《遵大路》安知非以留君子，而必以爲淫昏不檢之人自道其諔浪喎哷之語乎？聖人所刪者又何等篇，曾是斥穢登良迺慭實此也？左氏記季札之觀樂也，所歌者《邶》、《鄘》、《鄭》、《衛》皆在焉，則諸詩固雅樂矣。使其爲里巷狹邪所用，周樂惡得有之，魯之樂工又何自取異國淫邪之辭，肆之于《韶》、《夏》、《濩》、《武》間也？且鄭伯如晉，子展賦《將仲子》；鄭伯享趙孟子，太叔賦《野有蔓草》；鄭六卿餞韓宣子，子齹賦《野有蔓草》，子太叔賦《褰裳》，子游賦《風雨》，子旗賦《有女同車》，子柳賦《籜兮》，皆見美于叔向、趙孟、韓起，然則鄭詩未嘗不可施于燕享。假令盡爲淫奔所作，豈有兩國君卿大夫相見，乃自歌其里巷狹邪之淫辭，以黷媒俎豆，下伍伶譁者哉？必不然矣。

蓋徧考宋儒方回、馬端臨輩所論著，錯以古今諸賢之言，二書異同，較若指掌，而成公之說，其理似有不可廢者。士君子生千載之後，讀古人書政自未易，《詩》又多微辭，尤難臆決，要在衷諸理而是，質諸心而安耳。苟其有得於心與理，即璞語稗說，持之有故，猶不可棄，況于賢人君子之言，重席解頤之論，確有師承，可俟百世而不惑者哉。然則讀文公《集傳》者，於成公所記，惡可忽諸？抑又聞揚雄有言「僥僥之學，各習其師」，范曄亦云「書理無二，義歸有宗，碩學之徒，莫之或徙」，故通人鄙其固。夫考正亡逸，稽覈異同，使積滯羣疑，渙然冰釋，固通經博古者之大快也。余故詳次昔人所評，爲讀二家《詩》備折衷焉。萬曆癸丑上元日江寧後學顧起元撰并書。

清嘉慶十六年谿上聽彝堂本盧文弨跋

釋經雜而不貫，與陋而鮮通，兩者均失之。東萊之爲《讀詩記》也，一字一句，必本其所自，而不以自專。其意所不取，而可備一說者，亦附注於正解之下，以俟夫人之自擇焉。蓋其織綜之妙，合眾說如一說，既不使異說得隔閡其間，而其近是者，又未嘗盡棄也，斯非釋經之善者乎？

《公劉》次章以下，雖未及重加整比，然固出東萊手所纂輯也。東萊所自爲說，比眾說下一字，條例固云然，乃書內有即繫眾說後稱「東萊曰」者，參差互異，余壹從條例正之，他不敢妄增損也。

余初得明神廟時南都版本，第二十七卷中脫兩葉，陶孝廉衡川湘從嘉靖間舊刻鈔補足之。余既喜是書之詳贍而無偏倚自用之失，又惜完本之不多見，屬二三友人爲余寫之。功未半，有以小版本示余者，稱爲宋刻。余驚喜，亟取對校，則知神廟間本，頗多脫誤。小版本字多用分隸體，神廟間本易用今字，且更有妄爲撰造者。然小版本實即嘉靖間四明陸鈇所校鐫也。書中唯一處尚未刊去其名，故知之。二十七卷中兩葉，亦係鈔補，則知嘉靖初印本，神廟時即已難得矣。使余但據神廟本傳鈔，則仍爲未完之本。冥冥中有若惜余之徒勤也者，而以其善本畀余。然則余之受賜誠多矣。以鈔者不一手，不能盡復其舊，余間取小版本古字略注一二於旁，其沿宋刻之舊歟？是未可知也。助余校讎者，江陰趙茂才敬夫曦明也，小版本尚有譌，以余所抄本視之，爲更勝矣。

清《金華叢書》刻本胡鳳丹序

　　《詩》自朱子《集傳》出，而毛、鄭之說幾乎廢矣，而有與朱子同時，其說《詩》獨堅守毛、鄭，不嫌與朱子立異，即朱子初亦未嘗不深許之，則《呂氏家塾讀詩記》是也。是書所長，已具陳振孫《書錄解題》、魏了翁《後序》中，不具論。特宋時學者尚絕重是書，今則《集傳》風行，而呂氏書至有皓首迄未寓目者，況童蒙乎？雖然，《集傳》之說《詩》也，主以意逆志，不拘成說；呂氏之說《詩》也，主恪守師承，不敢臆斷。一游於虛，一徵諸實。兩賢之說，吾以謂皆不可廢。余同治戊辰游鄂，購得寫本，其序者爲明萬曆時江寧顧起元，校者南京吏部史樹德，譌脫不可枚舉。泊辛未春，始獲善本。首序者古鄞陸釴，蓋即我朝《四庫書目》所稱陸釴重刊本也。屬有叢書之刻，仍其舊再錄之，加訂正焉。另纂《辨譌考異》二卷附於後，以公世之治《詩》者，無以異於朱子而伐之。毛、鄭之學，庶復振乎？同治十二年癸酉三月，永康後學胡鳳丹月樵甫謹序。

附錄 3　歷代書目題跋對《呂氏家塾讀詩記》的著錄

第一部分　宋代書目　共三部

一、遂初堂書目

○《呂氏讀詩紀》

二、直齋書錄解題

○《呂氏家塾讀詩記》三十二卷

呂祖謙撰。博采諸家，存其名氏，先列訓詁，後陳文義，剪截貫穿，如出一手。己意有所發明，則別出之。《詩》學之詳正，未有逾於此書者也。然自《公劉》以後，編纂已備，而條例未竟，學者惜之。

三、宋史・藝文志

○《呂祖謙家塾讀詩記》三十二卷

第二部分　元代書目　共一部

一、文獻通考・經籍考

○《呂氏讀詩記》三十二卷

陳氏曰：博采諸家，存其名氏，先列訓詁，後陳文義，剪截貫穿，如出一手。己意有所發明，則別出之。《詩》學之詳正，未有逾於此書者也。然自《公劉》以後，編纂已備，而條例未竟，學者惜之。

第三部分　明代書目共十六部

一、文淵閣書目

○《呂氏讀詩記》　一部五冊（闕）

○《呂氏讀詩記》　一部五冊（闕）

二、秘閣書目

○《呂氏讀詩記》

三、國史經籍志

○《讀詩記》三十二卷　呂祖謙

四、行人司重刻書目

○《呂氏讀詩記》十本

五、濮陽浦汀李先生家藏目錄

○（東間朝東頭櫃三層）《呂氏讀詩記》十本

六、萬卷堂書目

○《呂氏讀詩記》三十二卷　呂祖謙

七、晁氏寶文堂書目

○《呂氏讀詩記》

八、菉竹堂書目

○《呂氏讀詩記》五冊

九、澹生堂藏書目

○《呂氏讀詩記》二十五卷，舊本。

○又一部，三十二卷，新本。

一○、徐氏家藏書目

○《呂氏讀詩記》三十二卷　宋呂本中

一一、近古堂書目

○（經總類）《呂氏家塾讀詩記》

○（《詩》類）《呂氏家塾讀詩記》

一二、笠澤堂書目

　　○東萊先生《讀詩記》十二冊

一三、續文獻通考・經籍考
　　○《家塾讀詩記》　　呂祖謙撰

一四、浙江通志・藝文志（嘉靖間胡宗憲等纂修）
　　○《家塾讀詩記》三十二卷　　《宋史・藝文志》，呂祖謙撰

一五、授經圖義例
　　○《呂氏家塾讀詩紀》三十二卷　　呂祖謙

一六、徐氏紅雨樓書目
　　○《呂氏讀詩記》三十二卷

第四部分、清代書目　共四十三部，附三部

一、四庫全書總目
　　○《呂氏家塾讀詩記》三十二卷　　浙江汪汝瑮家藏本

　　宋呂祖謙撰。祖謙有《古周易》，已著錄，此其說《詩》之作。朱子與祖謙交最契，其初論《詩》亦最合，此書中所謂「朱氏曰」者，即所採朱子說也。後朱子改從鄭樵之論，自變前說，而祖謙仍堅守毛、鄭，故祖謙沒後，朱子作是書序，稱「少時淺陋之說，伯恭父誤有取焉。既久，自知其說有未安，或不免有所更定，伯恭父反不能不置疑於其間，熹竊惑之。方將相與反覆其說，以求眞是之歸，而伯恭父已下世」云云，蓋雖應其弟祖約之請，而夙見深有所不平。然迄今兩說相持，嗜呂氏書者終不絕也。陳振孫《書錄解題》稱自「篤公劉」以下編纂已備而條例未竟，學者惜之。此本爲陸鈇所重刊，鈇序稱得宋本於友人豐存叔，呂氏書凡二十二卷，《公劉》以後其門人續成之，與陳氏所說小異，亦不言門人爲誰。然《書錄解題》及《宋史・藝文志》均著錄三十二卷，則當時之本已如此。鈇所云云，或因戴溪有《續讀詩記》三卷，遂誤以後十卷當之歟？陳振孫稱其「博采諸家，存其名氏，先列訓詁，後陳文義，翦裁貫穿，如出一手，有所發明則別出之，《詩》學之詳正，未有逾於此書者」。魏了翁作後序，則稱其能發明詩人「躬自厚而薄責於人」之旨。二人各舉一義，已略盡是書所長矣。了翁後序乃爲眉山賀春卿重刻是書而作，時去祖謙沒未遠，而版已再新，知宋人絕重是書也。

○附 1.四庫提要補正

《呂氏家塾讀詩記》三十二卷，初刻於祖謙去世之第二年，即宋淳熙九年（1182），由江西漕臺刊版（每半葉九行，每行十九字，注小字雙行，每行亦十九字，白口，左右雙邊，版心下記刊工姓名）。北京圖書館收藏原刊本，首有淳熙壬寅（九年）朱熹序，書內《公劉》首章下識云：「先兄己亥之秋復脩是書，至此而終。自《公劉》之次章訖於終篇，則往歲所纂輯者，未及刊定。今不敢損益，姑從其舊。」識語出其弟祖約、祖儉之手，可信。北京館藏另一宋刻本（半葉二十二行，行十二字，注小字雙行，亦二十二字，細黑口，四周雙邊），內容與淳熙本同。據上述，可以斷定，陳振孫《書錄解題》著錄屬實。

此書傳至明嘉靖間，御史傅應臺（鳳翽）重刻於南昌。（半葉十四行，行十九字，細黑口，左右雙邊）。《總目》著錄之「浙江汪汝瑮家藏本」，即傅氏刊本。《四庫全書》依此本繕錄，據宋呂祖儉本、眉山賀春卿本等對校。首有嘉靖辛卯冬古鄞陸釴序，即《提要》所引者。陸氏但見前二十二卷跟後十卷體例不一，未細讀祖約題識，遂出「《公劉》以後，其門人續成」之說，不足據耳。

文瀾閣庫書原本佚，今存丁氏補鈔本十二冊，亦源出嘉靖十年傅氏本。又，上海圖書館藏傅刻本有嚴虞惇批；寶應縣圖書館藏萬曆四十一年陳龍光、蘇進刻本（顧起元序）有朱彬批校；南京圖書館藏嘉慶十四年張海鵬《墨海金壺》本有王振聲校并跋。以上諸本，並可與庫書互校耳。

○附 2.四庫提要訂誤

> 《提要》卷一五云：三十二卷，宋呂祖謙撰……朱子作是書序……蓋雖應其弟祖約之請，而夙見深有所不平。

按：朱熹之序稱「伯恭父之弟子約……以書屬熹序之」。《宋史》卷四五五《呂祖儉傳》云：「祖儉，字子約，祖謙之弟也。」則祖謙之弟名祖儉，字子約，《提要》以爲名祖約，大誤。

> 《提要》又云：了翁後序乃爲眉山賀春卿重刻是書而作，時去祖謙沒未遠，而版已再新，知宋人絕重是書也。

按：《四部叢刊續編》本係據宋孝宗時本影印，書末有淳熙九年（1182 年）重陽後一日尤袤所撰後序，文中云：「建寧所刻，蓋又脫遺，其友丘漕宗卿惜其傳之未廣，始鋟木於江西漕臺。」祖謙死於淳熙八年（1181）八月，則「建

寧所刻」，當在祖謙在世之時，其死後一年，丘氏重刻於江西，至賀春卿之刻已屬第三次雕印，館臣似未見尤袤後序，不知已有丘氏重刻於前。

二、文津閣四庫全書提要

○《呂氏家塾讀詩記》三十二卷，宋呂祖謙撰。其學首尊毛氏，而節取唐宋諸儒之說，如《楚茨》、《棫樸》之類，亦或自出新意以附之，然亦不過數篇。兩宋人解《詩》，惟此最守古說。前有朱子序，乃祖謙卒後所作，故序中前幅推許甚力，後幅始恨不與共相商榷。蓋朱子初亦篤守毛、鄭，後乃自爲一家言也。魏了翁論是書，亦謂其求端用力，深切著明。明顧起元遂據祖謙之說以辨《集傳》，要非無見而云然也。祖謙所纂僅二十二卷，《公劉》以下乃其門人所續成。陸釴云得古本於豐氏存叔，不知存叔又何所本也。乾隆四十九年三月恭校上。

三、續通志

○《呂氏家塾讀詩記》三十二卷，宋呂祖謙撰。

四、天祿琳琅書目

○《東萊家塾讀詩記》二函十六冊

宋呂祖謙著，三十二卷。第一卷爲《綱領》，卷二以下釋大小傳、經文，博引諸家注成之。朱子序。

巾箱本，不載鋟刻年月。按陳振孫《書錄解題》云：「自《公劉》以後，編纂已備，條例未竟，學者惜之。」是本《公劉》首章下識云「先兄修是書至此終，自《公劉》次章訖終篇，則往歲所纂輯，未及刊定。今不敢損益，姑從其舊。」則此書乃其弟所校刊也。

御題：「此呂氏家塾本也。說《詩》家自毛、鄭後，同異紛紜，鮮所折衷。東萊兼綜眾說，挈要提綱，斷以己意，於三百篇之義殆庶幾乎。向爲檇李項氏家藏。卷約字工，猶屬閩中舊刻，其珍惜之。乾隆御識。」鈐寶二：曰「幾暇怡情」，曰「乾隆宸翰」。

檇李項元汴藏本有印記。元汴，字子京，好收金石遺文、圖繪名蹟。凡斷帙隻行，悉輸其門。書法出入智永、趙吳興之間，兼工山水，號「墨林居士」，見董其昌《容臺集》。

闕補卷四十九之二十二，卷二十五五，卷二十七十一，卷三十二末行。

五、天祿琳琅書目後編

○《呂氏家塾讀詩記》　二函十六冊

宋呂祖謙撰，三十二卷。第一卷《綱領》、《詩樂》、《刪次》、《大小序》、《六義》、《風雅頌》、《章句音韻》、《卷帙》、《訓詁傳授》、《條例》，第三卷以下，《詩》正文、小注引諸家說，斷以己意。前朱熹序，後尤袤跋。

宋巾箱本。按陳振孫《書錄解題》云：「自《公劉》已後，編纂已備，條例未竟，學者惜之」。此本《公劉》首章下有識云：「先兄己亥之秋復脩是書，至此而終，自《公劉》之次章，訖於終篇，則往歲所纂輯者，皆未及刊定。如小序之有所去取，諸家之未次先後，與今編條例多未合，今不敢復有所損益，姑從其舊，以補是書之闕云。」按前序云「伯恭父之弟子約以是書授其兄之友邱侯宗卿，而宗卿將爲版本以傳永久」，後跋亦云「今東州士子家寶其書，而篇帙既多，傳寫易誤。建寧所刻，又益闕遺。其友邱宗卿惜其傳之未廣，始鋟木於江西漕臺。」據此，則是書本有建寧坊本，邱宗卿乃爲重刻此帙也。子約，祖謙之弟祖儉字，太常寺丞，以上書乞誅韓侂冑，謫死，賜諡「忠」。宗卿，名崈，江陰軍人，隆興進士，官至同知樞密院事，贈太師、諡「忠定」。尤袤，字延之，無錫人，紹興進士，官至禮部尙書，諡「文簡」。《宋史》皆有傳。

曾藏王世貞、毛晉家。其「宗伯」一印，則錢謙益自誌其官閥也。

○《呂氏家塾讀詩記》　二函，十六冊

同前。

亦宋巾箱本。前本每版十二行，每行二十二字，此本十四行十九字，且注中引諸家姓氏皆用白文，確非一本。或即尤袤跋所云建寧刻也。又別本魏了翁序，乃爲眉山賀春卿重刻而作。又明陸鈇重刻是書，鈇有序，此無之。祖謙書絕爲世重，當時即已重槧不一，則未知何本也。

六、藏園訂補郘亭知見傳本書目

○《呂氏家塾讀詩記》三十二卷

宋呂祖謙撰○嘉靖四年陸鈇刊本○萬曆癸丑陳氏刊本○嘉慶中聽彝堂刊本○《墨海金壼》本○《經苑》本○昭文張氏有陸鈇本，有嚴虞惇思菴校，朱傳與小序異者，一一標明，間附識語，亦精當。○《天祿後目》《呂氏讀詩記》有宋刊巾箱本二部，一本十二行，行二十字，一本十四行，行十九字。○宋殘

本，每頁二十四行，行二十二字。○明嘉靖刊本，古體字精，又方宋字次之。了翁後序爲眉山賀春卿重刊是書而作，時去祖謙歿未遠，而板已再新，知宋人絕重是書也。○邵亭有宋刊殘本，每半葉十四行，行十九字，與《天祿後目》云第二本同，存第二十一至三十二，凡十二卷。昭文張氏有宋刊卷一至十九，安得萃而合之。

〔補〕宋淳熙九年江西刊本，九行十九字，白口，左右雙闌，海虞瞿氏藏，已印入《四部叢刊續編》中。○宋浙本，十二行二十二字，白口，四周雙邊，鐫雕精整。日本帝室圖書寮藏。○宋末建本，十二行二十二字，白口，左右雙闌。與浙本行款同，且各行起止亦同，即據浙本覆雕也。亦日本帝室圖書寮藏書。○丁氏持靜齋舊藏宋本一帙，爲二本合配：一本十二行二十二字，注雙行同，細黑口，四周雙闌，鐫工精麗，爲建本書之至精者。卷中各行起止與日本圖書寮藏浙本全同，疑亦自浙本出。存卷一至六。另一本十三行二十五字，注雙行同，細黑口，左右雙闌，存卷七至三十二。鈐有項篤壽萬卷堂及毛晉汲古閣藏印。○明嘉靖十年傅應臺南昌刊本，十四行十九字，細黑口，左右雙闌。卷五首葉首行下方有「四明陸釴校刻」六字。呂氏說低一格，小字單行。此即莫氏所記之陸釴本也。○明萬曆刊本，十行二十字，白口，左右雙闌。

七、宋元舊本書經眼錄
　　○《呂氏家塾讀詩記》

《群書拾補》云：「《呂氏讀詩記》，明御史傅應臺氏刻於南昌，有嘉靖辛卯鄞陸釴序，從宋本出，字多從古，今其本頗不易得。世所通行者乃神廟癸丑南都所刻本爾。余曾借得嘉靖本以相參校，始知神廟本脫去兩葉，其他亦有遺脫。卷一《詩樂》『禮記天子五年一巡狩』之前脫一段，卷二十七《烝民》第六章『鄭氏曰袞職者不敢斥王之言也王之職有闕能』此下嘉靖本後印者脫去兩葉，神廟本竟無從補完。嘉靖本係每葉二十八行，行十九字，今鈔補于後云云。卷二十八第二葉謂神廟本，下同。『自彼成康奄有四方』下脫誤十四字，今補之云云。第十二葉後三行『牟大麥也』下多訛脫，今補正之云云。」友芝家藏是書，後半自卷二十一至三十二，其行款及從古字，悉同盧氏所舉嘉靖本。盧氏所記缺脫，此本一皆完好，字墨精雅，印用羅紋綿紙，舊裝古色，香撲眉宇，恐尚是嘉靖祖本也。道光癸巳，買之京師，雖非完帙，

已足寶貴矣。道光戊戌，復買一上半殘本，版稍大，行款亦不同。癸巳本反切及注中坿注皆用單行側書，戊戌本則悉易雙行。癸巳本概用小篆古體作楷書，雖不盡精貫，亦留意小學人所為。戊戌本則十改六七如常書，以校盧氏所舉《詩樂》一條，即在脫中，蓋即神廟本也。癸巳本每卷有潘雲龍印，未詳其人。

八、抱經樓藏書志

○《呂氏家塾讀詩記》三十二卷　明萬曆刊本（有陸釴、朱熹、顧起元序）宋呂祖謙撰

九、適園藏書志

○《呂氏家塾讀詩記》三十二卷　明刊本

宋呂祖謙撰。前有朱子序，此書第一卷為綱領，第二節以下釋大小傳、經文，博引諸家注以成之。是本《公劉》首章下識云「先兄己亥秋修是書，至此而終，自《公劉》次章訖於終篇，則往歲所纂輯者，未及刊定。今不敢損益，姑從其舊」，乃其弟所校刊也，與陳氏《書錄解題》合。此明御史傅應臺氏刻於南昌，有嘉靖辛卯冬古鄞陸釴序，每半葉十四行，行十九字，經頂格，注低一格，注中有注，旁行而字略小，不作雙行。各家姓氏以黑質白文別之，黑綫口，象鼻下標卷幾，無書名，書法以篆作楷，宋諱有缺筆，蓋從宋巾箱本翻雕者，較萬曆刊本卷一「禮記天子五年一巡狩」之前多一條，卷二十七「王之職有闕能」下多千餘字，卷二十八「自彼成康奄有四方」下多十四字，詳盧抱經《群書拾補》。

一○、廉石居藏書記

○《呂氏家塾讀詩記》三十二卷

右《呂氏家塾讀詩記》三十二卷，呂祖謙撰。博引漢、唐、宋諸家注，前有淳熙壬寅九月朱文公敘，云「所謂『朱氏』者，實熹少時淺陋之說」，又云「伯恭父之弟子約，既以是書授其兄之子（「子」當作「友」）丘侯宗卿，而宗卿將為版本以傳永久，且屬熹敘之」云云。小板，十二行，每行十九字。天祿琳瑯所載宋本有項元汴家藏印記者即此。宋時經學不逮漢唐者，以臆說無所師傳。朱文公敘云「唐初諸儒為作義疏，因譌踵陋，百千萬言，而不能有以出乎二氏之區域，至於本朝劉侍讀、歐陽公、王丞相、蘇黃門、河南程氏、橫渠張氏，始用己意，有所發明，蓋不待講於齊、魯、韓氏之傳，而學

者已知《詩》之不專於毛、鄭矣。及其既久，求者益眾，說者愈多，同異紛紜，爭立門戶，學者無所適從，而或反其為病。今觀呂氏家塾之書，未嘗不謹其說之所自。及其斷以己意，雖或超然出於前人意慮之表，未嘗敢有輕議前人之心也」云云。是知朱文公亦知宋學無師傳，則有門戶紛爭之弊，後之學宋人，以為出於漢、唐諸儒上者，蓋瞽說也矣。

一一、儀顧堂續跋
　○明覆宋本呂東萊讀詩記跋

《呂氏家塾讀詩記》三十二卷，前有淳熙壬寅朱子序、嘉靖辛卯陸釴序、諸家姓氏、引用書目。每葉二十八行，每行十九字。經頂格，注低一格。注中有注，旁行而字略小，不作雙行。各家姓氏以黑質白章別之，書法以篆作楷，陳啓源《毛詩稽古編》所由濫觴也。宋諱有缺筆，蓋從宋本翻雕者，較萬曆癸卯刻，卷一「禮記天子五年一巡狩」之前多一條，卷二十七「王之職有闕能」下多千餘字，卷二十八「自彼成康奄有四方」下多十四字，詳盧抱經《群書校補》。書雖嘉靖刻，流傳甚罕，書賈往往割去陸序，以充宋本，世亦有受其欺者。

　○萬曆本《呂氏家塾讀詩記跋》

《呂氏家塾讀詩記》三十二卷，明陳龍光刊本。前有萬曆癸卯顧起元序，其書亦源出嘉靖刻，而改其行款，變其字體，易旁行小注為雙行注。嘉靖本之後印者，卷二十七缺廿九、三十兩葉，當此本三十六、七葉之間，故三十五葉末留黑釘一行；三十六、三十七兩葉，空其張數，俾閱者有跡可求，尚無明人屬亂惡習。卷一《詩樂》奪一條，卷二十八奪數十字，皆抄手佚脫，校勘不精，尚非大謬。惟卷二十七所缺千餘字，當嘉靖本之兩葉又四行，實不止兩葉也。因何奪落，令人不可思索。盧抱經以為止脫兩葉，蓋未覆勘原書耳。據顧起元序，明時南國子監、四川皆有刻本，歲久夷漫，今所見惟嘉靖本與此本耳。

一二、善本書室藏書志
　○《呂氏家塾讀詩記》三十二卷　明嘉靖覆宋本

宋呂祖謙撰。此書第一卷為綱領，卷二以下釋大小傳、經文，博引諸家注以成之，淳熙壬寅朱文公有序。是本《公劉》首章下識云「先兄己亥之秋復修是書，至此而終。自《公劉》次章訖於終篇，則往歲所纂輯者，未及刊

定。今不敢損益，姑從其舊」，乃其弟所校刊也，與陳氏《書錄解題》合。此明御史傅應臺氏刻於南昌，有嘉靖辛卯冬古鄞陸釴序，每葉二十八行，每行十九字，經頂格，注低一格，注中有注，旁行而字略小，不作雙行，各家姓氏以黑質白文別之。書法以篆作楷，宋諱有缺筆，蓋從宋巾箱本翻雕者。較萬曆刊本卷一「禮記天子五年一巡狩」之前多一條，卷二十七「王之職有闕能」下多千餘字，卷二十八「自彼成康奄有四方」下多十四字，詳盧抱經《群書拾補》中。

○《呂氏家塾讀詩記》三十二卷　明萬曆刊本

是書前有淳熙壬寅九月朱子序，稱「少時淺說，伯恭誤有取焉。既久，自知說有未安，或有所更定，伯恭反置疑於其間。方將與反復其說以求真是，而伯恭已下世」云云。蓋雖應其弟祖約之請，而夙見深有未化。陳振孫稱其「博採諸家，存其名氏，先列訓詁，後陳文義。翦裁貫穿，如出一手。有所發明，則別出之。《詩》學之詳，未有逾此。」魏了翁後序稱其能發明詩人躬自厚而薄責於人之旨。兩說已略盡所長。是書有建甯巾箱本，又有眉山賀春卿蜀刻本，又有嘉靖間陸氏釴屬傅某刊於南昌本。此萬曆癸丑江甯顧起元序所謂南考功陳君與寮蘇君、程君授諸梓，大約為南京吏部陳龍光伯為、蘇進贍叔、程國祥仲若其人耳。祇刊陸釴序，而不及尤袤與魏了翁序，瞿氏田裕齋藏書記敘之最詳。

一三、愛日精廬藏書志

○《呂氏家塾讀詩記》三十二卷　明嘉靖刊本

宋呂祖謙撰。同里嚴氏思菴虞惇校閱，凡朱傳與小序異者一一標出，間附識語，亦極精當。

朱子序淳熙壬子

陸釴重刊序嘉靖辛卯

嚴氏手識曰：《鄭詩》二十一篇，而朱子以《將仲子》、《遵大路》、《有女同車》、《山有扶蘇》、《籜兮》、《狡童》、《褰裳》、《風雨》、《子衿》、《揚之水》諸篇俱為淫奔之詩，蓋泥於夫子「鄭聲淫」之一言，故凡詩中有懷思贈答者，概斥之為淫奔。夫鄭風固淫矣，夫子刪詩，而淫詩居其大半，則夫子之所刪者，又何等詩也？傳曰「好而知其惡，惡而知其美」，鄭雖淫，豈無他美之可采乎？執成見以論古人之書，書之不可通者多矣。此高子之《小弁》所以取譏於孟子也。辛酉春二月初十日嚴虞惇閱并記。

又曰：或問《七月》，周公作也；《公劉》，召公作也。均之陳王事以戒成王，何《七月》爲風，《公劉》爲雅？先儒謂周公遭變，故不入于《雅》，然乎，否乎？曰：《公劉》，言政事也；《七月》，言風俗也。既曰風矣，自不得入于《雅》也。《豳》不先二《南》，尊文王也；不總二《南》，豳先岐後也；不與《王風》相屬，興衰非其類也。文王致治，周公反正，十五國風以是始終之，則尊周公與文王等矣。

又曰：按毛公以《南陔》、《白華》、《華黍》附《魚麗》，後爲《鹿鳴之什》，次《南有嘉魚之什》，首《嘉魚》，次《南山有臺》，次《由庚》，次《崇丘》，次《由儀》，至《吉日》共十三篇。又爲《鴻雁之什》、《節南山之什》、《谷風之什》、《甫田之什》、《魚藻之什》，而朱子《集註》則云《南陔》、《白華》、《華黍》、《由庚》、《崇丘》、《由儀》六篇皆笙詩，有聲無辭，依《儀禮》以《南陔》附《杕杜》，後爲《鹿鳴之什》，其次爲《白華之什》，首《白華》，次《華黍》，次《魚麗》，次《由庚》，次《南有嘉魚》，而下敘與此同。今按《六月》序，《魚麗》、《杕杜》之後，而《南陔》以下，次第井然，此書因之，以正毛氏之失，今當從之。

又曰：《魚麗》、《南有嘉魚》、《南山有臺》，朱子以爲燕享通用之樂，今宜從序。朱子之說本之《鄉飲酒禮》及《燕禮》，然其疏解文義，多所未安，如《魚麗》、《南有嘉魚》則云即所薦之物而道主人樂賓之意，然於「南有樛木」，「翩翩者雛」已不可通，至「南山有臺，北山有萊」，則全無所取興，不知詩人亦何取於此。愚謂此詩之義，序說得之，而燕享則歌之以樂賓，非謂竟取義於燕賓也。壬戌九月初五日虞惇記。

又曰：《楚茨》已下四篇，朱子云此公卿力農奉祭之詩，然詩中皆云萬壽無疆，恐非天子不足以當之也。

又曰：黍苗、隰葉、瓠葉三篇皆思古之詩。今《集註》直以爲美，大抵序之陳古刺今者，朱子皆不取也。

○《呂氏家塾讀詩記》殘本十九卷　宋刊本

宋呂祖謙撰。原三十二卷，今存卷一至卷十九。每頁二十四行，行二十二字。

朱子序抄補

一四、皕宋樓藏書志

○《呂氏家塾讀詩記》三十二卷　明嘉靖刊本

宋呂祖謙撰，朱子序淳熙壬寅，陸釴序嘉靖辛卯

○《呂氏家塾讀詩記》三十二卷　明萬曆刊本

宋呂祖謙撰，朱子序淳熙壬寅，顧起元序萬曆癸丑，陸釴序嘉靖辛卯

一五、鐵琴銅劍樓藏書目錄

○《呂氏家塾讀詩記》三十二卷　宋刊本

宋呂祖謙撰。前有朱子序，後有尤袤序，俱題「淳熙壬寅九月」，為邱宗卿刻本。每半葉九行，行十九字。注下經文一格，附注雙行細字，亦無參差。宋諱朗、殷、匡、筐、恒、楨、貞、樹、勗、桓、構、覯、莘、慎等字，皆有闕筆，而惇、敦字不闕，刻在孝宗時無疑。是書在宋有建寧巾箱本，又有蜀本，眉山賀春卿刻，鶴山魏氏為之序。明嘉靖間，鄞陸氏釴得宋本於豐存叔，刻諸南昌，但載朱序，不載尤序，行款與此本不同，參以古體，頗亂舊文。又有顧氏起元序，刻於萬曆間，即出陸本，益多譌脫。近邑中張氏《墨海金壺》所刻，但據顧本，并未見陸本。今以此本參校，如：卷首《條例》有曰「諸家或未備，以己說足之，錄於每條之後，比諸家解低一字寫」，各本自第十九卷《彤弓》注以下，不復提行，增「東萊曰」三字，接寫諸家之後，惟此本概低二格，與《條例》所云合。其各本皆脫，而此本獨全者，如《小雅・車攻》第七章注「故自左膘」下有「釋文曰頻小反脅後髀前肉也」十二小字，下又有「而射之達于右腢」七大字，下又有「釋文曰音愚謂肩前也」九小字，下又有「為上殺」三大字；《十月之交》第八章注「王氏曰故不敢傚」下有「我友自逸也」五大字，下又有「范氏曰時有潔身而去者己獨不去故曰我不敢傚我友自逸」二十四小字，下又有「毛氏曰」三大字；《小旻》第二章注「朱氏曰具猶俱也」下有「鄭氏曰底至也王氏曰其俗如此亦孔之哀矣」十八大字；《小弁》第八章注「毛氏曰念父孝也」上有「我躬不閱遑恤我後者無如之何自決之辭」十七大字；《小明》第二章注「鄭氏曰」下有「孔甚也庶眾也毛氏曰憚勞也朱氏曰」十五大字；《漸漸之石》序注「舒庸」下有「之屬孔氏曰殷武曰維汝荊楚已並言之是楚之稱荊亦已久矣傳有舒鳩舒鄝舒庸」三十三小字；《大雅・大明》第四章注「王氏曰」下有「洽之陽渭之涘則莘國所在也朱氏曰」十五大字；《頌・載見》章注「烈大也」上有「休美也李氏曰」六大字。有陸本未脫而顧本又脫者，如《周南・汝墳》末章注「長樂王氏曰」

下脫「父母指文王也毛氏曰孔甚邇近也鄭氏曰」十七大字；《小雅・小弁》末
章注「故告之曰」下脫「毋逝我梁毋發我笱我躬不閱遑恤我後王氏曰」十九
大字；《賓之初筵》首章注「既安賓然後改」下脫「縣以避射」四大字，下又
脫「孔氏曰行燕至安賓之後而行大射」十四小字；《魯頌・駉》首章注「毛氏
曰牧之坰野」上脫「毛氏芣苢傳曰薄辭也」九大字；《閟宮》末章注「路寢正
寢也」下脫「朱氏曰新廟僖公所修之廟」十一大字。至陸、顧兩本不脫，而
張本獨脫者，又有之，如《周頌・烈文》注「得賢人則國家彊矣」下，脫「李
氏抑詩解曰苟能得人則四方皆訓效之矣」十八大字。其餘譌處，尤不可勝舉
也。案，成公歿於淳熙辛丑七月，是書之刻，僅逾周歲。宗卿，名寷，官直
秘閣江南西路轉運判官，為成公同年生。尤序世不經見，今補錄於後。卷首
末俱有「毗陵周氏九松迂叟藏書記」、「周良金印」、「周笈私印」、「自娛而已」
諸朱記。（為免繁重，尤序從略，其文見附錄2）

一六、藝風樓藏書續記

○《呂氏家塾讀詩記》三十二卷

明刊本。嘉靖辛卯明御史傅應臺氏刻於南昌，前有淳熙壬寅朱子序，又
有陸鈇序。此本盧抱經推為不易得者。萬曆本卷二十七脫兩葉，此不脫，以
分優劣。後五卷影鈔亦極精。

一七、鄭堂讀書記補逸

○《呂氏家塾讀詩記》三十二卷　　何義門藏明刊本

宋呂祖謙撰。爵里見《易》類。《四庫全書》著錄，陳氏《書錄解題》及
《宋志》均載之。陳氏稱其「博採諸家，存其名氏，先列訓詁，後陳文義，
翦裁貫穿，如出一手。己意有所發明，則別出之。《詩》學之詳正，未有逾於
此書者也。」蓋其書宗序及毛鄭之說，好古學者多尊之。朱子說《詩》，初與
伯恭合，是書所引「朱氏」，即朱子之說也。其後朱子改從鄭樵攻序，與伯恭
互左。淳熙壬寅，伯恭已卒，其弟祖約始以是書授邱宗卿梓之，屬序於朱子，
故序中亦微及此意。至眉山賀春卿重刻時，魏鶴山了翁為後序。魏序稱其能
發明詩人躬自厚而薄責於人之旨。此本明嘉靖辛卯陸氏鈇以宋本重刊，陸序
論毛氏及後人說《詩》，謂「去古近者，言雖賾而似真；離聖遠者，說雖詳而
易淆，故曰『冢尺雖斷，可定鍾律』」，皆篤論也。陸序又稱呂氏凡二十二卷，
乃《公劉》以後編纂未就，其門人續成之，而陳直齋則謂「自《公劉》以後，

編纂已備，而條例未竟」。今考本書卷第二十六卷，《公劉》次章後有跋云：「先兄己亥淳熙六年之秋復修是書，至此而終。自《公劉》之次章，訖於終篇，則往歲所纂輯者，皆未及刊定。如小序之有所去取，諸家之末次先後，與今編條例多未合。今不敢復有所增益，姑從其舊，以補是書之闕云。」蓋其弟祖約所跋也。觀祖約跋，則《公劉》以下七卷，不過編成而未及重定，直齋所云，猶爲近是。陸序「二十二卷」，與夫「門人續成」之語，必因此而誤無疑也。《墨海金壺》所收，復有顧氏起元一序，蓋從萬曆癸丑重刊本刻入者也。

一八、萬卷精華樓藏書記

○《呂氏家塾讀詩記》三十二卷

宋呂祖謙撰

明本　前有嘉靖辛卯陸釴序，又有淳熙壬寅朱子序。每葉二十八行，行二十九字。盧氏《群書拾補》所據以補萬曆癸丑南都刻本殘葉者，即此本也。陸釴序云「近得宋本柱史應臺傅公，刻於南昌郡」，盧曰「南昌本從宋本出，字多從古，今不易得」。恭讀《天祿琳琅書目》曰：第一卷爲綱領，卷二以下釋大小傳、經文，博引諸家注成之。朱子序。巾箱本，不載鋟刻年月。《公劉》首章下識云：「先兄修是書至此終，自《公劉》此（「此」當作「次」）章訖終篇，則往歲所纂輯，未及刊定。今不敢損益，姑從其舊。」則此書乃其弟所校刊也。御題：「此呂氏家塾本也。說《詩》家自毛、鄭後，同異紛紜，鮮所折衷。東萊兼綜眾說，挈要提綱，斷以己意，於三百之義，殆庶幾乎。向爲檇李項氏家藏。卷約字工，猶屬閩中舊刻，其珍惜之。乾隆御識。」鈐寶二：曰「幾暇怡情」，曰「乾隆宸翰」。

項元汴，字子京，好收金石遺文、圖繪名跡。凡斷帙隻行，悉輸其門。書法出入智永、趙吳興之間，兼工山水，號「墨林居士」。項墨林鑒賞章：「法蔭」。

莫氏《經眼錄》：友芝家藏是書，後半自卷二十一至三十二，其行款及從古字，悉同盧氏所舉嘉靖本。盧氏所記缺脫，此本一皆完好。字墨精雅，印用羅紋錦紙，舊裝古色，香撲眉宇，恐尚是嘉靖祖本也。道光癸巳，買之京師，雖非完帙，已足寶貴矣。道光戊戌，復買一上半殘本。板稍大，行款亦不同。癸巳本反切及注中坿注皆用單行側書，戊戌本則悉易雙行。癸巳本概用小篆古體作楷書，雖不盡精貫，亦留意小學人所爲。戊戌本則十改六七如常書。

平津館所藏嘉靖本有陳子龍印、潁川陳氏校定典籍之章。

○《呂氏家塾讀詩記》三十二卷

宋呂祖謙撰

谿上聽彝堂本。未成之書原二十二卷，後十卷爲門人所續。按朱考有魏了翁序，今本無之。

《直齋書錄》：是書博采諸家，存其名氏，先列訓詁，後陳文義，剪裁貫穿，如出一手，己意有所發明，則別出之。《詩》學之詳，未有逾於此書者也。然自《公劉》已後，編纂已備，而條例未竟，學者惜之。

盧氏跋云：釋經雜而不貫，與陋而鮮通，兩者均失之。東萊《詩經》，一字一句，必本其所自，而不以自專。其意所不取，而可備一說者亦附注於正解之下，以俟夫人之自擇焉。蓋其織綜之妙，合眾說如一說，既不使異說得隔閡其間，而近是者又未嘗盡棄也，斯非釋經之善者乎？東萊所自爲說比眾說下一字，條例固云然。書內有脫，後稱「東萊曰」者，參差互異，余悉正之。初得神廟時南都本脫兩葉，從嘉靖本抄補足之。又有以小本示余者，亟相對校，知神廟本多脫誤，小本多用分隸體，神廟本易用今字，且更有妄爲撰造者。小板本即嘉靖間四明陸鈂所校鐫也，尚有譌處，以余所抄本視之，爲更勝矣。

一九、玉函山房藏書目錄

○《呂氏家塾讀詩記》三十二卷

宋呂祖謙撰。其書以序爲主，《直齋書錄解題》謂：「博采諸家，存其名氏，先列訓詁，後陳文義。剪裁貫穿，如出一手。己意有所發明，則別出之，《詩》學之詳正，未有逾於此書者也。」魏了翁稱其爲學者求端用力之要，深切著明。黃佐稱其最爲精確，說雖專主小序，與《集傳》不同，而朱子作序極爲推遜，讀者宜勿存門戶之見也。

二〇、八千卷樓藏書目

○《呂氏家塾讀詩記》三十二卷

宋呂祖謙撰。聽彝堂刊本、《金華叢書》本、《經苑》本、明嘉靖刊本

二一、絳雲樓書目

○《呂東萊讀詩記》十冊，三十二卷

二二、述古堂書目

○《呂氏讀詩記》二十二卷

二三、孫氏祠堂書目

○《呂氏家塾讀詩記》三十二卷　宋呂祖謙撰，明嘉靖南昌刊本

二四、平津館鑒藏書籍記

○《呂氏家塾讀詩記》三十二卷

前有嘉靖辛卯陸釴序，稱近得宋本柱史應臺傅公，刻于南昌郡，又有淳熙壬寅朱子敘。盧氏《群書拾補》所據以補萬曆癸丑南都刻本缺葉者，即此本也。每葉廿八行，行廿九字，收藏有「陳子龍印」朱文方印、「潁川陳氏較定典籍之章」朱文長印、「練江陳昂之印」朱文方印、「陳先生後人」白文方印、「天都陳氏承雅堂圖籍」朱文方印、「陳氏藏書子孫永寶」朱文長印，末卷後有康熙癸酉陳昂墨蹟二跋。

二五、持靜齋書目

○（卷一）《呂氏家塾讀詩記》三十二卷　抄本殘
宋呂祖謙撰

○（卷一附錄）《呂氏家塾讀詩記》三十二卷，續得宋刊巾箱本共三十二卷，陸釴所稱得宋本於豐存叔處，凡二十二卷者誤也。其二十六卷「篤公劉」首章注後識云：「先兄于己亥之秋復修是書，至此而終。自《公劉》之後，則往歲所纂輯者，皆未及刊定，如小序之有所去取，諸家之序次先後，與今編條例多未合。今不敢復有所損益，姑從其舊，以補是書之缺」云云。然則是書為其弟祖約所校刊，與朱子序合。陳振孫《書錄解題》所云「《公劉》以下編纂已備」者為是，而陸釴所稱《公劉》以下為門人續成者，乃懸揣之談矣。前半每頁二十四行，行二十四字，後半每頁二十六行，行二十五字。張金吾所藏殘本十九卷者，僅見其前半，孫淵如所藏小板十二行行十九字者，與此又不同矣。有項氏萬卷樓、毛子晉諸印。宋呂祖謙撰。是書與《集傳》雖多異同，然折衷盡善，亦非株守漢學解經家，無門戶之見者，以此為最。

二六、也是園藏書目

○《呂氏讀詩記》三十二卷

二七、傳是樓書目

○ 宋呂祖謙撰　《呂氏家塾讀詩記》三十二卷，十六本

二八、季滄葦書目

○《呂氏讀詩紀》十本

二九、四庫全書簡明目錄

○《呂氏家塾讀詩記》三十二卷

宋呂祖謙撰，其說以小序爲主。陳振孫《書錄解題》稱其「博采諸家，存其名氏，先列訓詁，後陳文義，翦截貫串，如出一手」，魏了翁後序稱其「能得詩人躬自厚而薄責於人之旨」，足以盡是書之所長矣。

○附 3.朱伯修批注簡明四庫目錄

○《呂氏家塾讀詩記》三十二卷　宋呂祖謙撰

　　　宋、元時南雍、蜀省皆有刻本。

　　　萬曆程氏神廟癸丑南都並有刊本，皆不甚精，惟嘉靖辛卯鄞陸
　　鈇序御史傅應臺刊於南昌爲最善，字多古體，蓋從宋本出也。新翻
　　本墨海刊張目有殘宋本存一至十九，半紙十二行，行廿二字。

三〇、觀古堂書目

○《呂氏家塾讀詩記》三十二卷

　　　宋呂祖謙撰，一嘉慶辛未聽彝堂刻本，一《經苑》本。

三一、寒瘦山房鬻存善本書目

○《呂氏家塾讀詩記》三十二卷

宋呂祖謙撰。明嘉靖辛卯傅應臺刊本。有淳熙壬寅朱子序，陸鈇序已佚。

此覆宋雕本也，其勝於萬曆本佳處，丁目已縷言之，恬裕齋瞿氏亦記萬曆本甚悉，惜陸鈇序已佚。鈇用《說文》刻書，余所見如許宗魯之刻《呂覽》，亦嘉靖時人，豈爲一時風尚耶？丁巳六月群碧居士讀記。

三二、經籍訪古志

○《呂氏家塾讀詩記》三十二卷　宋槧本　昌平學藏

宋呂祖謙撰，首有目錄，每半板十二行，行二十二字，界長六寸一分強，幅四分一寸，有普門院、艮岳院二朱印。按，《愛日精廬藏書志》亦載宋板殘本，云每頁二十四行，行二十二字，朱子序抄補，豈即此本與？

三三、古文舊書考

○《呂氏家塾讀詩記》三十二卷　尤延之刻本　坿宋末刻本

　　秘府壹號御庫之書，牙籤萬軸，精彩離奇，浩乎唐宋經本之淵海矣。而其二號文庫所收，則概多通行典籍及舊人經說，然其爲書，固已踰數萬，是亦足以稱霸於一方。但茲《讀詩記》一部，予搜得之於侍講局本中，宋槧宋印，可謂壓庫寶，其餘則累累無足道說者矣。《讀詩記》之有雕版，蓋自建寧始，次丘灒宗卿重鋟於江西漕臺，又有眉山賀春卿刻本，宋世所刊，不過如此。是書則宋淳熙壬寅遂初先生尤延之所刻，四周雙邊，半版十二行，行二十二字，注雙行低頭一字，行二十一字，界長五寸四分至六分，橫三寸九分三釐，細楷端正，搨刷如新，其楷刻之純絕，似宋小字本《太平御覽》及宋紹興刻七十卷本《史記》，而謹嚴過之。首有朱子序《文集》作「《後序》」，此直標曰「序」，無目錄，卷端題「呂氏家塾讀詩記卷第一」，次行以下載《綱領》。卷末跋云：……（其文請參看附錄２相關部份）殷、玄、禎、愼等宋諱闕末畫。每卷首有鈞印，又版心有刻工氏名蔣輝、李忠約、蔣元、陳亢等，又刻單字名氏極多。是書校之於明本以下，善處頗多，皆足以定譌補闕，而盧文弨《群書拾補》所載，俗本爛脫騶駁處盡存，學者可以考信也。明嘉靖中，有四明陸釴刻本，即就是書重雕者，而字多用分隸體，異字奇文錯出，與是書不相類，乃知陸氏妄改今字作古字，猶明嘉靖宜靜書堂所刻《國語》故改古文耳。明嘉靖四年許宗魯刻本。而盧文弨則云：「從宋本出，字多從古，甘受其欺，亦可異矣。明人之所爲往往如此，學者不可不知也！」又別有萬曆蘇、程君刻本，是寶永元年刻本所原，比陸本稍爲近祖。然《烝民》六章「鄭氏曰仲山甫也」以下二張亦屬闕迭，但白文標曰，於中間有脫簡，蒐閱異本又如此，故從此，不如明人強接脫葉，自爲矛盾，是爲可嘉。又有錢儀吉《經苑》本及《退補齋叢書》本等刻本，皆出於明本而其異同實下明本數等，蓋非不祖孫面貌相肖，已有後人妄校私改，是以不相同且似是實非也。壹號御庫又藏宋槧本一通，首有目錄，界長六寸二分，幅四存一分，長短不一，行字數并同尤刻。有普門院、艮岳齋、仁正侯長昭黃雪書屋鑒藏圖書之印、昌平阪學問所、淺草文庫等圖章，是德川氏時下總守市橋長昭獻本三十種之一。是書字畫員整，殆似明初刻本，而紙墨亦不佳，然其纖維墨光，有大異於元明刻本者。今審訂以爲宋末刻本，惜乎首尾破爛，記載闕漏，其所刻人名氏翳如，不勝撫卷太息。

　　或曰：尤袤字樣頗帶子昂筆意，是元明間所刻。予答曰：是不遠引旁證，請以祕府《東都事略》及《南海集》證之，以爲宋乎，爲元明乎？且宋自有

其刻法寫樣，楮墨亦宋，搨刷亦宋，既入於元，非復宋矣。如是書，開卷便覺有其鋒芒稜角，異於元明焉。世有錢遵王、狩谷掖齋其人，必以予言爲然矣。《天祿琳琅書目續編》載尤刻本，則尤氏之原本，唐土尚有傳本也，而《愛日精廬藏書志》所記殘宋本者，豈與壹號本同其種歟？

　　宋之初去古未遠，其刊四部之書，以其多出於卷子本，界欄尚則是烏絲欄界之舊，大抵用單邊畫，其非觀美也，則有左右雙邊。宋之南渡，流風既遠，古法幾乎息矣，於是始有四周雙邊，其南宋刻本如岳本五經、巾箱本《周禮》、景德本《儀禮疏》及巾箱本《周易》今歸于山縣侯爵插架、七十卷本《禮記注疏》，則界用四周雙邊，而秘府《尚書正義》則汴時刻本，則畫以左右雙邊，而修版則多用四周雙邊。是四周雙邊固非古法，而左右雙邊亦未可爲得舊樣也。《考盤餘事》云「宋本無四周雙邊之書」，不知宋中葉已有之，故舉以正之。

三六、藏園群書經眼錄

○《呂氏家塾讀詩記》三十二卷　宋呂祖謙撰

宋刊本，十二行二十二字，注雙行同，細黑口，四周雙闌，版心上記字數。前有淳熙壬寅朱熹序，九行十七字，惟第一葉乃明末補刊配入者。存卷一至六。

配入宋刊本，十三行二十五字，注同，細黑口，左右雙闌，版心不計字數。題「東萊先生呂氏讀詩記」，于呂氏說視本文低二格，以中字狹行善之，大約三行約占本文二行，字視注文爲大而視本文爲小。存卷七至三十二。十三行本中間亦配入十二行本者，然文字則不相接矣。

藏印如後：「項氏萬卷堂圖籍印」朱、「浙西項德校希憲藏書」白、「遼西郡圖書印」朱、「項氏希憲」白、「萬卷樓」朱、「毛晉」、「毛晉私印」、「毛印子晉」、「汲古主人」、「汲古閣」。

此持靜齋丁氏藏書，見于廠市已數年矣，今又持來，索二千元，定價不二，恐無力收之矣。沅淑。（己巳二月）

三五、浙江採集遺書總目

○《呂氏家塾讀詩記》三十二卷　刊本

右著作郎金華呂祖謙撰。有朱子序、魏了翁後序。自《公劉》以下六卷係門人續成，陳振孫曰：「博采諸家，存其名氏，先列訓詁，後陳文義，剪裁

貫穿，如出一手，己意有所發明，則別出之，《詩》學之詳，未有逾於此也。」
黃佐曰：「呂氏專主小序，與《集傳》不同。」

三六、江蘇採輯遺書總目

○《呂氏讀詩記》

宋著作郎金華呂祖謙著　　《大雅・（篤）公劉》以後門人取其說以足成者
按此書遵用小序，多取毛、鄭及朱子初說。三十二卷　刊本

三七、書目答問補正

○《呂氏家塾讀詩記》三十二卷

宋呂祖謙撰。錢儀吉編刻《經苑》本。明嘉靖陸釴刻本。

〔補〕《金壺》本。

三八、靜嘉堂秘籍志

○《呂氏家塾讀詩記》三十二卷　明嘉靖刊本

宋呂祖謙撰

朱子序淳熙壬寅　陸釴序嘉靖辛卯

案《儀顧堂續跋・明覆宋呂東萊讀詩記跋》云：《呂氏家塾讀詩記》三十
二卷，前有淳熙壬寅朱子序、嘉靖辛卯陸釴序、諸家姓氏、引用書目。每葉
二十八行，每行十九字。經頂格，注低一格，注中有注，旁行而字略小，不
作雙行。各家姓氏以黑質白章別之，書法以篆作楷，陳啓源《毛詩稽古編》
所由濫觴也。宋諱有缺筆，蓋從宋本翻雕者。較萬曆癸卯刻，卷一「禮記天
子五年一巡狩」之前多一條，卷二十七「王之職有闕能」下多千餘字，卷二
十八「自彼成康奄有四方」下多十四字，詳盧抱經《群書校補》。書雖嘉靖刻，
流傳甚罕，書賈往往割去陸序，以充宋本，世亦有受其欺者。

○《呂氏家塾讀詩記》三十二卷　明萬曆刊本

宋呂祖謙撰

朱子序淳熙壬寅　顧起元序萬曆癸丑　陸釴序嘉靖辛卯

案《儀顧堂續跋・萬曆本跋》云：《呂氏家塾讀詩記》三十二卷，明陳龍
光刊本，前有萬曆癸卯《志》作丑顧起元序，其書亦源出嘉靖刻，而改其行
款，變其字體，易旁行小注為雙行注。嘉靖本之後印者，卷二十七缺廿九、
三十兩葉，當此本三十六、七葉之間，故三十五葉末留黑釘一行；三十六、
三十七兩葉，空其張數，俾閱者有跡可求，尚無明人羼亂惡習。卷一《詩樂》

奪一條，卷二十八奪數十字，皆鈔手佚脫，校勘不精，尚非大謬。惟卷二十七所缺千字，當嘉靖本之兩葉又四行，實不止兩葉也。蓋未覆勘原書耳。據顧起元序，明世南國子監、四川皆有刻本，歲久夷漫，今所見惟嘉靖本與此本耳。

三九、文祿堂訪書記

○《呂氏家塾讀詩記》三十二卷

宋呂祖謙撰。宋建刻本。半葉十二行，行二十四字，注雙行，線口。版心上記字數。後部宋刻本，半葉十三行，行二十五字。前部卷中缺葉，配入十三行本。文字不接，是一憾事也。

四○、海源閣書目　不分卷本

○《呂氏家塾讀詩記》三十二卷

宋呂祖謙撰，清末海源閣刻本　十二冊，三部

○明本《呂氏家塾讀詩記》三十二卷

宋呂祖謙撰，明嘉靖十年傅鳳翱刻本　八冊，二部

○《呂氏家塾讀詩記》三十二卷

宋呂祖謙撰，清嘉慶十六年聽彝堂刻本　十二冊

四一、四明天一閣藏書目錄

○《呂氏讀詩記》八本，內缺二本

參考文獻

第一、各種版本的《呂氏家塾讀詩記》

1. 呂氏家塾讀詩記〔M〕，《四部叢刊》續編影印鐵琴銅劍樓藏宋本。
2. 呂氏家塾讀詩記〔M〕，明嘉靖十年陸釴刻本。
3. 呂氏家塾讀詩記〔M〕，明萬曆四十一年陳龍光、蘇進本。
4. 呂氏家塾讀詩記〔M〕，清乾隆摛藻堂《四庫全書薈要》本。
5. 呂氏家塾讀詩記〔M〕，清乾隆文淵閣《四庫全書》本。
6. 呂氏家塾讀詩記〔M〕，清嘉慶十四年張海鵬刻《墨海金壺》本。
7. 呂氏家塾讀詩記〔M〕，清嘉慶十六吳氏聽彝堂本。
8. 呂氏家塾讀詩記〔M〕，清同治十二年胡鳳丹《金華叢書》本。
9. 呂氏家塾讀詩記〔M〕，《叢書集成》初編本，北京，中華書局，1985。
10. 呂氏家塾讀詩記〔M〕，梁運華點校《呂祖謙全集》本，杭州，浙江古籍
    出版社，2006。

第二、呂氏著作

1. 古易音訓〔M〕，嘉慶七年仁和宋咸熙刻本。
2. 古周易〔M〕，清胡鳳丹輯《金華叢書》本。
3. 大事記附解題、通釋〔M〕，清胡鳳丹輯《金華叢書》本。
4. 東萊左氏博議〔M〕，清胡鳳丹輯《金華叢書》本。
5. 左氏傳說〔M〕，清胡鳳丹輯《金華叢書》本。
6. 東萊集〔M〕，清胡鳳丹輯《金華叢書》本。
7. 古文關鍵〔M〕，清胡鳳丹輯《金華叢書》本。

8. 左氏傳續說〔M〕，清胡宗楙輯《續金華叢書》本，1924。

9. 歷代制度詳說〔M〕，胡宗楙輯《續金華叢書》本，1924。

10. 麗澤論說集錄〔M〕，胡宗楙輯《續金華叢書》本，1924。

11. 東萊呂太史春秋左傳類編〔M〕，《四部叢刊》續編景鐵琴銅劍樓藏舊鈔本，上海，商務印書館，1934。

12. 臥遊錄〔M〕，《叢書集成》初編本，上海，商務印書館，1936。

13. 少儀外傳〔M〕，《叢書集成》初編本，上海，商務印書館，1936。

14. 詩律武庫〔M〕，《叢書集成》初編本，上海，商務印書館，1939。

15. 詩律武庫後編〔M〕，《叢書集成》初編本，上海，商務印書館，1939。

16. 東萊集〔M〕，影印文淵閣《四庫全書》本，臺北，商務印書館，1983。

17. 呂東萊文集〔M〕，《叢書集成》初編本，北京，中華書局，1985。

18. 東萊集注類編觀瀾文集〔M〕，阮元輯《宛委別藏》本，南京，江蘇古籍出版社，1988。

19. 齊志平點校，宋文鑑〔M〕，北京，中華書局，1992。

20. 黃靈庚、吳戰壘主編，呂祖謙文集〔M〕，杭州，浙江古籍出版社，2006。

21. 十七史詳節〔M〕，上海，上海古籍出版社，2008。

第三、宋人《詩》學相關著作

1. 王柏，詩辨說〔M〕，清胡鳳丹輯《金華叢書》本。

2. 鄭樵、顧頡剛輯，詩辨妄〔M〕，北平，樸社，1933。

3. 劉敞，公是先生七經小傳〔M〕，《四部叢刊》續編景天祿琳琅藏宋刊本，上海，商務印書館，1934。

4. 歐陽修，詩本義〔M〕，《四部叢刊》三編景滂喜齋藏宋刊本，上海，商務印書館，1935。

5. 朱子，詩集傳〔M〕，上海，上海古籍出版社，1980。

6. 王安石撰、邱漢生輯校，詩義鉤沉〔M〕，北京，中華書局，1982。

7. 蘇轍，詩集傳〔M〕，影印文淵閣《四庫全書》本，臺北，商務印書館，1986。

8. 鄭樵，六經奧論〔M〕，影印文淵閣《四庫全書》本，臺北，商務印書館，1986。

9. 王質，詩總聞〔M〕，影印文淵閣《四庫全書》本，臺北，商務印書館，1986。

第四、古代著述

1. 〔宋〕江鈿編，新雕聖宋文海（宋本殘卷）〔M〕，北京，國家圖書館收藏。
2. 〔明〕鄭柏，金華賢達傳〔M〕，胡宗楙輯《續金華叢書》本，1924。
3. 〔明〕應廷育，金華先民傳〔M〕，胡宗楙輯《續金華叢書》本，1924。
4. 〔宋〕呂本中，童蒙訓〔M〕，上海，商務印書館，1937。
5. 〔清〕皮錫瑞，經學通論〔M〕，北京，中華書局，1954。
6. 〔清〕皮錫瑞著、周予同注，經學歷史〔M〕，北京，中華書局，1959。
7. 〔後漢〕班固，漢書〔M〕，北京，中華書局，1962。
8. 〔南朝宋〕范曄，後漢書〔M〕，北京，中華書局，1965。
9. 〔唐〕魏徵等，隋書〔M〕，北京，中華書局，1973。
10. 〔後晉〕劉昫等，舊唐書〔M〕，北京，中華書局，1975。
11. 〔宋〕歐陽修等，新唐書〔M〕，北京，中華書局，1975。
12. 〔唐〕房玄齡等，晉書〔M〕，北京，中華書局，1976。
13. 〔元〕脫脫等，宋史〔M〕，北京，中華書局，1977。
14. 〔清〕阮元校刻，十三經注疏〔M〕，北京，中華書局，1980。
15. 〔宋〕陸九淵，陸九淵集〔M〕，北京，中華書局，1980。
16. 〔漢〕許慎著、〔清〕段玉裁注，說文解字注〔M〕，上海，上海古籍出版社，1981。
17. 〔宋〕朱熹，四書章句集注〔M〕，北京，中華書局，1983。
18. 〔唐〕陸德明，經典釋文〔M〕，上海，上海古籍出版社，1985。
19. 〔宋〕程顥、程頤撰、王孝魚點校，二程文集〔M〕，北京，中華書局，1985。
20. 〔宋〕李熹撰，建炎以來繫年要錄〔M〕，北京，中華書局，1985。
21. 〔清〕唐晏著、吳東民點校，兩漢三國學案〔M〕，北京，中華書局，1986。
22. 〔宋〕樓鑰，攻媿集〔M〕，影印文淵閣《四庫全書》本，臺北，商務印書館，1983。
23. 〔清〕朱彝尊，曝書亭集〔M〕，影印文淵閣《四庫全書》本，臺北，商務印書館，1983。
24. 〔三國吳〕陸璣，毛詩草木鳥獸蟲魚疏〔M〕，影印文淵閣《四庫全書》本，臺北，商務印書館，1983。
25. 〔元〕馬端臨，文獻通考〔M〕，北京，中華書局，1986。
26. 〔明〕黃宗羲撰、〔清〕全祖望補，宋元學案〔M〕，北京，中華書局，1986。
27. 〔宋〕張栻，南軒集〔M〕，上海，上海古籍出版社，1987。
28. 〔宋〕鄭樵，通志〔M〕，北京，中華書局，1987。

29. 〔宋〕司馬光撰，鄧廣銘、張希清點校，涑水記聞〔M〕，北京，中華書局，1989。

30. 〔日〕長澤規矩也編，和刻本類書集成〔M〕，上海，上海古籍出版社，1990。

31. 〔宋〕李心傳撰、徐規點校，建炎以來朝野雜記〔M〕，北京，中華書局，2000。

32. 〔清〕全祖望著、朱鑄禹集注，全祖望集彙校集注〔M〕，上海，上海古籍出版社，2000。

33. 〔宋〕王明清著，揮麈錄〔M〕，上海，上海書店出版社，2001。

34. 〔宋〕朱熹，朱子全書〔M〕，上海，上海古籍出版社、合肥，安徽教育出版社，2002。

35. 〔清〕王夫之撰、徐士彥點校〔M〕，宋論，北京，中華書局，2003。

36. 〔宋〕趙升撰、王瑞來點校，朝野類要〔M〕，北京，中華書局，2007。

第五、學位論文

著作名稱後標有 * 符號的，表明在論文撰寫期間只能讀到其內容摘要、目錄和參考書目。

1. 吳春山，呂祖謙研究〔D〕*，臺灣大學博士學位論文，1978。

2. 林建勳，呂東萊的春秋學〔D〕*，臺灣中央大學碩士學位論文，1990。

3. 郭麗娟，呂祖謙詩經學研究〔D〕*，臺灣東吳大學碩士學位論文，1994。

4. 洪春音，朱熹與呂祖謙詩說異同考〔D〕*，臺灣東海大學碩士學位論文，1994。

5. 李宗翰，呂祖謙之歷史思想〔D〕*，臺灣清華大學碩士學位論文，1997。

6. 高焜源，呂祖謙的史學批評〔D〕*，臺灣華梵大學碩士學位論文，2000。

7. 黃淑娟，呂祖謙成學背景及其教育思想研究〔D〕*，臺灣東吳大學碩士學位論文，2000。

8. 許修嘉，陳亮與呂祖謙學術思想異同－思想合流契機〔D〕，臺灣逢甲大學碩士學位論文，2000。

9. 許愛蓮，呂祖謙及其《東萊博議》〔D〕*，臺灣師範大學碩士學位論文，2001。

10. 林文騰，呂祖謙《皇朝文鑒》研究〔D〕*，臺北市立師範學院碩士學位論文，2001。

11. 譚鍾琪，呂祖謙文學研究〔D〕，揚州大學碩士學位論文，2001。

12. 楊宗錫，呂祖謙學術思想研究〔D〕，臺灣高雄師範大學碩士學位論文，2003。

13. 林明賢，《近思錄》思想研究〔D〕，臺灣輔仁大學碩士學位論文，2003。

14. 官志隆，呂祖謙麗澤書院講學研究〔D〕，臺灣中正大學碩士學位論文，2003。

15. 陳戰峰，宋代詩經學與理學〔D〕，西北大學博士學位論文，2005。

16. 楊天保，王安石學術史研究〔D〕，浙江大學博士學位論文，2005。

17. 姚永輝，朱熹與呂祖謙關於《詩經》的四大辯論平議〔D〕，四川大學碩士學位論文，2005。

18. 楊延，呂祖謙《呂氏家塾讀詩記》的宗毛傾向〔D〕，新疆大學碩士學位論文，2006。

19. 林怡，論「東南三賢」的散傳〔D〕，浙江師範大學碩士學位論文，2006。

20. 程穎穎著，論呂氏家塾讀詩記〔D〕，山東大學碩士學位論文，2007。

21. 楊林，呂祖謙的經世思想〔D〕，浙江大學碩士學位論文，2007。

22. 張潔，《詩經新義》研究〔D〕，山西大學碩士學位論文，2007。

23. 黃欽，呂祖謙的文學觀念與創作研究〔D〕，中國社會科學院碩士學位論文，2008。

第六、民國以來學人著述

1. 金公亮，詩經學 ABC〔M〕，上海，世界書局，1929。

2. 胡樸安，詩經學〔M〕，上海，商務印書館，1930。

3. 林義光，詩經通解〔M〕，衣好軒鉛印本，1930。

4. 謝无量，詩經研究〔M〕，上海，商務印書館，1933。

5. 徐澄宇，詩經學纂要〔M〕，上海，中華書局，1936。

6. 繆鉞，詩詞散論〔M〕，上海，開明書店，1948。

7. 錢穆，宋明理學概述〔M〕，臺北，學生書局，1977。

8. 中國哲學〔C〕，第一輯，北京，生活・讀書・新知三聯書店，1979。

9. 任繼愈主編，中國哲學史（第三冊）〔M〕，北京，人民出版社，1990 年第 2 版。

10. 高亨，詩經今注〔M〕，上海，上海古籍出版社，1980。

11. 陸侃如，陸侃如古典文學論文集〔M〕，上海，上海古籍出版社，1981。

12. 夏緯瑛，《詩經》中有關農事章句的解釋〔M〕，北京，農業出版社，1981。

13. 王運熙、顧易生主編，中國文學批評史（中冊）〔M〕，上海，上海古籍出版社，1981。

14. 丁傳靖編，宋人軼事彙編〔M〕，北京，中華書局，1981。

15. 沈玉成，左傳譯文〔M〕，北京，中華書局，1981。

16. 徐復觀，中國經學史的基礎〔M〕，臺北，學生書局，1982。

17. 夏傳才，詩經研究史概要〔M〕，鄭州，中州書畫社，1982。

18. 陳榮捷，朱學論集〔M〕，臺北，學生書局，1982。

19. 趙制陽，詩經名著評介〔M〕，臺北，學生書局，1983。

20. 范壽康，朱子及其哲學〔M〕，北京，中華書局，1983。

21. 馬宗霍，中國經學史〔M〕，上海，上海書店，1984。

22. 潘富恩、徐餘慶，呂祖謙思想初探〔M〕，杭州，浙江人民出版社，1984。

23. 駱賓基，詩經新解與古史新論〔M〕，太原，山西人民出版社，1985。

24. 〔日〕島田虔次著、蔣國保譯，朱子學與陽明學〔M〕，西安，陝西師範大學出版社，1986。

25. 劉昭仁，呂東萊之文學與史學〔M〕，臺北，文史哲出版社，1986。

26. 向熹，詩經詞典〔M〕，成都，四川人民出版社，1986。

27. 錢穆，朱子新學案〔M〕，成都，巴蜀書社，1986。

28. 侯外廬、邱漢生、張豈之主編，宋明理學史〔M〕，北京，人民出版社，1984。

29. 孔東著，宋代東萊呂氏之望族及其貢獻〔M〕，臺灣商務印書館，1988。

30. 潘富恩、徐餘慶，呂祖謙評傳〔M〕，南京大學出版社，1992。

31. 俞鹿年，中國官制大辭典〔M〕，哈爾濱，黑龍江人民出版社，1992。

32. 張晉藩，中國官制通史〔M〕，北京，中國人民大學出版社，1992。

33. 林葉連，中國歷代詩經學〔M〕，臺北，學生書局，1993。

34. 李家樹，傳統以外的詩經學〔M〕，香港，香港大學出版社，1994。

35. 李家樹，王質《詩總聞》研究〔M〕，臺北，文史哲出版社，1996。

36. 錢穆，國史大綱〔M〕，北京，商務印書館，1996。

37. 任繼愈主編，中國哲學史（第三冊）〔M〕，北京，人民出版社，1996年第2版。

38. 馮友蘭，中國哲學簡史〔M〕，北京，北京大學出版社，1996。

39. 蔣見元、朱傑人，詩經要籍解題〔M〕，上海，上海古籍出版社，1996。

40. 錢穆，國學概論〔M〕，北京，商務印書館，1997。

41. 張立文，朱熹思想研究〔M〕，北京，中國社會科學出版社，2001。

42. 錢鍾書，管錐編〔M〕，北京，生活•讀書•新知三聯書店，2001。

43. 徐復觀，中國學術精神〔M〕，上海，華東師範大學出版社，2001。

44. 李家樹，《詩經》專題研究〔M〕，西安，太白文藝出版社，2001。

45. 向熹，《詩經》語文論集〔M〕，成都，四川民族出版社，2002。

46. 洪湛侯，詩經學史〔M〕，北京，中華書局，2002。

47. 錢穆，朱子學提綱〔M〕，北京，生活・讀書・新知三聯書店，2002。

48. 錢鍾書，宋詩選注〔M〕，北京，生活・讀書・新知三聯書店，2002。

49. 周光慶，中國古典解釋學導論〔M〕，北京，中華書局，2002。

50. 杜海軍，呂祖謙文學研究〔M〕，北京，學苑出版社，2003。

51. 檀作文，朱熹詩經學研究〔M〕，北京，學苑出版社，2003。

52. 周延良，詩經學案與儒家倫理思想研究〔M〕，北京，學苑出版社，2003。

53. 于省吾，澤螺居詩經新證・澤螺居楚辭新證〔M〕，北京，中華書局，2003年新1版。

54. 潘富俊著、呂勝由攝影，詩經植物圖鑒〔M〕，上海，上海書店出版社，2003。

55. 余英時，朱熹的歷史世界〔M〕，北京，生活・讀書・新知三聯書店，2004。

56. 李家樹、陳桐生，經學與中國古代文學〔M〕，香港，香港大學出版社，2004。

57. 鄒其昌，朱熹詩經詮釋學美學研究〔M〕，北京，商務印書館，2004。

58. 蔡方鹿，朱熹經學與中國經學〔M〕，北京，人民出版社，2004。

59. 錢穆，中國學術思想史論叢〔M〕，合肥，安徽教育出版社，2004。

60. 朱自清，詩言志辨〔M〕，桂林，廣西師範大學出版社，2004。

61. 容庚撰、曾憲通編，容庚文集〔M〕，廣州，中山大學出版社，2004。

62. 王力，詩經韻讀・楚辭韻讀〔M〕，北京，中國人民大學出版社，2004。

63. 伍曉蔓，江西宗派研究〔M〕，成都，巴蜀書社，2005。

64. 陳文采，兩宋《詩經》著述考〔M〕，臺北，花木蘭文化工作坊，2005。

65. 郝桂敏，宋代《詩經》文獻研究〔M〕，北京，中國社會科學出版社，2006。

66. 趙茂林，兩漢三家《詩》研究〔M〕，成都，巴蜀書社，2006。

67. 蒙文通，經學抉原，上海〔M〕，上海人民出版社，2006。

68. 蒙文通，中國史學史〔M〕，上海，上海人民出版社，2006。

69. 鄧廣銘，陳龍川傳〔M〕，北京，讀書・生活・新知三聯書店，2007。

70. 杜海軍，呂祖謙年譜〔M〕，北京，中華書局，2007。

71. 陳榮捷，朱子新探索〔M〕，上海，華東師範大學出版社，2007。

72. 陳榮捷，近思錄詳注集評〔M〕，上海，華東師範大學出版社，2007。

73. 夏傳才，詩經講座〔M〕，桂林，廣西師範大學出版社，2007。

74. 葛兆光，中國思想史〔M〕，上海，復旦大學出版社，2007。

第七、各家目錄及續跋

1. 〔清〕周中孚，鄭堂讀書記〔M〕，北京，商務印書館，1959。

2. 〔清〕永瑢等，四庫全書總目〔M〕，北京，中華書局，1965。

3. 余嘉錫，四庫提要辨正〔M〕，北京，中華書局，1980。

4. 上海圖書館編，中國圖書綜錄〔M〕，上海，上海古籍出版社，1982。

5. 傅增湘，藏園群書經眼錄〔M〕，北京，中華書局，1983。

6. 范希增編、瞿鳳起點校，書目答問補正〔M〕，北京，中華書局，1983。

7. 北師大圖書館編，北京師範大學圖書館中文古籍書目〔M〕，北京，中國出版對外貿易總公司，1983。

8. 〔宋〕陳振孫，直齋書錄解題〔M〕，上海，上海古籍出版社，1987。

9. 許逸民、常振國編，中國歷代書目叢刊（第一輯）〔M〕，北京，現代出版社，1987。

10. 中國古籍善本書目編委會編，中國古籍善本書目·經部〔M〕，上海，上海古籍出版社，1989。

11. 〔宋〕晁公武撰、孫猛校證，郡齋讀書志校證〔M〕，上海，上海古籍出版社，1990。

12. 崔富章，四庫提要補正〔M〕，杭州，杭州大學出版社，1990。

13. 中華書局編輯部編，清人書目題跋叢刊〔M〕，北京，中華書局，1990～1996。

14. 林慶彰主編，日本研究經學論著目錄〔M〕，臺北，中央研究院中國文哲研究所籌備處，1993。

15. 〔清〕莫友芝撰、傅增湘訂補、傅熹年整理，藏園訂補邵亭知見傳本書目〔M〕，北京，中華書局，1993。

16. 馮惠民、李萬健等選刊，明代書目題跋叢刊〔M〕，北京，書目文獻出版社，1994。

17. 故宮博物院圖書館、遼寧圖書館編，清內府刻書目錄解題〔M〕，北京，紫禁城出版社，1995。

18. 劉琳、沈治宏，現存宋人著述總錄〔M〕，成都，巴蜀書社，1995。

19. 王寶平、韓錫鐸，中國館藏和刻本漢籍書目〔M〕，杭州，杭州大學出版社 1995。

20. 〔清〕耿文光，萬卷精華樓藏書記〔M〕，北京，北京圖書館出版社，1997。

21. 〔清〕朱彝尊撰、林慶彰等編審，校點補證經義考〔M〕，臺北，中研院文哲所籌備處，1997。

22. 北京大學圖書館編，北京大學圖書館藏古籍善本書目〔M〕，北京，北京

大學出版社，1999。

23. 沈津，美國哈佛大學燕京圖書館中文善本書志〔M〕，上海，上海辭書出版社，1999。

24. 瞿鏞編撰、瞿果行標點、瞿鳳起覆校，鐵琴銅劍樓藏書目錄〔M〕，上海，上海古籍出版社，2000。

25. 施萍婷、邰惠莉編，敦煌遺書總目索引新編〔M〕，北京，中華書局，2000。

26. 朱學勤，朱伯修批本四庫簡明目錄〔M〕，北京，北京圖書館出版社，2001。

27. 北師大圖書館古籍部編，北京師範大學圖書館古籍善本書目〔M〕，北京，北京圖書館出版社，2002。

28. 劉毓慶，歷代詩經著述考（先秦──元代）〔M〕，北京，中華書局，2002。

29. 賈貴榮輯，日本藏漢籍善本書志書目集成〔M〕，北京，北京圖書館出版社，2003。

30. 〔明〕高儒：百川書志〔M〕，上海，上海古籍出版社，2005。

31. 李裕民，四庫提要訂誤（增訂本）〔M〕，北京，中華書局，2005。

32. 四庫全書出版工作委員會編，文津閣四庫全書提要匯編〔M〕，北京，商務印書館，2006。

33. 中華書局編輯部編，宋元明清書目題跋叢刊〔M〕，北京，中華書局，2006。

34. 張昇編，四庫全書提要稿輯存〔M〕，北京，北京圖書館出版社，2006。

35. 王文進，文祿堂訪書記〔M〕，上海，上海古籍出版社，2007。

36. 〔清〕彭元瑞等，天祿琳琅書目·天祿琳琅書目後編〔M〕，上海，上海古籍出版社，2007。

37. 嚴紹璗，日藏漢籍善本書錄〔M〕，北京，中華書局，2007。

38. 中國書店出版社編，海王邨古籍書目題跋叢刊〔M〕，北京，中國書店，2008。

第八、網絡電子資源及其鏈接方式（匯總日期 2008 年 11 月 2 日）

1. 呂祖謙與浙東學術（http://zdxs.zjnu.net.cn）[DB/OL]

2. 中國知識資源總庫（http://dlib.edu.cnki.net）[DB/OL]

3. CETD 中文電子學位論文服務（http://www.cetd.com.tw）[DB/OL]

4. 臺灣博碩士論文信息網（http://etds.ncl.edu.tw）[DB/OL]

5. Ethesys 分散式學位論文共建共享計劃（http://ethesys.lib.nsysu.edu.tw）[DB/OL]

6. 高等學校中英文圖書數位化國際合作計劃（http://www.cadal.cn）[DB/OL]

第九、期刊論文

1. 潘富恩、施昌東，論呂祖謙〔J〕，浙江學刊，1982.1。

2. 步近智，論呂祖謙與婺學的特徵〔J〕，中國哲學史研究，1983.2。

3. 周夢江，呂祖謙致陳亮信考釋舉例〔J〕，浙江師院學報，1984.3。

4. 潘富恩、施昌東，呂祖謙的詩經學〔J〕，中國學術年刊，1984.6。

5. 孫方明，呂祖謙史學思想初探〔J〕，西南師院學報，1985.2。

6. 李炳泉，呂祖謙的史學思想〔J〕，煙臺師院學報，1989.3。

7. 朱仲玉，試論金華學派的形成、學術特色及其歷史貢獻〔J〕，浙江師大學報，1989.4。

8. 葉建華，宋代浙江事功學派述評〔J〕，浙江學刊，1989.6。

9. 周夢江，南宋婺學與永嘉學派〔J〕，浙江學刊，1990.2。

10. 王遠，呂祖謙之家學及其開創的婺學淵源小考〔J〕，浙江方志，1991.1。

11. 董平，呂祖謙思想論略〔J〕，浙江學刊，1991.5。

12. 王鳳賢，呂祖謙思想的心學傾向〔J〕，學術月刊，1991.6。

13. 潘莉娟，論呂祖謙求實用的教育思想〔J〕，北方論叢，1991.6。

14. 李明友，呂祖謙的理學思想〔J〕，浙江大學學報，1992.1。

15. 李明友，呂祖謙的理學思想〔J〕，孔子研究，1992.1。

16. 潘富恩，呂祖謙與浙東史學〔J〕，孔子研究，1992.1。

17. 張衛中，呂祖謙左傳研究論析〔J〕，紹興師專學報，1992.1。

18. 吳懷祺，呂祖謙的史學〔J〕，史學史研究，1992.2。

19. 潘富恩、徐餘慶，呂祖謙的實學思想述評〔J〕，復旦學報，1992.6。

20. 潘富恩、徐餘慶，呂祖謙的實學思想述評傳〔J〕，復旦學報，1992.6。

21. 潘富恩，論呂祖謙相容並蓄的學術思想〔J〕，中國哲學史，1992.11。

22. 鞏本棟，填補了中國思想史研究的一個空白——讀《呂祖謙評傳》〔J〕，復旦學報，1992.6。

23. 孫建元，呂祖謙《音注河上公道德經》記略〔J〕，古漢語研究，1996.3。

24. 陳廣勝，呂祖謙與宋文鑒〔J〕，史學史研究，1996.4。

25. 李之鑒，呂祖謙《易說》淺論〔J〕，河南師範大學學報，1997.1。

26. 趙制陽，呂氏家塾讀詩記評介〔J〕，孔孟學報，1997.9。

27. 孫建元，呂祖謙音注三種研究〔J〕，廣西師範大學學報，1998.4。

28. 常森，論《詩經》漢宋之學的異同〔J〕，文史哲，1999.4。

29. 童向飛，尹焞、陳亮、呂祖謙、朱嘉、周必大等與韓元吉交遊考略〔J〕，徐州師範大學學報，2000.1。

30. 莫礪鋒，論朱熹對《詩序》的態度〔J〕，文獻，2000.1。

31. 汪俊，宋代呂氏家族學術特點述略〔J〕，揚州大學學報，2001.1。

32. 檀作文，漢宋詩經學的異同〔J〕，齊魯學刊，2001.1。

33. 李華瑞，南宋浙東學派對王安石變法的批判〔J〕，史學月刊，2001.2。

34. 邱鳴皋，陸游、呂祖謙、韓元吉關係考述〔J〕，齊魯學刊，2001.6。

35. 屠承先，呂祖謙的本體功夫論〔J〕，學術研究，2001.8。

36. 王基西，理學家小傳——東萊先生呂祖謙〔J〕，中國語文，2002.1。

37. 張秋娥，修辭接受與修辭表達〔J〕，河南師大學報，2002.5。

38. 馮春生，呂祖謙經學注述目錄版本考述〔J〕，浙江師範大學學報，2002.6。

39. 郝桂敏，南宋前期《詩經》研究的主要特徵〔J〕，遼寧大學學報，2003.2。

40. 程梅花，呂祖謙的方法論及其對老莊思想的繼承和發展〔J〕，山西高等學校社會科學學報，2003.3。

41. 李家樹，南宋朱熹、呂祖謙「淫詩說」駁議述評〔J〕，河北師大學報，2005.1。

42. 姚培鋒，呂祖謙的學術思想與處世風格〔J〕，敦煌學輯刊，2005.2。

43. 趙雨，呂祖謙的學習心理思想研究〔J〕，華東理工大學學報，2005.2。

44. 董平，論呂祖謙的歷史哲學〔J〕，中國哲學史，2005.2。

45. 黃靈庚，經、史並重的呂學特色〔J〕，浙江社會科學，2005.5。

46. 潘富恩，略論浙東呂學中的「和而不同」思想〔J〕，學習論壇，2005.12。

47. 杜海軍，呂祖謙受學呂本中嗎〔J〕，中國哲學史，2008.1。

48. 蔡方鹿，呂祖謙的經學思想及其方法論原則〔J〕，2008.2。

49. 杜海軍，論呂祖謙研究中的偏見〔J〕，浙江師範大學學報，2008.4。